LE PRESBYTÈRE.

TOME SECOND.

GENÈVE,
CHEZ LES PRINCIPAUX LIBRAIRES.

1839.

LE PRESBYTÈRE.

IMPRIMERIE F. RAMBOZ.

LE

PRESBYTÈRE.

TOME SECOND.

GENÈVE,
CHEZ LES PRINCIPAUX LIBRAIRES.

1839.

TROISIÈME LIVRE.

LETTRE PREMIÈRE.

CHARLES A MARTHE.

De Genève (fin de Mars.)[1]

Cette fois, le secret, le grand secret, ma bonne Marthe. Au reste, c'est pour vingt-quatre heures seulement. Demain, je me bats. Ce sera rien, ou beaucoup. Il le faut, et surtout que personne ne m'en empêche. Ainsi, Marthe, grand secret !

[1] Ce troisième livre s'ouvre à la fin de mars, et les lettres s'y suivent sans interruption, à partir de cette époque, jusqu'à la fin de juillet.

Rarement, me dit-on, ces combats finissent d'une manière sinistre. Mais la chose peut arriver. Dans ce cas, Marthe, et c'est pour cela que je t'écris, tu trouveras, ici, dans ma table, tiroir à gauche, une note des choses que tu auras à faire, et les lettres que tu auras à remettre. La clef te sera remise.

Point de peur, ma bonne Marthe, tu me perdrais. Je sais ce que je risque, et je n'en ai aucune. Dévoue-toi pour ton Charles qui ne peut, dans ce cas, se confier qu'à toi. Aussitôt l'affaire décidée, j'écrirai à la Cure. Cependant, si je puis tout leur cacher, c'est mon vœu le plus ardent, mais alors je t'enverrai un exprès. Que surtout Louise ignore tout.... Sans adieu, bonne Marthe, le cœur me manquerait.

LETTRE II.

CHAMPIN AU CHANTRE.

De Genève.

Pour le coup, Reybaz, tu en as ton compte. Ton gendre est un ferrailleur, rien d'autre. Ce matin, voilà qu'on le ramène piqué entre les côtes; deux pouces plus bas, il virait l'œil sur le temps. C'est moi qui ai été quérir les drogues, de façon qu'au retour, je l'ai trouvé étendu sur le lit, tous les Dervey autour, et pâle comme un mort. A ma vue, il s'est restauré pour me dire: —M. Champin! c'est moins que rien, n'en soufflez mot là-bas. Avant trois jours je serai guéri, et nous leur éviterons un chagrin. — Oui, oui, que je lui ai fait; comme tu sens bien qu'étant malade, et par devant les Dervey, on ne voulait pas le contredire. En attendant, il saignait à fil.

Le chirurgien dit que ce ne veut être qu'une égratignure : je lui en souhaite, le farceur ! Je n'en voudrais que deux comme ça pour être à plat dans ma bière.

Je suis ensuite allé aux enquêtes. La Jacquemay savait l'histoire, dès hier au soir. C'est à une soirée, chez Mme Domergue. M. Ernest tenait un propos, le tien arrive, et puis, flac ! un soufflet : le reste s'ensuit. Les voilà quittes. Seulement ton gendre y perd sa profession : c'est bien clair qu'ils vont l'éconduire de sa théologie, où il ne fait que d'entrer.

Un bon averti en vaut deux. Finis-en là, avec ton enfant trouvé. Si tu manques celle-ci, te voilà embâté tout de bon. Laisse dire ton Prévère ; ce n'est pas lui qui paiera l'endosse.

J'apprends que ta servante savait l'affaire à l'avance, et aussi Mlle Sophie Dervey, qui l'a tenue secrète à son père. Et puis, fie-toi à ce gaillard qui se trouve des complices sous ton toit, et sous le sien ! Finis-en là.

Champin.

PS. M. de la Cour sort d'ici. N'osant paraître chez les Dervey, il venait savoir des nouvelles. Je lui ai redit *l'égratignure* du docteur, et ce propos lui a ôté un poids de vingt livres.

LETTRE III.

LE CHANTRE A CHAMPIN.

De la Cure.

Remets l'incluse au jeune homme, sitôt que faire se pourra. Toutefois, pour qu'on n'en puisse rien causer contre moi, assure-toi auprès du chirurgien que le moment soit bon. Je ne le veux plus pour ma fille; mais, hors de ça, Dieu m'est témoin que je ne lui garde pas rancune, ni ne lui veux mal aucun.

Sur le premier mot que j'ai touché de l'affaire à M. Prévère, il est parti, et doit être maintenant auprès de Charles. De cette façon, je n'ai pu lui faire part de mon dédit. Il l'apprendra assez tôt.

REYBAZ.

LETTRE IV.

LE CHANTRE A CHARLES.

De la Cure.

Je sais votre scandale. Cent fois je vous ai dit que vous finiriez mal; en voici la preuve, et votre profession manquée, par suite de quoi je vous retire ma fille.

REYBAZ.

LETTRE V.

MARTHE A CHARLES.

De la Cure.

Ah, mon pauvre monsieur, que vous nous chagrinez tous! Ce malheureux a bien osé vous mettre à deux doigts de mourir! Grand Dieu! je me sens frémir d'y penser. Mon pauvre Charles! encore si j'avais loisir de vous aller soigner. Je vous envoie, ci-avec, des simples pour en cas. Redard dit que c'est souverain. Avec ces herbes, il s'est guéri son coup de faux.

On sait tout ici par votre portier qui est l'ami de M. Reybaz, mais pas le vôtre. Jusque-là j'avais tout gardé, mais le bon Dieu sait seul avec quelle peine! M. Prévère est aussitôt parti. Dans le village, ils sont indignés contre ce misérable, et il aurait mauvais jeu à s'y faire voir pour l'heure. Pour M. Reybaz, il s'en est pris à vous, et son air me fait trembler. Une lettre de lui, pour le portier, part avec celle-ci.

Mais ce qui fait compassion, c'est cette chère demoiselle. Comment lui apprendre? Et lui cacher jusqu'au retour de M. Prévère, c'est plus malaisé encore! Cependant, M. Reybaz le veut. Déjà elle remarque qu'il y a quelque chose alentour. Que vais-je lui dire si elle me questionne? Dieu nous soit en aide!

Laissez-vous bien soigner, Monsieur Charles; comme je vous connais, j'ai peur que vous soyez imprudent. Sauront-ils vous donner tout ce qu'il vous faut? Sans mademoiselle, qui peut me requérir d'un moment à l'autre, vous m'auriez vue arriver tout courant.

Adieu, notre pauvre Monsieur, je ne vis pas tant que je ne vous aurai pas revu.

Marthe.

LETTRE VI.

CHAMPIN A MONSIEUR ERNEST DE LA COUR.

De Genève.

En tant qu'on est l'ami de Reybaz, et désireux de le voir retirer le pied du bourbier, on vous fait savoir qu'il reprend sa fille à M. Charles. J'en ai le billet entre les mains, écrit et signé de bonne encre.

Ceci seulement pour vous faire savoir que la place est vacante ; à la vérité rude à enlever, mais d'autres se sont vues plus imprenables, qui, avec le temps et un peu d'aide, ont ouvert leur porte : M. Ernest n'en est pas à ignorer comment on apprivoise les pères, et l'on enlace les fillettes. Bien entendu qu'on parle ici pour rendre service à Reybaz, qui finira par ouvrir les yeux ; et non parce qu'on a été chargé de le faire, encore moins pour être compromis.

CHAMPIN.

LETTRE VII.

MONSIEUR PRÉVÈRE A REYBAZ.

De Genève.

Je profite pour vous écrire, mon cher Monsieur Reybaz, des premiers loisirs que me laisse l'état de Charles, que j'ai trouvé grièvement blessé. Ce qui aggrave son mal, ce sont les inquiétudes qu'il se fait au sujet de la manière dont vous prendrez ce qui s'est passé. J'ai beau lui réitérer l'assurance que vous vous montrerez indulgent, je n'ai pu lui rendre la tranquillité d'esprit dont son état aurait besoin. Il faudrait, mon cher Reybaz, quelques mots de vous, que je pusse lui lire.

J'ai voulu, avant de vous la raconter, savoir

au juste comment la chose s'est passée. Voici l'exacte vérité. Depuis le jour des annonces, ils ne s'étaient pas revus. Vous savez vous-même combien peu dès lors Charles s'est occupé de M. Ernest. Celui-ci, au contraire, demeuré sous l'empire de l'humiliation et de la jalousie, n'a oublié ni Louise, ni Charles, et tout me porte à croire que, cette collision funeste, il la voulait, il la cherchait!... J'ai de ceci plusieurs preuves; mais une surtout qui vous frappera comme moi, c'est qu'après avoir fui le monde durant tout l'hiver, tout à coup M. Ernest reparaît dans le salon de Mme Domergue: or, c'est le seul où il ait déjà rencontré Charles, et le seul presque où il pouvait espérer de le rencontrer encore. Lorsqu'il est entré, un mouvement de surprise s'est manifesté, le nom de Louise a circulé dans l'assemblée, plusieurs personnes, qui connaissent à la fois le caractère de M. de la Cour et la situation de Charles, ont mal auguré des conséquences de cette rencontre, qu'elles regardaient pourtant comme fortuite; et Mlle Sophie Dervey, avec un tact et une prudence au-dessus de son âge, a secrètement insisté auprès de Charles pour qu'il se retirât. Il l'avait en effet amenée au bal, et il pouvait trouver un prétexte plausible dans la nécessité de la reconduire. Charles n'a pas suivi ce conseil : c'est là son plus grand tort. Mais où est le jeune homme de son âge qui n'aurait pas cru, comme lui, devoir rester; non pas pour braver, pour affronter, mais pour ne pas paraître fuir timidement devant un rival dont, par cette démarche même, il aurait inculpé l'honneur et la loyauté?

Cependant on les a bientôt perdus de vue. M. Ernest affectait un air d'aisance et de gaîté qui pouvait ôter toute inquiétude à ceux qui ne savent pas à quelle sombre et farouche humeur il s'est livré ces derniers mois; surtout, il ne semblait pas faire à Charles la moindre attention, lorsque, par une fatalité déplorable, tous deux se sont rencontrés au même instant pour prier à danser Mlle Domergue. Celle-ci, fort émue, et cédant à un sentiment généreux et délicat, a opté pour Charles, tout en promettant à M. Ernest la valse suivante. C'est alors que M. Ernest a dit poliment : « J'accepte avec reconnaissance ce que vous voulez bien me promettre, Mademoiselle... » Puis, regardant Charles d'un air à la fois méprisant et moqueur : « N'ai-je pas l'habitude, a-t-il ajouté, de céder devant les avantages de Monsieur? » A cette dure parole, tous les regards se sont portés sur Charles, qui, troublé, et le rouge au visage, faisait effort pour se contenir. Dans cet instant la musique a joué; sans rien répondre, il a suivi le mouvement, et s'est mêlé aux danseurs.

Mais cet incident avait attiré l'attention. Le propos de M. Ernest circulait de bouche en bouche, on commentait l'allusion qui y est renfermée, et le silence de Charles, interprété de différentes manières, donnait lieu, aux uns de louer sa modération, aux autres de redouter quelque explosion de son ressentiment. Quand la valse fut terminée, Charles se trouva aussitôt entouré de quelques amis; tandis que M. Ernest demeurait isolé, au milieu de chuchotemens qui blessaient sa fierté, et opposant un masque de dédain aux regards qui se portaient sur lui. Peu d'instans après, il suivit quelques jeunes gens dans une salle voisine, où, n'étant plus contenu par la présence des dames, il donna cours à sa funeste rage, et fit pleuvoir sur Charles, l'ironie, l'outrage, la plaisanterie amère. C'est dans ce moment que celui-ci est entré, sans que sa présence ait arrêté M. de la Cour. Au mot de *bâtard*, Charles l'a frappé au visage, et les lois de l'honneur, telle que les a faites un inexorable préjugé, ont commandé le reste.

Voilà, M. Reybaz, l'exacte vérité. Comme vous le voyez, le pauvre Charles a été victime d'une indigne provocation ; et s'il a réprimé l'insulte avec emportement, ce n'est qu'après avoir donné une première fois l'exemple d'une modération bien rare et bien louable. Il n'y a qu'une voix sur la conduite brutale de M. Ernest, qui, honteux de sa conduite, est retourné secrètement au Château avec sa mère. Deux fois on est venu de sa part chercher des nouvelles de Charles; cette tardive commisération, après une si odieuse agression, m'inspire plus de dégoût que de reconnaissance.

Hâtez-vous, mon cher Reybaz, de rassurer Charles; et si vous le jugez plus coupable que je ne le juge moi-même, ajournez je vous en prie tout reproche sévère. Ayez soin, surtout, de rassurer Louise entièrement sur l'état de Charles, et dites-lui que je ne le quitterai pas qu'il ne soit rétabli, ou en pleine convalescence. C'est demain qu'aura lieu le premier pansement : s'il y a quelque chose de fâcheux, je vous le ferai savoir.

Votre affectionné,

Prévère.

LETTRE VIII.

CHAMPIN AU CHANTRE.

De Genève.

J'ai pris mon temps, et je l'ai remise. Il allait mieux, et d'ailleurs, n'y ayant personne auprès, il fallait profiter des momens. Comme il s'enquérait de vous autres et demandait des nouvelles : « J'en ai, que je lui ai fait, mais pas des bonnes ; » pour le préparer, tu m'entends. Du même temps je lui remets ta lettre, et il pâlit en reconnaissant l'écriture. Bientôt, ayant lu, le voilà qui se transporte, s'épouvante, se lève, et, quoi que je lui puisse dire, que le bandage de sa blessure a sauté, et que le sang coule, il ne m'écoute mie, jusqu'à ce qu'il retombe sur son lit et y reste de faiblesse. Les larmes sont venues alors, et bien heureusement, sans quoi je ne ne savais plus qu'en faire.

C'est à ce moment que ton Prévère est rentré, et, voyant le désordre et la lettre, il s'est contenu ; mais il t'en voulait, vois-tu bien, car cet homme-là veut te mener par le nez, et non pas que tu touches à tes affaires. Au lieu d'appuyer sur ton dire, il a consolé le jeune homme, lui promettant quasiment qu'il n'en serait rien, comme qui dirait : « Reybaz a fait ça, on le défera. » Et puis, se tournant vers moi : « Aviez-vous reçu l'ordre de remettre cette lettre dans ce moment? — Oui, Monsieur le Pasteur.—Alors M. Reybaz est bien imprudent ! — Ça se peut, que je lui ai fait, mais M. Reybaz en est bien le maître. Alors ton vaurien de jeune homme a tempêté contre toi, contre moi, et finalement prié M. Prévère qu'on ne me laissât pas rentrer dans sa chambre. J'ai calé à cause du pasteur, mais on se souvient du propos.

Y vois-tu clair, à présent? Ils s'entendent comme larrons en foire, pour t'amener où ils veulent. Nous verrons cette fois, si, bien averti, tu sais tenir bon. Je ne te dis pas de renouer avec l'autre ; mais pour celui-ci, mets-le de côté, et bien vite. Pour le reste, fie-toi au temps, qui porte conseil.

Adieu l'ancien.

PS. Les de la Cour sont retournés au Château, sans tambour ni trompette.

LETTRE IX.

CHARLES AU CHANTRE.

De Genève.

Non, M. Reybaz, non, vous ne pouvez pas me repousser ainsi! Non, vous ne pouvez plus m'ôter Louise!.... Vous ne le voulez pas!...... Retirez ce billet funeste!

Et pourquoi? M. Reybaz; parce que je n'ai pas supporté l'insulte; parce que, repoussant l'outrage, selon mon droit le plus sacré, on me prouve ensuite que l'honneur veut que je me batte... Où sont mes torts? Qu'ai-je cherché dans tout ceci? Avant de me punir, montrez-moi ma faute.

Suis-je donc un emporté, un ferrailleur? Moi qui ignorais ces lois barbares ; moi qui, provoqué par un cartel (c'est ainsi qu'ils appellent ces défis), trouvais le plus grand embarras à savoir comment me comporter; moi qui ai dû mettre l'épée à la main, pour la première fois de ma vie! Que si j'eusse été un ferrailleur, je ne serais pas à présent sur ce lit, d'où je ne désire plus me relever si votre menace doit s'accomplir.

Si ma profession m'est ôtée, j'en prendrai une autre, tout de suite, avec courage; que m'importe? pourvu que Louise me reste, pourvu que je vous contente, pourvu que je me consacre à réparer par toute ma vie les chagrins que je vous cause malgré moi. Oh! M. Reybaz, depuis quatre jours je les expie cruellement : appréhendant votre peine autant que votre colère, sans nouvelles de Louise, épouvanté de la crainte de lui causer des émotions funestes... M. Reybaz! ayez pitié! pardonnez! n'aggravez pas ce malheur, et songez que vous ne pouvez désormais me punir, sans punir aussi votre adorable fille.

M. Prévère qui me quitte demain, vous portera cette lettre. Si vous m'accordez votre pardon, hâtez-en l'annonce, et dites-moi que je puis écrire à Louise.

Votre respectueux et affectionné,

CHARLES.

LETTRE X.

CHAMPIN A REYBAZ.

De Genève.

Ton Prévère est parti ; bon voyage ! Avant de partir, il a fait ses promesses au galant ; car son idée, c'est que, ce que tu as fait, il le défera toujours assez. J'en sais deux mots. N'a-t-il pas voulu m'englober, me mettre avec lui, contre toi ! moi, Champin Jean-Marc, contre toi, Reybaz l'ancien ! Néanmoins, voulant goûter le potage, je n'ai pas renversé la marmite, comme on dit, en sorte que je l'ai laissé dire.

C'est ce matin même. Il est entré dans ma chambre, et, sachant bien comme son vaurien m'a traité devant lui : « Je pense, m'a-t-il dit d'abord, que vous excusez les emportemens d'un enfant qui se trouve sous l'empire d'un sentiment si vif, et dans une situation si malheureuse; dans tous les cas, je viens vous exprimer ses regrets de vous avoir parlé avec inconvenance et brusquerie. — M. le Pasteur est bien bon, lui ai-je répondu, mais comme on n'a pas peur des mauvais propos, on ne s'y prend pas. J'ai une lettre à remettre, je la remets, on s'en prend à moi du contenu : affaire de mal élevé, voilà tout. (Attrape ! que je me suis dit en dedans.) »

Alors le câlin : « Vous avez raison, a-t-il répondu ; mais même sous ce rapport, cet enfant, si vous connaissiez son histoire, mérite plus d'indulgence qu'un autre. Il n'a point de parens, et quelques soins de ma part ont été bien insuffisans pour remplacer la vigilance et les constantes sollicitudes d'un père, et surtout d'une mère. (J'aurais pu lui dire : Justement, quand on n'est qu'un rien du tout, on ne prend pas le ton si haut ; mais il a continué.) Cette malheureuse affaire menace de le replonger dans une condition bien digne de pitié. Toutefois, je ne pense pas que la résolution de M. Reybaz soit irrévocable, et *j'espère encore l'en faire revenir.* M. Reybaz est mon ami, il est un des hommes que j'estime le plus (hem ! ce miel), mais il est prompt (brutal, entends-tu), il peut n'avoir pas tout prévu (un nigaud, entends-tu). J'ose compter que je le ferai revenir à ses premières intentions (qu'il te mènera par le bout du nez; mais attends.) Je serais plus sûr d'arriver à ce but, si vous, M. Champin, qui êtes lié d'amitié avec M. Reybaz, qui avez de l'influence sur son esprit (à mon tour du miel), vous me secondiez auprès de lui, en lui faisant les représentations que votre cœur ne saurait manquer de vous dicter. »

Il avait tout dit. « Monsieur le Pasteur, ai-je répondu, a ses raisons pour vouloir du bien à ce garçon : on sait de reste, que M. Prévère est charitable. Quant à sa demande, c'est ni oui ni non; moi, je ne me mêle pas des affaires des autres. Reybaz est le maître, et là où M. le Pasteur ne fera pas, ce n'est pas Champin qui avancera. Pour ce qui est du jeune homme, je ne lui en veux pas, mêmement que, pour le prouver à M. le Pasteur, j'y retournerai quand même. »

Alors (vois-tu l'espion? Ils savent tout ce que je t'écris), comme ça ne le contentait pas : « Tout au moins, m'a-t-il dit, je pense, M. Champin, que vous répugneriez à nuire à ce jeune homme, et que vous n'emploierez pas dans un sens fâcheux pour lui, l'influence que vous avez sur

M. Reybaz. Ce serait, permettez-moi de le dire, la meilleure preuve que vous n'en voulez pas à cet enfant, ainsi que vous me faites le plaisir de m'en donner l'assurance. — On remercie du conseil, ai-je répondu. » Et puis rien d'autre ; c'était assez d'avoir éventé la mèche. Il s'en est allé ; salut.

Tu vois, Reybaz, si je te disais vrai, et s'il s'agit de rien autre que de te pousser à en faire d'une fameuse. Et pourquoi? Lui, s'ôte le fardeau ; et, ta fille épousée, la tare du jeune homme diminue de la moitié qu'elle en portera. Pas bête. Mais toi! toi, Reybaz, ayant bon renom et pré au soleil, t'aller embâter d'un enfant trouvé, qui n'a rien, qui se croit plus que toi, qui soufflette et ferraille, qui n'a plus de métier, et lui donner ton unique!... Va, ne te dédis pas, et tu es sauf d'un vilain bourbier. Que tu aies dit oui une première, passe encore ; mais une seconde! Chat échaudé craint l'eau froide. Tu ne feras pas cette bêtise, ou bien tu n'es plus Reybaz, la fleur des anciens.

Que ton Prévère soit bon homme, je veux bien : on le serait pour moins. L'Etat ne le nourrit pas pour des prunes, et ses cent louis de paie, il faut bien qu'il les gagne. La belle affaire ensuite qu'il soit charitable avec l'argent des autres, avec la fille des autres. C'est leur manière : s'il y a un véreux dans une paroisse, ils ne seront pas contens qu'ils ne l'aient mis sur le dos des honnêtes; ils ménagent leur bourse et fouillent dans la vôtre; ils donnent votre argent, et ils en ont les honneurs. Je les connais, va. Avec ça, que si on les touche, ils ne se font pas prier pour mordre : le mieux est de vivre bien avec eux, mais sans s'en laisser empaumer.

Après quoi je suis remonté chez l'autre. Il s'était combiné avec M. Prévère, car il m'a tendu la main, en se disant fâché, et que je n'avais fait que mon devoir : « Mais songez, a-t-il continué, songez à l'état où devait me jeter cet affreux billet!... Impossible,... impossible, M. Champin, que M. Reybaz persiste.... et il s'est mis à pleurer. — N'y comptez pas trop, que je lui ai fait; Reybaz est ferme, quand Reybaz veut, il veut bien. — J'y compte, M. Champin, s'est-il écrié alors. Je n'ai pas de torts; si j'en ai, j'en demanderai pardon à M. Reybaz,... je les réparerai.... Tout!... tout!... mais Louise m'être ôtée!... Louise, Louise!! » Et il s'est remis à convulsionner par son lit, sanglotant des mieux, et mordant ses couvertures. J'ai compris qu'il jouait sa scène, et je l'ai laissé faire.

Comme je ne disais rien : « M. Reybaz m'a promis! s'est-il écrié de nouveau.... Il a promis à M. Prévère... M. Reybaz n'est plus le maître de se dédire !..... Ses yeux flamboyaient. — Doucement, jeune homme, lui ai-je fait, doucement; c'est sa fille, personne n'y a rien à voir. — J'ai sa lettre, M. Champin, sa lettre où il me la donne!... — Et vous avez sa lettre aussi où il vous l'ôte. — Ah!! s'est-il écrié; et il a recommencé sa scène, à tant que M. Dervey est entré.

« Ce jeune homme, lui ai-je dit, est déraisonnable, Monsieur le Pasteur. — Effectivement, Charles, a dit le noireau, je vous croyais plus de force, plus de retenue aussi. Qu'avez-vous à faire M. Champin le confident (attrape, Champin) de ce qui ne devrait pas sortir de cette chambre? — Il sait tout, Monsieur,.... il est l'ami de M. Reybaz... il peut sur lui plus que M. Prévère lui-même. — Ça n'est pas, ai-je interrompu, et Reybaz sait bien se conduire sans qu'on s'en mêle (car, vois l'idée qu'ils ont de toi). — Ne vous en mêlez donc pas, et c'est tout ce que je demande de vous; si vous me le promettez, je suis certain, dès à présent, du pardon de M. Reybaz. — Jeunesse! lui ai-je dit, ce n'est pas Champin qui se mêlera des affaires des autres; et, quoique ça, ce n'est pas vous qui avez rien à lui demander, ni lui à vous promettre,

Champin va son train; Champin est à son poste; Champin est net et franc du collier,... bien entendu qu'il n'aide personne à s'embourber (attrape).

« Vous l'entendez? a-t-il dit alors, en se tournant vers M. Dervey, cet homme, ce misérable... — Charles! a dit M. Dervey.... — ...ce monsieur me nuit; il me calomnie, il me perdra.... parce que je suis un..... Ah!! M. Dervey! et il a fait semblant de gémir dans les bras du pasteur.... Ah!! misérable que je suis!... rebut des portiers même.... rebut de ce qu'il y a de plus de vil, de plus méchant! (prends-en ta part; car je te vaux, tu me vaux).... puis m'apostrophant : Que vous ai-je fait, pour que vous me haïssiez? Qui êtes-vous, pour venir encore ajouter à ma détresse?... — Finissons, a dit M. Dervey, vous êtes injuste, Charles, et, dans un emportement que rien ne justifie, vous accusez là M. Champin d'une basse haine qu'il est incapable de ressentir, quand même vous lui auriez donné quelque sujet de plainte. Au surplus, M. Champin n'a rien à voir dans tout ceci, et vous savez que votre cause est entre des mains plus puissantes que les siennes. Calmez-vous, ne retardez pas votre guérison par ces emportemens, et attendez avec patience, pour jouir ensuite avec reconnaissance, ou pour supporter avec courage. M. Champin vous pouvez vous retirer. »

Je me suis retiré. Pour ces gens-là, nous sommes, nous autres, des zéros en chiffre. Il y a eu un temps où on ne l'était pas. En nonante-trois, nous lui aurions fait danser la gavotte avec les autres. Bref, je me suis retiré.

Que je le haïsse! moi! Reybaz, le connaissais-je? L'avais-je vu? N'était-il pas promis à la tienne avant que je susse qu'il y avait cet enfant trouvé au monde? S'il ne m'eût jeté de l'eau sale sur mon bonnet, massacré ma cage, me douterais-je, encore à présent, que ce hautain vit au-dessus de ma chambre? Que je le haïsse! Ah! vaurien d'étudiant! Moi qui l'ai surveillé pour ton compte, moi.... Que je le méprise! que je ne voulusse de lui ni pour peu, ni pour beaucoup! ah! je t'en réponds; mais que je le haïsse! Va, c'est un méchant garnement que ton gendre, un drôle dont tu ne gaudirais jamais. Tu as lu ce qu'il m'a dit; son air parlait encore mieux.

Je t'écris pour ta gouverne, n'étant pas ton ami pour rien. Après ça, suis ton idée. Je ne me mêle pas des affaires des autres; d'ailleurs j'en vois assez qui te font les tiennes.

Champin.

LETTRE XI.

LOUISE A CHARLES.

De la Cure.

CHARLES !

Je sais tout.... Je veux vous écrire, relever votre courage ; adoucir, si je puis, vos douleurs ; mais, tremblante devant ces affreuses images, à peine trouvé-je assez de calme pour guider ma plume. Quoi, vous hasardez ainsi votre vie ? Marthe me dit qu'il le fallait ! Grand Dieu ! dans quel monde vivez-vous ?.... Mais je ne vous juge point ; le pourrais-je ? Votre mal me déchire ; votre conduite m'effraie et me touche ; en frémissant, mon cœur vous absout,-il vous admire.....

C'est ce soir seulement que j'apprends ces affreuses choses. Marthe vient de me les confier secrètement ; car on est d'accord pour me les cacher.... Charles, quel éclat !... Tout ce monde ! Mon nom prononcé !... Moi, la cause de ces funestes combats !... Vos jours menacés !... Marthe pourtant me rassure ; mais quand je songe que j'ai pu vous perdre, l'épouvante glace, empêche l'ardente prière que j'adresse à Dieu !....

Malheureux jeune homme ! Comme il couronne une jeunesse sitôt flétrie ! Je ne le sache pas haineux, ni méchant ;... par quel aveuglement... Et sa mère ! son infortunée mère !

A chaque instant, je voudrais être assurée que vos souffrances diminuent ; mais gardez-vous de me l'apprendre vous-même. C'est moi qui veux ces jours-ci vous écrire.... Pour aujourd'hui je m'arrête, impatiente que ces lignes vous parviennent. Puisse, Charles, le tendre adieu de votre amie vous trouver déjà mieux ! puissiez-vous partager la douceur avec laquelle il s'échappe du cœur de

Votre Louise.

LETTRE XII.

LOUISE A CHARLES.

De la Cure.

Je voulais vous épargner un triste récit..... mais je lutte en vain. Si la honte me retient, la honte aussi me presse.... Ma tendresse pour vous est sans bornes, mon cœur sans voile !.... Je n'ai plus le droit, encore moins le désir, de vous rien cacher de ce qui intéresse le vôtre.... Mais quels momens ! Quelle vue ! M. Ernest lui-même !

Après son funeste exploit, il est venu ici cacher sa honte. On a bientôt su dans le village que sa mère était occupée de préparatifs pour un voyage qu'il va faire en Italie. C'est hier qu'il devait s'éloigner. Effectivement, à neuf heures, une voiture chargée de malles a pris le chemin de la ville. Le bruit s'est répandu aussitôt que M. Ernest était parti. Il n'en était rien. Cette voiture le précédait à Genève, où il devait la rejoindre dans la soirée.

Quand je l'ai cru parti, j'en ai ressenti beaucoup de soulagement, et je n'ai plus éprouvé qu'un sentiment de compassion pour sa mère. Je savais son affliction, sa honte aussi, qui l'avait seule empêchée de venir à la Cure prendre part à notre peine; et, déjà auparavant, j'avais eu le désir de la voir, de la consoler, autant qu'il était en moi. Mais lorsque ensuite, je me suis figuré sa douleur et son isolement, après un départ si triste de toutes manières, je n'ai pu résister au désir de me rendre sur-le-champ auprès d'elle. Pour ne pas donner l'éveil sur ma démarche, j'ai dirigé ma promenade du côté du parc, d'où, gagnant la petite porte, je me suis trouvée dans l'avenue....

J'y entrais, lorsque j'ai vu M. Ernest à quelques pas de moi. Dans le trouble où m'a jetée cette apparition, j'ai senti mes jambes fléchir... il est accouru pour me soutenir dans ses bras. Revenue à moi, sa pâleur, son regard, son air, son désordre, m'ont glacée d'épouvante; je l'ai prié, je l'ai supplié, de s'éloigner, de fuir!... Il ne se hâtait pas; j'ai poussé un cri!... Alors il a abandonné ma main, et, sortant comme d'un rêve, il a protesté de son respect pour ma personne. Cette expression m'a remplie d'horreur; j'ai rebroussé pour m'enfuir.

Mais mes forces m'ont trahie... Il s'est jeté sur mon passage, et je l'ai vu à mes genoux... Charles!... tout ce que le délire peut inspirer... tout ce que le désespoir peut inventer de menaçant... tout ce que la faiblesse peut imaginer de violences insensées!... Je demeurais, incapable de fuir, incapable de parler; et l'effroi de me revoir entre ses bras, en m'ôtant un reste de force, allait m'y faire tomber de nouveau... C'est alors que, soit crainte, soit pitié, il a maudit devant moi son audace, et m'a suppliée d'oublier, de pardonner ses indignes transports.... Dans ce moment, un domestique a paru au bout de l'avenue! Je n'ai écouté que ma honte : « Relevez-vous! me suis-je écriée.... Je vous croyais parti, Monsieur.... Je venais pour consoler votre mère... Conduisez-moi auprès d'elle, et partez sur-le-champ! »

Il n'a rien ajouté. Je l'ai suivi. Jugez de la surprise de cette dame, en nous voyant entrer ensemble!... Les larmes troublaient sa vue, un poids énorme semblait être ôté de dessus son cœur, elle m'accablait de caresses... mais j'étais interdite et brisée : M. Ernest gardait le silence. Après quelques instans, il s'est approché de sa mère, il l'a serrée dans ses bras, en lui annonçant son intention de partir sur l'heure ; puis, s'étant incliné de mon côté, il s'est retiré. J'ai caché à Mme de la Cour ce qui s'est passé dans l'avenue, et, après une courte visite, je l'ai quittée pour m'enfuir précipitamment à la Cure, où j'ai pu donner cours à mes larmes.

Je tremble encore en traçant ces lignes.... Ce trouble me quittera-t-il? J'ai passé une nuit affreuse : à chaque instant je tressaille de l'effroi de ces ressouvenirs.... Je devais peut-être vous taire ces choses?... je n'ai pu. J'en étais obsédée, souffrante, honteuse, jusqu'à ce que je vous les eusse confiées.... Ne suis-je pas votre Louise? Devais-je vous cacher la trace de ce souffle impur qui a terni mon visage?.... Non, non, mon bien-aimé, j'ai bien fait, je le sens......
Déjà cet aveu ramène la sérénité dans mon cœur

Votre Louise..

PS. On ne me dit rien encore. Cette situation ne peut durer, malgré la crainte que j'ai de compromettre la pauvre Marthe. A moins qu'on ne me prévienne, je veux ce soir même parler à M. Prévère.

LETTRE XIII.

LE CHANTRE A CHARLES.

De la Cure.

En réponse à la vôtre, je m'en réfère à ma dernière. Du reste, vous apprendrez que je suis d'accord. C'est entre moi, Louise, et M. Prévère. Bien que vous en disiez, ma fille ne relève que de moi. A regret je vous l'avais donnée, à regret aussi je vous la retire; puisque enfin, vous faire peine, n'est pas ce que je cherche. Seulement, vous avez mauvaise tête, je l'ai toujours dit, je le vois, et j'agis par sagesse de père.

Pour du mal, je vous en veux si peu, que, moyennant que vous nous laissiez tranquilles, je vous assure de mon affection mieux que par le passé, et serai disposé à vous la marquer à l'occasion. Quant à la montre, l'ayant destinée à mon gendre, vous me la rendrez; c'est à ces fins que vous trouverez ci-jointe sa valeur en remplacement.

Je ne veux pas contester sur les propos qui sont dans votre lettre. Seulement conviendrai-je que Louise a du trouble; mais j'aime mieux un trouble qui en finisse, qu'un qui dure et recommence : avec vous, elle n'aurait jamais connu la paix. Dès votre bas âge j'ai voulu vous réformer, rétif et emporté que vous étiez, quand votre place était d'être humble et docile; je n'y ai rien avancé: en voici les fruits. Vous sortez pourtant de mains qui vous ont donné d'autres exemples que ceux que vous mettez en pratique; mais le naturel est plus fort, et il vous domptera si vous ne le domptez.

C'est à quoi vous devez songer, si vous voulez faire une bonne fin. Aujourd'hui que, libéré de vous, je n'ai de rancune, ni secrète ni ouverte, vous pouvez vous fier à mon dire, et je ne veux vous le céler. Sans père ni mère, c'est à force de vous maîtriser, que vous parviendrez; la fierté, qui chez un autre s'excuse, vous porte détriment. Il vous faut peu d'ambition, encore plus de modestie, quand déjà un métier vous aurait mieux convenu qu'une profession. Comme vous commencez la vôtre! et le bel exemple pour un ministre, que de s'être battu comme un vaurien! Dix ans ne vous laveront pas de celle-là; et si jamais vous montez en chaire, de quel air prêcherez-vous contre les querelleurs, contre les violens, contre les gens qui soutiennent de coups les mauvaises raisons? Quand on ne bride pas sa jeunesse, on gâte par avance son âge mûr. Fleur véreuse, poire gâtée. Vous êtes jeune; mettez-vous à l'œuvre.

Louise sait tout, et se conforme. Elle vous écrira encore une fois. C'est contre mon idée, mais je n'ai pas voulu, sur ce point, la contraindre. Que si vous lui répondez, comme je ne vous y invite pas, ce sera votre dernière. J'y compte, aimant mieux me fier, que vous témoigner ici défiance. Et d'ailleurs, suivant comme vous serez, suivant vous me trouverez.

REYBAZ.

LETTRE XIV.

CHAMPIN AU CHANTRE.

De Genève.

La messagère a apporté ta lettre, mais ton jeune homme ne la tient pas encore. M. Dervey a dit qu'elle ne serait remise que lorsqu'il ira mieux. Ses emportemens d'avant-hier ont rallumé la fièvre, en sorte que, ces deux jours, il s'est tenu plus tranquille. J'ai questionné le médecin, comme il descendait : — La blessure est guérie, m'a-t-il dit, mais si ce jeune homme n'est pas plus sage, la convalescence sera longue. Il n'a point de raison. Aucun soin, aucune docilité ; il se joue des ordonnances ; j'y perds ma peine. — Il est jeune, lui ai-je dit. — Allez, c'est un gaillard qui donnera du fil à retordre ! a-t-il répliqué. Il dit vrai.

Je ne sais donc pas encore ce qu'il en est de ta lettre et ce qu'elle lui apporte. Ça te regarde. En attendant, la Jaquemay tient de son neveu qui étudie, que l'affaire a fait grande rumeur parmi les robes noires; que vendredi, à leur assemblée, il en fut question, et que plusieurs étaient d'avis, qu'après ce scandale, il ne peut être admis à se vouer au saint ministère. On y dit que son caractère était violent et fier, en même temps que sa naissance honteuse; qu'ainsi il serait continuellement exposé à se croire insulté, et à se battre; qu'il valait donc mieux le détourner, dès l'entrée, d'un état qui n'était pas fait pour lui, plutôt que de le laisser s'y engager, pour avoir plus tard à l'en repousser, à son détriment, et au grand scandale de l'Église. M. Dervey voulut le défendre, mais tout ce qu'il obtint fut que, pour l'heure, on ne déciderait rien, et que l'affaire serait remise à la prochaine assemblée. De ce côté donc, ça va mal.

D'autre part, tout ce qu'il y a de racaille parmi les étudians, a pris parti pour lui; c'est à qui louera sa ferraillerie, à qui ferraillera à son tour. Ils font queue ici pour avoir de ses nouvelles, mêmement qu'ils m'apportent dans mon escalier toute la boue du quartier, sans compter le vacarme. Rétabli, il va se donner encore plus à cette engeance. Hier, ils en huèrent un qui trouvait à redire à la conduite de ton jeune homme, et ils l'auraient battu, n'était le professeur qui survint. Cet un, c'est justement le neveu de la Jaquemay, par qui j'en ai appris bien d'autres encore.

Si tu avais consulté dans le temps, on t'aurait empêché de t'embourber. Mais les autres t'ont fasciné....Dieu sait ce qu'il y a dans ta lettre! Je vois d'ici ton Prévère cajolant, ou se fâchant, juste de quoi te faire tôper, te menaçant de brouillerie, fesant pleurer ta petite, et toi.... Nous verrons bien. Encore t'ai-je prévenu à temps. Ta petite n'en veut pas mourir, va. Hé! à moi ça! A vrai dire, je n'aurais pas commencé par la livrer aux mains de ce Prévère, pour l'élever à sa guise, et t'en faire une raffinée. Par ce moyen, elle est plus à lui qu'à toi : Qui se ressemble, s'assemble. Il lit dans les livres, elle lit dans les livres; manières de monsieur, manières de demoiselle; dévotion de ci, dévotion de là; et toi, dans ton habit de bure, parlant patois plus souvent que le beau langage, tenant la bêche mieux que les livres, tu es mis de côté, on te soutire ta fille, et un beau jour tu t'aperçois que tu es père, seulement pour dire amen. Par le même plan, il a fait de l'autre un monsieur, quand il eût mieux fait, s'il voulait l'élever, d'en faire un bon manœuvre, qu'encore ce lui était bien de l'honneur.

Par la servante des Dervey qui sort d'ici, j'apprends qu'il n'aura ta lettre que demain. On l'a saigné aujourd'hui. Ils ne voient pas que c'est l'incertitude qui l'agite. Moi, j'aurais remis la lettre; car il ne fait que demander s'il n'y en a point : dans son impatience il voulait me voir. Bonne, elle le guérissait; mauvaise, il faisait son vacarme, et puis, après l'orage, le beau temps. Jeunesse est légère : on ne meurt pas d'amour.

Je remets celle-ci à la messagère, avec une commission pour toi : c'est de savoir de Redard s'il a encore de son rouge de mil huit cent onze, et à quel prix.

CHAMPIN.

LETTRE XV.

CHARLES AU CHANTRE.

De Genève.

Monsieur Reybaz !

On me remet votre lettre.... Depuis hier elle était dans leurs mains. Ainsi donc, M. Reybaz, Louise m'est ôtée ! Vous voici *libéré* de moi !.... Vivez heureux maintenant, et que la paix vous accompagne !

Vous êtes le maître ? Oui, le maître de me perdre, et vous me perdez ! le maître de me ravir jusqu'au moindre espoir, et vous me le ravissez ! Vous êtes le maître ? Ah ! je le sais trop ! C'est là ma misère.... et depuis longtemps, depuis ce jour où l'on me recueillit dans la cour de M. Prévère !... Voilà votre montre ; voilà votre argent. De quel droit me l'envoyez-vous? Êtes-vous le maître aussi de me faire l'aumône?.....

Est-ce bien vrai? Est-ce possible?... Non! vous ne me l'avez jamais donnée votre fille, jamais! Mais me leurrer d'une façon si cruelle!... Jamais vous ne me l'avez donnée; ou bien, quels motifs auriez-vous de me la reprendre?... Non, jamais! Cela seul est vrai, cela seul explique votre inexplicable cruauté... Ecoutez cette voix: *Enfant trouvé!* N'est-ce pas, M. Reybaz?... *Enfant trouvé!* et le fond du cœur démentait les promesses de votre bouche.... Impitoyable orgueil! Et c'est vous qui me défendez d'être fier; qui me commandez de souscrire à vos mépris! Infortuné, misérable que je suis!

Mais vous ne dites pas vrai, M. Reybaz..... Entre vous, Louise, et M. Prévère? Non; mille fois non! M. Prévère d'accord? Pendant que vous le calomniez, son cœur saigne, il gémit sur son enfant trouvé; s'il pouvait haïr, il haïrait ceux qui le punissent injustement, ceux qui se jouent de sa destinée..... M. Prévère d'accord? Ah! vous ne le connaissez pas, vous le jugez à votre mesure. Lui! il honore les enfans trouvés, il les recueille, il les comble de biens, il n'a pour eux que tendresse et entrailles, il leur revaut tout ce que les mauvais cœurs leur refusent... M. Prévère d'accord? Ah! gardez-vous de croire, de dire, qu'il ait jamais accédé à vos volontés barbares. Comme moi, il cède devant le père de Louise, mais en détestant sa dureté, en gémissant sur mon sort. Faites, faites; mais ne blasphémez pas contre celui qui est la bonté et la compassion mêmes, contre celui que vous ne sauriez seulement comprendre!

Pour Louise...... Grand Dieu!..... Est-ce donc vrai qu'elle m'est ôtée?.... Oui, elle est d'accord; oui, vous dites la vérité.... j'en suis certain, elle vous obéit sans murmure. Ah! mais puissiez-vous, je n'y songe qu'avec effroi, puissiez-vous ne pas acheter à un trop haut prix sa soumission!.... M. Reybaz, laissez-vous toucher!.... suspendez vos coups.... imposez-moi l'épreuve que vous désirerez..... Mais m'ôter votre fille!.... c'est la perdre avec moi.... et plus sûrement encore que moi!.....

Pour elle, M. Reybaz, j'ose demander grâce; pour l'amour d'elle, daignez m'écouter! Elle m'aimait; et vous savez ce que sont pour elle les affections :... une source de joie, de vie... ou une source de déchiremens funestes, mortels.... Eh bien, souvenez-vous de ces jours encore tout voisins de nous, où elle était si heureuse; venez lire ses lettres, toutes remplies de tendresse et de paix;

et désormais!..... désormais soumise, et m'aimant toujours..... soumise, mais dans le fond de son cœur admirant M. Prévère, blâmant son père, s'accusant peut-être..... Quels combats! Comment les soutiendra-t-elle? Où trouvera-t-elle des forces, quand déjà, dans une bien plus faible lutte, elle a failli succomber?.... Ah! M. Reybaz, n'êtes-vous donc pas son père? Ce bonheur qui s'approchait, cet avenir si facile, si doux! tant d'heureux, et vous qui le fussiez devenu, vous, dont la vieillesse eût été abritée dans le tranquille port de notre tendresse, de notre bonheur et de notre reconnaissance!....

M. Reybaz, j'espère encore, je me jette à vos genoux, avec le seul regret de vous avoir offensé, avec le seul vœu de vous complaire..... humble et docile, comme vous le voulez; prêt à condescendre à tous vos reproches, à profiter de toutes vos leçons...... Sans père, ni mère, comme vous dites; eh bien, je déposerai toute fierté, toute ambition; je souffrirai l'outrage, sans murmurer; j'acquiescerai à ma destinée, trop belle encore, trop heureuse, je le sais, si vous m'avez rendu Louise....

Votre affectionné,

CHARLES.

LETTRE XVI.

LE CHANTRE A CHAMPIN.

De la Cure.

Epargne-toi tant d'écritures, et notamment d[e] conjecturer sur l'un comme sur l'autre. Avan[t] tes lettres, j'avais agi, en conseil avec moi même ; de façon qu'écrivant pour me soutenir ou pour me pousser à faire ce que j'ai fait, t[u] n'en as néanmoins pas l'honneur. Avec ça, je t[e] remercie de la peine, en tant que tu m'écris d'a[mitié], mitié, et en te mettant à ma place.

Les scènes du jeune homme, que tu me ra[contes], contes, ne m'ont pas étonné. J'y étais préparé[,] le connaissant emporté et sans frein, une foi[s] qu'il lui faut ployer ; à telles enseignes que, to[ut] petit encore, je ne l'ai jamais frotté pour ses méfaits, qu'il ne se débattît comme un forcené, tirant plus de mal de sa résistance que des coups, et, de rage, mordant le pré encore longtemps après. D'où je l'ai toujours jugé indomptable, craignant la punition, sans pour cela se contraindre de rechuter. On disait alors : Vienne l'âge de raison! L'y voici; et dès le début il applique un soufflet, et ferraille comme un mauvais sujet.

C'est dans le sang ; on chasse de race. Le sien ne saurait de prime abord s'être dévicié. Fils de vauriens, qui l'ont pu abandonner sur un grand chemin, après l'avoir engendré dans les bois, comme des bêtes fauves, qui s'ira surprendre de ce que dans son naturel, à côté du bon, il y ait encore du mauvais alliage, une crasse d'origine, un résidu d'ingrédiens misérables, provenant de ses pères? Pourquoi, ainsi que les Redard, de père en fils, sont réputés pour être sûrs dans les marchés, se transmettant la probité (il n'a plus de son rouge de mil huit cent onze) tout aussi bien que leur vignoble, pourquoi, tel qui a gueusé de père en fils, ne transmettrait-il pas à sa lignée tout ou partie de son mauvais penchant? Celui-ci, pas plus haut que ma jambe, picorait déjà, attrapait les primeurs, maraudait dès l'aube, et au crépuscule encore. Je ne lui pleurais pas les corrections : il a dans l'épaule le petit plomb du garde-champêtre, et, sur le bras, la marque des dents du chien des de la Cour. S'est-il corrigé, abstenu ? Jamais. Instinct, vois-tu, inclination de race, pente native, que quatre générations n'effaceront pas, à supposer encore qu'il croise avec des honnêtes. De même pour cette rage au châtiment, cette fierté de fer, ces violences indomptables, autant de rejetons d'une souche gâtée. Et s'il a débuté ainsi, bien qu'élevé au bon par un digne homme, qui peut répondre de la fin qu'il fera ? Qui sait bien ce qu'étaient ces misérables qui nous l'ont laissé ? Qui sait seulement comment ils ont fini eux-mêmes ?

Pourquoi les Roset, de père en fils, dans la commune, ont-ils eu l'instinct pour les taupes, de façon que, Pierre Roset défunté sans laisser d'enfant mâle, la commune a dû se passer de taupier ? M. Ernest est dérangé ? Son père n'était pas un saint, ou bien il vivrait encore. En veux-tu une autre de preuve, qui va mieux à l'endroit ? C'est à Cartigny. Ils avaient là un enfant trouvé de l'hôpital, à qui ils apprenaient le labourage et les gros ouvrages. Celui-ci, sans autres maîtres que les journaliers, avait un bon langage, un ton de monsieur, des idées aussi, mêmement qu'il avait empire sur les autres enfans, et si un avait fait tort au maître, il l'en reprenait. Propre sur lui, le dimanche, au lieu de boire, il lisait dans les livres ; et, note bien, seul de la paroisse, il chantait si bien à l'église, qu'il en aurait remontré au chantre : c'est Prélaz de Bourdigny. Un beau jour arrive une voiture pour le prendre, et tout le village d'accourir, sans trop de surprise néanmoins, tant ils le trouvaient digne. On l'avait réclamé par son chiffre : c'était l'enfant d'un noble d'Allemagne ! Partant, tout ce qu'il avait fait, c'était d'instinct, de race, pour mieux dire, à commencer par la musique où les Allemands ont le coup.

Ces idées-là, je les ai eues de tout temps, notamment que Thérèse n'en avait pas d'autres, et que Louise elle-même, bien que élevée en demoiselle, c'est Thérèse trait pour trait. Mais, par religion, comme je t'ai dit, et pour ne pas me roidir au vœu de M. Prévère, comme aussi pour donner le temps à la Providence de se montrer, j'avais condescendu à promettre Louise à ce jeune homme, en tant que corrigé, et tendant à son état par le droit chemin. Je n'en tirais ni regret ni gloire, certain de vouloir bien, de cœur, ce que je voulais, comme, pareillement, de ne vouloir pas ce que je ne voulais pas ; d'où je suis resté libre, et plus encore que si je n'avais jamais condescendu, puisque la ténacité et la rancune étant mon défaut de nature, on pouvait toujours, sans cela, dire que j'y avais obéi.

Quand donc est venue cette catastrophe, je n'ai eu ni gloire à dépouiller, ni regret à avoir. Je n'ai eu ni scrupule envers M. Prévère, à qui j'avais satisfait; ni remords de religion, y ayant obéi auparavant dans la vérité de mon cœur; ni doute envers la Providence, laquelle, pour l'avoir laissée faire, m'a donné un avertissement assez haut pour que je l'écoute à deux oreilles. Bien plus, ayant pour pratique de consulter la mémoire de ma chère et honorée femme, à telles enseignes que c'est par cette pratique que j'avais le mieux dompté ma rancune contre le jeune homme, vu que Thérèse était compatissante et sans haine, j'ai jugé combien cette catastrophe l'aurait épouvantée, et que, pour rien au monde, elle n'aurait commis sa Louise à un ferrailleur, sans compter sa naissance, et qu'il est clair que, sans bien, sans état, il se comporte tout contrairement à celui qu'il a choisi, dès l'entrée s'en fermant la route. Restait Louise pour seul obstacle, mais qui me gênait sans m'arrêter, jugeant qu'il est d'un mauvais père de ne savoir pour un peu de mal en prévenir un plus grand, et d'en-

gager tout l'avenir, crainte d'affliger le présent.
Aussi, le mercredi, que justement la pluie arrêtait
les ouvrages, je rôdai ma journée à l'écart, pour
délibérer à l'aise ; puis, revenu, j'écrivis mon
billet à Charles, inclus dans la tienne, sans que
depuis j'aie eu à dévier de mon dessein, et que,
bien au contraire, chaque chose depuis, et notamment tes lettres, avec ce qu'elles m'appren-
nent, m'y ont confirmé.

Aussi, laissant Louise pour après, j'ai attendu le retour de M. Prévère : c'était le samedi ;
il savait donc ma lettre à Charles où je reprends
ma fille. J'allai le trouver dans sa chambre ;
mais rien ne se passa comme tu prédis, toi,
Champin, en ce que, si M. Prévère est faible et
trop débonnaire, il ne fut jamais câlin et rusé
aux fins de se décharger sur les autres. En cela,
tu t'abuses, et tu serais malicieux, avant que lui
soit bon apôtre : j'entends homme de belles paroles, plutôt que de bonnes actions. Il voulut
d'abord m'effrayer sur ma résolution, prise trop
vitement ; je le laissai dire. Il parla sur le jeune
homme, aux fins de m'apitoyer ; je lui dis que,
quant à sa position, je la savais par cœur, notamment que j'étais prêt à entrer en part dans
son entretien, et à l'en soulager d'un tiers. Alors
il me parla de Louise, aux fins de me montrer

le danger pour elle de rompre cet attachement ; je lui dis que, quant à Louise, justement je redoutais plus la continuation que la rupture de cet attachement ; qu'à moi son père, c'était mon motif principal, et qu'au surplus, de cette responsabilité-là, je m'en chargeais, comme juste, tout seul, regardant cela comme ma tâche première.

Me voyant ainsi résolu, et cuirassé sur tous les points, il me dit : « Je vous trouve trop sévère, M. Reybaz. Je crains que vous n'ayez à vous repentir de votre précipitation ; je voudrais ébranler vos convictions, pour votre bien même, pour celui de Louise, indépendamment de tout celui que je souhaiterais à mon pauvre Charles... Mais si vous me réduisez à ne vous plus donner de conseil, si ce sont là vos volontés dernières comme père, alors vous ne me laissez que l'alternative de m'y soumettre... J'avais voulu... » et il est resté court, de l'amertume qu'il avait. Je lui ai pris la main : « M'est avis, lui ai-je dit, M. Prévère, que vous avez toujours voulu le bien. Nous différons de conseil, et non pas d'intention. Ma plus majeure peine, c'est de ne pas vous complaire ; mais c'est bien vrai que c'est ici comme père, que je dis mon idée, et, si elle est fausse, ce n'est pas manque de l'avoir déli-

bérée, à tant que je n'y saurais rien changer.—
Tant pis; a-t-il repris, elle est funeste votre idée,
j'en ai la conviction profonde... C'est trop tard...
Si vous persistez, je ne vous entraverai pas...
mais je manquerais à l'amitié que je vous porte,
M. Reybaz, si je ne vous laissais voir que je
trouve votre résolution plus dangereuse encore,
que dure et cruelle. » Je n'ai pas voulu contredire, et on s'est séparés froidement.

Champin, ne médis pas de ce pasteur : je le
connais, et non pas toi. Ce qu'il veut me faire
faire, il le ferait; et je tiens pour certain que
s'il avait une fille à donner à son Charles, il la
lui donnerait, comme c'est sûr que je t'écris.
D'accord avec toi que ça ne fait pas que je
doive la mienne à cet emporté; mais ne parle
pas mal de ce pasteur, ni de sa paie qui va aux
malheureux, ne faisant que passer par ses mains.
C'est à le voir faire que moi, serré de nature,
étroit de patrimoine, j'ai appris à ne pas trop
cumuler, comme j'y étais enclin, et comme c'est
la pente de tous par nos campagnes. Et quand
tu dis que, donnant l'argent des autres, ils en
ont tout l'honneur, tu te trompes, quant à ce pasteur-ci, de toute la hauteur qu'il y a du ciel à la
terre; puisque jamais âme vivante ne fut moins
fière ni plus modeste à l'égard des biens qu'elle

put répandre. De lui se peut dire, plus que de qui que ce soit, que *sa droite ne sait pas ce que fait sa gauche*. Cet homme a ses défauts, étant issu d'Adam, mais il est certain qu'ils sont de ceux-là dont les autres se feraient encore leurs plus belles qualités, ainsi que des haillons du riche, nous nous endimancherions nous autres.

En effet, depuis tantôt cinquante-six ans que je regarde faire les gens, je trouve que, où le péché abonde, c'est dans le trop grand amour de soi, comme aussi à dévier en dedans du cœur de la vraie droiture, ce qui mène à ces faussetés que nous voyons de partout, et qui salissent le monde. Ces deux choses ôtées, la miséricorde de Dieu aurait moins à faire. Mais c'est en cela que notre nature est corrompue, et que, sans la grâce de Dieu, nous serions tous damnés, connaissant la loi et l'observant si peu. Eh bien! Champin, si ce n'était péché que de le dire, j'avancerais que M. Prévère est, sur ces deux articles, prêt à comparaître pour être sauvé par ses mérites; et que ceux de notre Sauveur et Seigneur Jésus-Christ lui seraient un ornement plus qu'une nécessité pour entrer en paradis. S'il aime quelqu'un, ce n'est pas lui; s'il fait du bien, du repos, ce n'est pas à lui; s'il travaille de l'esprit ou du corps, s'il laboure, s'il ensemence, c'est pour les malheureux, sois certain, Champin, et sans rien ôter aux heureux. Et pour ce qui est de dévier de la droiture avec soi-même, quel besoin en aurait-il, se comptant pour rien, et n'ayant d'intérêt que le vôtre? Seulement, portant trop loin ces vertus, quand, pour bien dire, il vit parmi des hommes et non parmi des anges, il en peut abuser, et, une fois sa part à lui donnée, mal faire celle des autres. Il y a des devoirs encore par-dessus la bonté. Par compassion il veut donner ma Louise à son jeune homme, est-ce à dire que, moi, ayant à répondre du bonheur de ma fille, mon devoir ne doive prévaloir sur sa charité même?

Sous ses soins, que penses-tu que serait devenu un garçon ordinaire? Eh bien, celui-ci n'y a rien su profiter. De la douceur de son maître, il a fait violence; de son humilité, fierté; de sa bonté, malice; de son respect des autres, nuisance pour les autres; transformant ainsi tout le bon en mauvais, hormis qu'il n'est chiche ni de son argent, ni de celui d'autrui, mais sans discernement: notamment qu'un jour, ayant habillé de ses habits neufs un petit malheureux qu'il rencontra, laissé nu dans un fossé par des malfaiteurs, il s'en revint à la Cure mettre, lui, les habits vieux qu'il eût mieux fait de lui donner,

Pour Louise, au contraire, d'accord avec toi que je regrette qu'elle ne soit pas paysanne, et c'était bien le plus sage; mais de dire qu'elle n'ait pas pris de M. Prévère tout le bon qu'il a voulu lui donner, tant pour le cœur que pour l'esprit, ce serait lui faire injure. Ainsi qu'une plante tirée d'un bon sol, elle a crû aux eaux du ciel, en fleurs et en parfums; mais l'autre, mauvaise herbe, a poussé en épines et en aiguillons. Qu'est-ce à dire, si ce n'est qu'issus de races diverses, le sang les pousse à des destinées opposées; que, profitant des mêmes exemples, l'instinct les porte vers des penchans autres? Et où serait, Champin, la justice de Dieu, qui punit jusqu'à la troisième et à la quatrième génération, si de la première on était sain et purifié?

C'est donc sans rancune, Dieu m'est témoin, sans rancune contre M. Prévère, que j'agis au rebours de son idée; c'est sans rancune aussi contre cet enfant, et prêt à lui faire du bien, quand même il m'insulte dans sa lettre, que je lui retire ma Louise, la fille de ma Thérèse, dont, par la mort de sa mère, la garde m'est confiée jusqu'à ce que j'en aille rendre compte à qui de droit. J'agis avec droiture, selon mes lumières; non que je les mette au-dessus de celles d'un digne pasteur, mais parce que, en ce qui touche son enfant, celui qui l'a fait, peut, sans faire tort à personne, se croire le mieux éclairé, et s'en prévaloir selon l'occurrence.

Après quoi, j'en suis venu à Louise. Pour bien te dire, depuis sa dernière, elle s'était refaite; ayant repris ses couleurs, et aussi de la gaîté et de l'entrain pour toutes choses. D'ailleurs, Champin, je ne me cachais pas qu'elle aime ce garçon, ne fût-ce que par bon cœur, et en tant que M. Prévère lui est si affectionné; mais elle ne l'aime pas comme les filles aiment les garçons, j'entends qu'elle n'est pas son amoureuse, ni faite pour l'être, de lui, ni d'aucun autre. Rien que la pudicité l'en empêcherait; non pas qu'elle s'approche de ces idées, mais bien en avant d'elles, elle s'arrête de peur; aussi ai-je souvent songé qu'elle n'est pas faite pour le mariage, notamment à voir que celles qui restaient filles, lui faisaient comme du contentement. Que si jamais elle y vient, elle aura tant à vaincre que ce sera bien autre chose encore que Thérèse, qui, plus d'un mois durant, à compter de la noce, versait des larmes, et vivait recluse, se plaisant plus, seule, qu'en ma compagnie. Ce n'est donc pas de lui ôter l'époux qui la saurait toucher grandement, et je parierais encore que ce serait la soulager de ce qui la trouble, que de lui ôter l'attente du mariage, moyennant qu'on lui laissât poursuivre l'attachement sur le pied qu'il a cheminé jusqu'ici. En ce dernier point seulement, je l'ai réellement chagrinée.

La trouvant donc mercredi seule aux Acacias : « Louise, que je lui ai dit, si je veux faire ton bien, te trouverai-je soumise et raisonnable ?... » Mais elle, comme se doutant de quelque chose, est devenue pâle, et, toute tremblante, m'a prié de rentrer à la Cure, où, s'enfuyant, je l'ai suivie.

C'était dans sa chambre..... Ses larmes coulaient à fil, j'ai voulu attendre. Mais elle : « Avant que vous me parliez, mon père, grâce, grâce pour Charles ! » et elle est tombée à mes genoux, prenant mes mains dans les siennes.... — Louise, lui ai-je dit (car j'étais résolu à cause de son propre bien), Louise, si je veux agir comme j'ai jugé bon pour toi, te trouverai-je soumise et raisonnable ?.... — Soumise, a-t-elle dit, toujours !... au prix de ma vie.... mais, ayez pitié de lui, mon père !.... » Je voulais abréger cet ébranlement qui lui est funeste : « Louise ! ai-je redit pour la troisième fois plus fermement, je suis ton père, te trouverai-je soumise ? » Alors elle s'est relevée, les pleurs ont fini tout à coup, et, assise devant moi, elle est demeurée immobile;

en telle façon que j'hésitais à poursuivre, ayant bien sa soumission, mais n'ayant pas son oui. Et comme j'avais l'air d'attendre, au bout d'un moment, comme en sursaut : « Je vous suis soumise, a-t-elle dit, mon père. »

« Je n'en doutais pas, lui ai-je repliqué. Louise est Louise. Voici le plus difficile qui est fait. La raison achèvera. Il ne s'agit pas de châtiment, et partant, de grâce non plus. Je lui veux du bien, à ce jeune homme. De ma bourse, je l'aiderai. L'abandonner? il n'en est pas question. On le secondera à bien faire, on le tournera vers un autre état qui mieux lui aille, on ne le laissera à lui-même, qu'une fois bien établi, et en demeure d'arriver à bonne et due fin.... La seule chose, c'est que, lui refusant le mariage avec Louise, il faut qu'entre eux tout commerce cesse. Car, qui veut la fin, veut les moyens. C'est en ceci que je demande ta soumission.... »

Elle avait comme du frisson et du tremblement : « Ménagez-moi, mon père, murmurait-elle..... ayez pitié!..... J'avais surmonté..... et voici une nouvelle lutte..... aurai-je assez de forces!... » Puis, se jetant de nouveau à mes pieds : «Ah! grâce pour moi!... pour moi seule, mon père! et elle a derechef fondu en larmes. D'où, la voyant dans cet état, je m'en suis allé, renonçant à la contraindre.

M. Prévère l'ayant, de sa chambre, entendue gémir, est descendu en cet instant auprès d'elle; puis il est revenu à la charge auprès de moi : « De trop, lui ai-je dit, M. le Pasteur ; puisque aussi bien je ne demande plus rien. J'ai fait ma tâche, voulant détourner cette union que je regarde comme un grand malheur, mais je connais que c'est à moi maintenant de me soumettre. Dites à Louise qu'elle est mon enfant, moi son père, et que pareillement elle a ma bénédiction. »

Il n'a rien surajouté; et moi, vaquant aux ouvrages, mêmement que je me mis à compter dans la cour des fagots de sarment qu'on était à décharger, je contenais, par ainsi faire, la véhémence dont j'étais remué. Le soir venu, on s'est mis à table : M. Prévère à côté, la petite en face, qui ne mangeait pas, mais semblait plus tranquille. Au moment du bonsoir, c'est M. Prévere qui a pris la parole, disant ceci à peu près :

« Je vous parle à la place de Louise, M. Reybaz, c'est elle qui m'en a prié, parce que, déjà ébranlée, elle se méfie de ses forces, et qu'elle veut éviter un attendrissement qui les épuise, et qui vous afflige. Louise vous est soumise, M. Reybaz; elle vous l'a toujours été, même en vous demandant grâce. Elle ne récuse ni vos lumières, ni votre autorité; elle ne saurait goûter aucun bonheur en dehors du vôtre, et en dehors de son premier devoir, qui est de vous complaire. Son affection, avant tout, lui commande de se conformer à vos volontés, qu'elle sait ne vous être dictées que par votre tendresse pour elle. Elle s'y conformera donc, avec fidélité, en se prêtant à tout ce que nous conseillera notre expérience pour adoucir son regret, ou pour relever ses forces; comme aussi en vous demandant l'unique permission d'écrire à Charles une seule fois, pour lui annoncer elle-même la séparation que vous désirez. Je n'ai pas besoin de vous dire, mon vieux ami, a-t-il ajouté, que je suivrai pour ma part l'exemple que me donne votre fille, et que je continuerai mes rapports avec mon protégé, en respectant toutes vos vues dans la nouvelle ligne qui m'est tracée.

Après qu'il a eu dit, on s'est embrassés en silence. Seulement, j'ai recommandé à Louise de ne pas veiller après cette fatigue, présumant qu'elle pouvait bien s'aller mettre à écrire.

Voilà, Champin, comme tout a été arrangé; de façon que, s'il plaît à Dieu, ma fille est sauve, et moi, je suis libéré d'un mal qui me dure depuis que je connais cet enfant. Tout ceci pour toi, et pour nul autre; ainsi gouverne ta langue, que je sais vagabonde!

REYBAZ.

LETTRE XVII.

MONSIEUR DERVEY A MONSIEUR PRÉVÈRE.

De la Cure.

Je suis fâché de vous causer du dérangement, mon cher confrère, mais si vous pouvez venir passer deux ou trois jours à la ville, votre présence y est bien désirable. Notre jeune homme est fort mal, et le médecin ne nous cache pas la gravité de son état. La fièvre avait diminué, lorsque la dernière lettre que nous lui avons remise, a amené un redoublement très-vif. Cette nuit, il y a eu un peu de délire ; dans ce moment l'assoupissement commence à succéder.

Quelle fâcheuse affaire que ce duel, et que j'entrevois de chagrins et d'embarras à la suite de cette grave imprudence ! Vous ignorez peut-être, mon cher confrère, que son entrée en théologie a été ajournée, quoi que j'aie pu dire pour prévenir cette mesure. C'est vendredi passé qu'eut lieu la délibération, et, bien que l'on fût disposé à excuser le jeune homme, qui a inspiré de l'intérêt à tous ceux qui le connaissent, l'on a jugé absolument nécessaire de faire ce sacrifice à la crainte d'établir, par trop d'indulgence, un précédent funeste. Et il faut convenir que l'éclat fâcheux qu'a eu cette affaire, motive jusqu'à un certain point cet arrêté, que je vous transmets avec un véritable chagrin.

Ne voulant pas retarder le départ de ma lettre, je remets de plus amples détails au moment où j'aurai le plaisir de vous voir.

Votre affectionné,
Dervey.

LETTRE XVIII.

MONSIEUR PRÉVÈRE A MONSIEUR DERVEY.

De la Cure.

Mon cher confrère,

Des motifs impérieux m'empêchent de partir sur l'heure ; je serai demain à la ville. En attendant que je vous remplace auprès de Charles, faites-moi l'amitié de ne pas le quitter. Dans l'état de crise où il se trouve, je ne saurais me fier qu'à vous.

Que la Providence veille sur cet enfant, si digne d'être aimé, malgré ses défauts, et pourtant tellement malheureux, abandonné, que si dans ce moment Dieu le retirait à lui, ce serait sans doute un effet de sa divine bonté !

Ne me plaignez point, mon cher confrère ; bien plutôt laissez-moi vous demander pardon de tout l'embarras que vous cause cette longue maladie, et du chagrin dont elle est sûrement l'occasion pour votre bon cœur. Ou plutôt, bénissons ensemble notre Maître, qui permet à notre charité quelque exercice.

Que votre portier n'instruise personne ici de l'état de Charles ; ce serait aggraver la situation déjà bien misérable, qui me retient encore pour quelques heures.

L'arrêté dont vous me parlez renverse de bien chères espérances ; il m'est cependant moins pénible, maintenant que de plus chères encore sont détruites.

Recevez mes amitiés bien sincères.

Prévère.

LETTRE XIX.

CHAMPIN AU CHANTRE.

De Genève.

On répondra à la tienne plus tard. Ce mot-ci pour ta gouverne. M. Dervey sort d'ici, pour m'enjoindre de ne pas t'écrire que le jeune homme est *fort mal, extrêmement mal.* Fort bien, Monsieur Dervey.

Comprends-tu l'affaire? C'est combiné entre le jeune homme et lui, sachant bien entre eux que moi, dont ils ont méfiance, piqué au jeu par leur défense, je ne manquerai pas de t'écrire bien vite que le jeune homme est à la mort. Alors tu te rétractes, et le jeune homme est guéri.

Le fait est qu'il va mieux, et, dans ce moment, dort comme une soupe. Encore cette nuit, il faisait bacchanal contre toi. Tiens-toi donc pour averti, et que s'il y avait mal réel, je ne suis pas là pour te le taire.

Adieu l'ancien.

PS. Tiens! une incluse de lui. Homme qui écrit n'est pas mort. C'est pour votre Marthe; il l'a écrite dans son lit, à l'insu de M. Dervey, priant la servante de me charger de la faire parvenir à la Cure. Je te réponds que cette lettre-là est ployée de sens rassis! Pas moyen d'y guetter un mot. Remets-la donc, et tâche de savoir.

LETTRE XX.

CHARLES A MARTHE.

De Genève.

Marthe...

Monsieur Prévère m'abandonne-t-il aussi ?....
Oh! que j'aimerais le voir !.. un instant seulement.
Plus que lui! Marthe, plus que toi !... plus rien.
Que le bon Dieu me retire !

Si tu peux faire savoir à M. Prévère... Oh! que
je souffre! Marthe... Soigne-la beaucoup. Que
de choses!

Je voudrais voir M. Prévère.... Dis-lui que
je voudrais le voir.... Supplie-le, Marthe, pour
que je le voie.

Adieu....

LETTRE XXI.

JAQUES[1] **A MADAME DE LA COUR.**

Verrèze, dans le Val d'Aoste.

Comme Madame m'a recommandé, je lui donne des nouvelles de not' Monsieur, d'autant mieux à propos, que j'imagine que Madame n'en a point encore; not' Monsieur n'ayant guère le cœur à écrire, tout désœuvré qu'il est, sans quoi il m'aurait donné des ordres pour porter à la poste. J'ai pris la liberté de l'y faire penser, et, sans disconvenir, il s'en est tenu à ne pas s'y mettre.

Pour bien dire, les premiers jours, on a eu assez affaire à cheminer, et, à un endroit par ces montagnes, où on s'est arrêté trois jours, c'était

[1] Domestique de M. Ernest.

un trou qu'il n'y avait pas dans la banlieue une goutte d'encre, ni une plume, que celles qui sont aux poules, encore qu'ils n'en ont pas, le pays étant froid et donnant peu de grain, à raison des froidures, qui commencent tôt et finissent tard, par rapport aux montagnes. Un pays de loups ; et encore que notre cabaret de Chevron est une bien superbe auberge à côté du bouchon où nous sommes restés ces trois jours, sans qu'à vrai dire j'aie bien su pourquoi. Mais not' maître étant taciturne, je ne lui ons rien questionné ; me bornant à siffler par devant la porte, et aider aux gens à qui j'ai appris comment on bouchonne une bête. C'est la paille qui leur manque.

Après quoi, les mauvais temps venus, on s'est racheminés, mais je n'y voudrais pas repasser. C'est par la montagne de Saint-Bernard, où ils tiennent auberge par là-haut, quinze curés, et des chiens qui feraient du nôtre une bouchée. On n'y paie rien, d'où j'y ai bu un coup de plus, par rapport au froid qui y est sec, comme chez nous fin décembre, sans compter la neige dont nous étions blancs comme des pénitens. Y ayant du monde, not' maître a voulu repartir demi-heure après ; et de là nous sommes venus en deux jours jusqu'à ce village-ci, où nous avons pris pied depuis tantôt trois semaines.

Voilà tout jusqu'ici. Not' maître n'est ni bien ni mal, mais pas gai, c'est certain : à preuve que de tout ce temps il ne m'a pas dit un mot de parole, et que si j'essayais de jaser, ayant ramassé par l'entour des nouvelles, il me priait d'aller jaser ailleurs, ne se souciant de quoi que ce soit, pas plus que de rien du tout. Comme Madame m'a tant recommandé de tout dire, sauf respect, je lui dirai que ce qui m'a le plus fait peine, c'est à voir comme not' Monsieur s'est rangé à la sagesse pour laquelle, bien portant, il n'avait pas de pente; ayant toujours quelques propos pour les fillettes, et, pour les demoiselles, des galanteries qui le fesaient bien vouloir. Pour cette fois, il n'a pas bronché, fuyant toute personne, et les demoiselles aussi ; même qu'il y en a une ici, qui est une merveille d'Italie, qu'il n'a pas seulement tourné les yeux sur elle. Des Anglaises l'ont fait fuir de Saint-Maurice, comme d'un repaire, et bien jolies encore, notamment qu'une d'elles donnait de l'air à mamselle Louise de la Cure.

Pour moi, je le dirai à Madame, je n'aurais jamais cru que d'avoir piqué un mauvais drôle entre les côtes, et encore sans lui faire grand mal, ça pût vous changer un homme à ce point, et de gaillard et dispos, vous le faire sombre comme une porte de prison. A savoir maintenant quand nous serons à Turin. Il se lève de grand matin, et s'en va courir à une masure de revenans, qui est là-haut sur un rocher, comme vous diriez bien la tour Gosse à Salève, et il y passe sa journée à regarder l'herbe, tout farouche, et parlant plutôt aux bêtes qui sont à paître, qu'à moi lorsque j'y monte pour voir un peu. Le soir il revient dîner, et puis se couche pour recommencer demain. Les neiges sont encore sur les hauteurs, et je les voudrais dans la plaine, pour qu'elles nous chassent de ce trou où la vie se consume à rien du tout; car, après l'auberge et des charbonniers qui sont noirs comme des taupes, et travaillent par les bois, n'y a pas plus de société que sur ma main. Avec ça qu'ils baragouinent une langue que le diable n'y comprendrait rien, et que je suis là à savoir comment ils s'entendent.

Madame me ferait plaisir de dire à not' père qu'on se porte bien, et que par ici le vin est pour rien, si seulement ils savaient le soigner.

Encore une chose dont il faut se taire par le hameau, et qui m'a fait plus de peine que tout le reste, c'est que not' maître entre dans leurs églises, qui sont apostoliques et romaines, et couvertes d'idolâtries du haut en bas, avec un bénitier à la porte, et des litanies à faire hurler un chien de garde. C'est-il pas bien mal? leur religion étant fausse, et venant du Pape, qui est l'Antechrist ou peu s'en faut, et que, dans les anciens temps, ils brûlaient nous autres de la vraie religion, comme des fagots. Il s'y pose sur un banc et y reste des heures, pendant que ces pouilleux vont et viennent, priant leurs saints, se signant d'eau bénite, et demandant l'aumône tout à la fois.

On a celui de
saluer Madame avec respect.

JAQUES.

LETTRE XXII.

MONSIEUR PRÉVÈRE A MARTHE.

De Genève.

Ainsi que je vous l'ai promis, ma chère Marthe, je viens vous donner des nouvelles de votre Charles. Je ne vous cacherai pas que je l'ai trouvé bien malade et bien changé. Il était assoupi quand je suis entré dans sa chambre, et, la fièvre l'agitant, il prononçait quelquefois mon nom. Bientôt après, ayant ouvert les yeux, il m'a reconnu, non sans quelque hésitation; des larmes abondantes ont alors coulé de ses yeux, et, dans les caresses qu'il m'a faites, sans toutefois parler, j'ai trouvé bien de la douceur, et lui quelque soulagement.

Je ne l'ai plus quitté; aussi bien m'a-t-il pris la main dès le commencement de l'entrevue, comme pour me retenir auprès de son lit. La ruine de ses plus chères espérances, détruites si subitement et sans retour, l'a frappé d'une idée d'abandon et de délaissement, et c'est sous cette forme que s'est manifesté son délire. Il avait demandé à plusieurs reprises qu'on me montrât à lui, et, dans ses transports, il croyait que les personnes qui le soignent d'ailleurs avec toute sorte d'affection, lui cachaient ma mort. J'attribue à cette idée qui l'agitait, le bien que paraît lui avoir apporté ma présence. Mais il est d'une maigreur extrême, et la tristesse de son regard, ordinairement si expansif, m'a causé une vive peine.

Ma chère Marthe, cet enfant qui vous doit tant, et que vous avez soigné avec une affection si méritoire et si aimable, il ne lui reste plus que nous deux qu'il puisse aimer sans contrainte, parmi ceux qui se partageaient son cœur; nul autre que nous deux ne se trouve associé aux souvenirs et aux courtes joies de son enfance, nul autre, à ce sentiment si ancien, si fort, si rempli de bonheur, qu'il lui faut aujourd'hui briser, si encore ce sentiment ne le brise lui-même. Le monde où il entre a peu de temps à donner aux malheureux; et sa situation, sa naissance, ne l'appellent pas à y trouver beaucoup d'amis. Ainsi son cœur, si avide d'affections, se portera vers nous, les seuls débris du naufrage où s'est perdue cette destinée que j'avais crue dans le port. Vous ne lui manquerez pas, ma bonne Marthe, et n'ayez crainte que je dise ceci, comme pour prémunir mon Charles contre votre abandon. Je vous honore trop pour cela, je sais trop quelle douce chaleur la piété fait vivre dans votre cœur modeste; et qu'il me soit permis de vous rendre ici cette justice, que, dans cette œuvre où je m'étais proposé de revaloir quelques joies à une pauvre créature déshéritée de tous biens, c'est dans la bonne Marthe que j'ai rencontré le plus constant, le plus modeste et, à mes yeux, le plus précieux appui.

Mais, ma chère Marthe, il faut tant de prudence dans le bien, tant de vigilance pour y atteindre, que si j'ai à vous prémunir, c'est contre les mouvemens de votre propre bonté, bien plus que contre un abandon dont je vous sais incapable. C'est pour cela que, pendant que le sommeil calme et restaure notre malheureux ami, j'emploie ces loisirs à m'entretenir quelques instans avec vous, sur une situation que vous pourriez aggraver plus que personne par la moindre imprudence.

Vous savez tout ce qui s'est passé; je ne reviens point là-dessus. Mais je redoute quelque erreur de votre jugement, à l'égard des personnes qui jouent un rôle dans ces tristes événemens; et j'ai à craindre que votre fidélité, ne sachant vers laquelle d'entre elles se porter au milieu de ce conflit de vœux et d'influences, ne commette quelque déviation qui serait funeste à ceux-là même vers lesquels inclinent vos sympathies. Eh bien, Marthe, que je vous le dise : cette fidélité, vous la devez avant tout à M. Reybaz, non pas seulement parce qu'il la mérite pleine, entière, mais parce qu'il y a droit avant tout autre, avant moi-même, qui vous ai trouvée à son service, et engagée par lui lorsque je vins m'établir à la Cure.

Que ce soit là pour vous, ma bonne Marthe, la règle de toutes vos actions, à quelques sollicitations que vous puissiez être en butte de la part de votre propre bonté, car c'est le seul ennemi que j'aie à combattre en vous. Si vous ne la perdez jamais de vue, cette règle, que d'ailleurs vos sympathies soient libres; et si c'est la joie du chrétien que d'aimer les malheureux, les souffrans, les déshérités... aimez, aimez, bonne Marthe.... l'amour sanctifie, la charité est le sceau de ceux qui sont à l'Evangile, elle est la foi et la vie.... le vrai, le seul signe, auquel Dieu reconnaît ses enfans !

Mais ne refusez justice à personne, ne fermez votre cœur à personne; et si M. Reybaz vous paraît dur envers deux enfans que vous chérissez, gardez-vous, Marthe, de vous abandonner légèrement à un jugement trop sévère. Quels que soient ses motifs, ils sont sacrés, car il est père; ils sont respectables, car M. Reybaz est un homme d'une rare droiture; car, s'il se trompe dans ses vues, si, à son insu même, des préjugés l'influencent, tout au moins agit-il selon ses lumières, et conformément à ce qu'il regarde comme l'intérêt d'une fille qui est bien certainement ce qu'il a de plus cher au monde. A tous ces titres, il mérite les égards, les procédés sincères, la bienveillance de tout le monde, mais de vous surtout, Marthe, pour qui il fut un maître doux, juste, souvent généreux, en tout temps reconnaissant des soins de mère qu'il vous admit, avec une honorable confiance, à donner à sa fille.

Que ce soient donc là, Marthe, les sentimens qui vous animent, et les principes qui règlent toutes vos démarches dans la position difficile où vous vous trouvez avec moi, et où, plus que moi peut-être, vous êtes exposée à dévier de cette ligne étroite qu'il nous reste à suivre. Tout ce qui pouvait être tenté ouvertement, pour détourner M. Reybaz de sa résolution, je l'ai tenté en vain; maintenant il serait honteux et criminel d'en entraver l'accomplissement par ces secrètes influences, par ces voies douteuses, où n'entrent jamais les âmes sincères et délicates; il serait mal de nourrir chez sa fille, ou chez Charles, des espérances qui leur sont retirées par celui qui a le droit de les leur retirer; il serait dangereux autant que coupable de favoriser une correspondance défendue, si jamais notre pauvre Charles, égaré lui-même par les suggestions de son cœur désolé, y cherchait un remède à ses chagrins.

Voilà, ma chère Marthe, ce que je voulais vous dire. En deçà de cette limite, que nous ne franchirons pas, consolons ces pauvres affligés, associons-nous à leurs peines, implorons sur eux les secours de la bonne Providence; mais surtout, ayons confiance en ses voies, quelque cachées qu'elles soient pour nos faibles yeux, et soyons certains qu'au-dessus de ces vicissitudes passagères qui nous semblent si amères, sa justice et sa bonté demeurent : elles veillent, elles apprêtent dans l'éternité, le bonheur au juste, la joie à l'affligé, la récompense au fidèle, à chacun la part que ses infortunes ou ses vertus lui auront méritée.

Votre affectionné,
Prévère.

LETTRE XXIII.

LOUISE A CHARLES.

De la Cure.

Il m'est permis de vous écrire encore une fois... J'essaie aujourd'hui de recueillir mes forces ; je veux les employer toutes à vous parler avec calme. Vous m'écrirez aussi, je vous le demande, mais je vous supplie à l'avance de ménager l'état où je suis ; je vous supplie de respecter mon père, de soutenir sa fille. Tout m'accable, tout m'effraie, jusqu'à ces lignes que j'attends de vous. Que ne puis-je dès cet instant être assurée que le courage, la modération, ou à défaut la pitié, vous les aura dictées !

Je n'ai rien à vous raconter. A une volonté sacrée pour moi, j'ai dû céder. J'obéis, je veux obéir ; et il est de mon devoir, Charles, de vous le déclarer ici.... Que si, après cela, il vous est de quelque consolation de savoir à quel prix, je le dirai ; quels sont mes vœux, je le dirai encore. Je ne sais pas feindre, et la contrainte qui me fut toujours odieuse, n'est ici plus de saison.

J'obéirai sans réserve, comme sans murmure. J'aime, je chéris mon père, lui, rempli pour moi de la plus profonde tendresse ; lui, si sincère, si vénérable, et, en toutes choses, ne cherchant que mon bonheur. J'obéirai sans l'aimer moins pour les maux qu'il me cause ;.... d'ailleurs, vous le dirai-je ? Au milieu de ce trouble, au milieu de cette nuit où me voici replongée, ce m'est une consolation, et comme une lumière qui me guide, d'éprouver qu'en même temps qu'il a brisé mon cœur, mon cœur ne s'est point retiré de lui. A ceci, je puis reconnaître encore que j'ai gardé la ligne du devoir. Heureuse donc de n'avoir du moins pas bronché ! Heureuse d'avoir appris de si dignes guides à reconnaître, parmi tant de sentiers divers, celui qui conduit aux moins affreuses rives !...

J'obéirai, Charles, je veux obéir. Loin de moi toute docilité feinte, toute trompeuse réserve !

Je succomberais, je mourrais, plutôt que de trahir la juste confiance du digne père que m'a donné la Providence. Mais... serai-je seule?.. me trompé-je?... Non, Charles, Charles lui-même, Charles l'élève et l'ami de M. Prévère, Charles à qui sont acquises mon estime et ma tendresse, Charles m'approuve, il me soutient; si je ne me sépare pas de lui, il ne se sépare pas non plus de moi, il se fait mon frère, et, uni avec moi dans un même respect pour l'auteur de mes jours, il ploie aussi sans murmurer....

Voilà, mon ami, ce que j'espère, ce en quoi je me confie, ce qui peut seul alléger ma peine. Que mon cœur rassuré vous parle maintenant sans contrainte.

Que je vous aime, Charles, que vous soyez celui à qui j'avais volontairement et avec joie engagé ma destinée et mon cœur, c'est ce que je n'ai plus à vous dire. Mais si par une gêne naturelle, ou par l'effet des préoccupations d'une âme soucieuse comme la mienne, j'ai pu vous paraître souvent bien froide ou bien réservée, que la douleur et le découragement qui m'accablent aujourd'hui, vous soient un triste témoignage des sentimens que je nourrissais, de la force de cette attache qu'il faut briser, de l'infinie douceur avec laquelle je voyais ma vie liée à la vôtre, et mes alarmes trouver dans votre affection leur plus doux refuge! Ah! Charles, détournons nos yeux de ces joies taries!... Que ne puis-je en effacer la trace? Que servent ces retours sur le passé? Si l'espoir est ôté, du moins n'aggravons pas les regrets; que plutôt, avant de quitter pour jamais ce sujet, j'achève de vous ouvrir mon cœur.

Nous ne serons point l'un à l'autre; nos destinées sont désormais séparées, et, pour de longues années du moins, nulle relation, nulle correspondance ne devra subsister entre nous : c'est là le vœu auquel j'ai souscrit, auquel je serai soumise avec fidélité.... Mais au delà, je reste libre, ou plutôt, au delà, ma volonté serait impuissante; et si mon cœur s'est donné à vous, mon ami, il ne se sera donné qu'une fois. Aussi bien que mon estime, ma plus tendre affection vous demeure, elle vous accompagne, elle vous suivra en quelque lieu que se poursuive votre carrière, elle trouvera sa plus vive joie à apprendre que vous rencontrez les succès et le bonheur dont vous êtes digne, et que la Providence vous réserve, je n'en doute pas, si, aux talens et aux qualités qui vous distinguent, vous savez unir le courage, et tempérer par la résignation la trop vive fougue de votre caractère.

J'éprouve de l'embarras à vous dévoiler toute ma pensée; cependant il le faut, les momens sont précieux. Charles, écoutez-moi, c'est mon cœur qui vous parle... non pas sans effort, mais avec sincérité : mon vœu, c'est que vous rencontriez plus tard une autre compagne... Le coup le plus funeste qui pût m'atteindre encore, serait que, par le malheur de m'avoir connue, votre vie se trouvât dépouillée de ce qui seul peut l'orner encore de bonheur et de paix, de ce qui seul peut vous revaloir tant de biens dont vous fûtes privé, et que vous ne retrouverez nulle part ailleurs que dans les douceurs d'une aimable union.

Que si vous repoussiez à jamais cette idée; que si, par un fatal aveuglement, vous formiez de téméraires sermens; que si vous vous condamniez ainsi à végéter dans une situation toujours fausse et misérable, je veux que vous sachiez à l'avance, qu'en empoisonnant la vie de celle qui vous fut chère, vous aurez moins de droits à son estime. Oui, Charles, car que sera-ce témoigner, sinon que, ne vous soumettant point avec elle et comme elle, vous nourrissez des espérances qu'elle s'est interdites? Que sera-ce faire, sinon vouloir manifester à tous, que vous êtes la victime de son père; rejeter sur lui l'odieuse responsabilité de votre infortune; et, en demeurant isolé et malheureux, affliger sans remède et sans motif, tourmenter à toujours, celle qui se reproche déjà avec tant d'amertume d'avoir troublé le cours de votre destinée?

Je ne veux point ici vous présenter mille autres considérations qui se pressent sous ma plume ; je ne veux point raisonner, discuter... aussi bien n'est-ce le moment ni pour vous, ni pour moi ; et en me bornant à vous exprimer quel prix j'attache à ce vœu, j'ai parlé, j'aime encore à le croire, le langage le plus propre à vous persuader. Je n'ajoute qu'une seule prière. Ne me répondez point sur ce sujet ; dans ces premiers momens, vous ne le feriez peut-être que comme il ne convient pas que vous le fassiez ; vous risqueriez, Charles, et j'en frémis, d'engager témérairement votre avenir ; vous achèveriez de me briser. Mon vœu vous est connu, je le dépose dans votre cœur, j'y attache ma dernière consolation ; c'est tout. Que le temps, que la Providence vous inclinent à l'accomplir !

Vous aviez choisi, en vue de moi surtout, la carrière du saint ministère, et, en vous exprimant une dernière fois combien je fus touchée de cette détermination, je prends la liberté de vous exhorter à y demeurer fidèle, en surmontant les obstacles qui vous en ferment temporairement l'entrée. Nulle carrière ne saurait être plus honorable; mais, Charles, dans ma sollicitude pour vous, que je vous dise que nulle autre ne me paraît convenir autant, et à votre caractère et à votre situation particulière. Pardonnez à mon inexpérience d'oser vous donner ces avis; mais dans cette sainte carrière, se tempérera, s'épurera cette véhémence de vos sentimens, qui, pour être toujours si droite et si généreuse, est quelquefois imprudente; en telle sorte que cette fougue, dont ceux qui vous aiment peuvent redouter les écarts, consacrée au service de notre divin Maître, et à la pratique des vertus chrétiennes, tournera à sa gloire et au bien de vos semblables. Surtout, Charles, à qui se donnera l'orphelin tel que vous, plutôt qu'à celui qui aime l'orphelin par-dessus les autres ? où cherchera-t-il ailleurs son refuge ? où se passera-t-il mieux des avantages que le monde estime, et que le sort lui a refusés, que dans cette carrière où le plus petit est le plus grand ; où la naissance, le rang, la fortune ne sont rien, parce que la charité et les vertus y sont tout ; où il est donné à tous, mais à vous surtout, que distinguent votre cœur et vos talens, d'atteindre au premier rang, et de briller de ce doux éclat que le monde ne peut ternir, parce que c'est un rayon d'en haut;

qu'il ne peut retirer, parce qu'il ne l'a pas donné ; qu'il honore, parce qu'il lui est doux et bienfaisant ?

Pesez ces motifs, Charles, et accueillez mon désir ; j'en aurai plus de repos. Je voulais vous redemander mes lettres, et vous rendre les vôtres ; j'y renonce. A d'amers sacrifices, n'en ajoutons point d'illusoires. S'il est vrai que nos destinées soient irrévocablement séparées, il ne l'est pas moins que jamais, non jamais, nous ne saurions être étrangers l'un à l'autre ; alors, pourquoi ces restitutions, signes trompeurs, que démentent les sentimens ? Ah ! sans doute, si en détruisant ces lignes on pouvait anéantir le passé, rendre aux cœurs la paix, l'espérance, dissiper ce sombre nuage qui pèse sur nos têtes et voile l'horizon...... Et encore ! encore non ! Charles, car, à ces heureuses années qui viennent de finir, aux joies, aux affections dont vous fûtes pour moi la source et l'objet, quel prix mettrais-je qui pût les valoir ? J'en aime mieux le souvenir, j'en chéris plus la trace, que je ne puis désirer un présent sans nuage, mais sans vous, sans la tendresse que je vous porte, et que je vous porterai jusqu'à mon dernier soupir.

Il faut, Charles, nous quitter ;... aussi bien ne puis-je plus contenir les sentimens qui gonflent mon cœur : cet effort m'épuise, les larmes troublent ma vue...... Il faut nous quitter pour toujours! briser ce sentiment qui remplissait ma vie!.... Adieu,... je ne puis poursuivre..,. Que Dieu me soutienne et qu'il soit avec vous! c'est le vœu que forme en finissant votre malheureuse et toujours tendrement affectionnée.

LOUISE.

LETTRE XXIV.

MARTHE A MONSIEUR PRÉVÈRE.

De la Cure.

Je remercie bien M. le Pasteur de la lettre dont il m'a honorée, et où son trop de bonté m'a donné de la confusion. M. le Pasteur peut compter que pour lui avoir manqué une fois, j'en ai eu trop de chagrin pour lui manquer une seconde, et faire autrement qu'il ne me dit. Au surplus, M. le Pasteur sait bien aussi que Mlle Louise ne faillira pas, si angélique qu'elle est ; et que Dieu me préserve de l'y aider ! Pour M. Charles, sans mauvaise intention, il ne me laissera pas tranquille que je ne le satisfasse, en lui donnant ci et là quelques nouvelles de Mlle Louise ; et, si j'ai bien compris M. le Pasteur, moyennant que je me borne à cela, ce ne sera pas manquer à M. Reybaz, ou bien j'aimerais mieux dire d'entrée, que je ne pourrai pas refuser ce peu de bien à un si cher monsieur. Pour être servante, on ne peut s'ôter l'affection.

Que j'ai pleuré à le voir si malade, ce pauvre cher enfant! Le cœur me saignait de penser qu'une autre était à le soigner à ma place, et même à présent, je demanderais bien à M. le Pasteur la permission d'y courir, si je pouvais laisser Mlle Louise; mais faible et misérable comme elle est, ce serait pitié. Ah! mon pauvre Monsieur, que je crains bien que tout ceci finisse mal, et bien autrement que M. Reybaz n'imagine; car elle se contraint devant lui, et il ne voit pas la moitié du mal. Ce qu'elle avait repris, c'est autant de perdu; ses couleurs s'en vont, elle ne mange pas, et plus de bons momens. Sans parler qu'elle aimait M. Charles plus qu'un frère, elle se reproche d'être l'occasion de son malheur, et elle a mille craintes, mille regrets de ce qu'il va devenir, d'heureux et placé qu'il était, misérable et repoussé qu'il est de tous côtés. Pauvre Charles! qu'elle se répète, quand M. Reybaz n'y est pas; et les larmes l'épuisent, en même temps que cette douleur la mine. Qu'y puis-je faire? quand déjà je suis plus près de pleurer avec elle que de la contredire. Comme dit M. le Pasteur, il faut compter sur la Providence, et je ne lui épargne pas mes prières ; mais à moins de rendre l'un à l'autre des enfans qui se sont ainsi aimés, et qui n'iront jamais bien l'un sans l'autre, je ne prévois que du sinistre.

M. Reybaz m'a touché un mot de m'emmener avec notre demoiselle, pour un mois ou deux, dans un endroit. C'est pour la distraire et la tirer d'ici. Je lui ai dit de voir à faire pour le mieux, voulant me réserver le temps de vous en écrire ; car, pour rien au monde, je ne veux laisser notre monsieur abandonné, et pouvant avoir besoin de moi sans me trouver sous sa main ; et quant à mademoiselle, il n'est besoin que je le lui demande, pour être bien sûre qu'elle aimerait mieux me sentir auprès de lui qu'auprès d'elle. Je prie donc M. le Pasteur de voir à ma place, afin de me conseiller pour le mieux, et selon qu'il croira le plus à propos pour le pauvre Charles. Que s'il est en état, M. le Pasteur me ferait bien plaisir aussi de lui renouveler la bonne amitié de sa Marthe, et combien tout ceci lui serre le cœur.

M. Reybaz ne connaît pas cet enfant, et si M. le Pasteur me permet de le dire, il ne l'a jamais connu ; sans quoi il l'aurait chéri, au lieu de lui être toujours si adverse. Qu'il picorât (et ce n'était presque pas pour lui), il y voyait un vaurien ; qu'il donnât aux autres ou aux pauvres, il y voyait un prodigue ; qu'il supportât mal des mauvais traitemens, il y voyait un garnement ; qu'il se tînt en repos, c'était un paresseux qui ne gagnerait jamais sa vie. Le prenant ainsi toujours de travers, il le trouvait toujours rêche, quand pour bien dire tous nous autres, sans compter M. le Pasteur, nous le chérissions ; ce qui était cause que M. Reybaz en avait de l'humeur, comme si nous l'eussions gâté....... C'est de là qu'est venu tout le mal, et que M. Reybaz s'est aveuglé à tant qu'il risque aujourd'hui de perdre un digne garçon sans sauver sa fille. Que M. le Pasteur dise si jamais il l'a trouvé malhonnête, prodigue, vaurien, ou seulement indocile ! Que M. le Pasteur dise si, outre que dans ses sottises il y avait toujours du bon, on a jamais vu un garçon de cet âge ayant du cœur autant, et pour tout le monde, et à tous les momens : si prompt à sauter de joie au bien, comme à s'emporter contre le mal ; si en train à obliger, si animé à faire plaisir, à tel point que, par le hameau, ils disent que tout est triste à présent, et que ce n'est plus ça. Aussi, quand bien même il n'y aurait pas d'autre raison, rien qu'à cause de tant de belles qualités, je ne me consolerais pas qu'il ne fût pas à Mlle Louise; sans parler de moi, votre humble servante, qui perds tout, en le perdant.

Je demande pardon à M. le Pasteur de lui écrire si longuement, et je le prie de recevoir les affectueuses révérences de sa dévouée servante,

Marthe.

LETTRE XXV.

REYBAZ A CHAMPIN.

De la Cure.

Je t'ai déjà dit que Redard n'a plus de son rouge de mil huit cent onze, mais il te propose du quatorze, à vingt-un florins, rendu chez toi. Une pièce ne t'irait pas mal : c'est un vin qui tient la cave aussi longtemps qu'on veut, et puis soigné et sans déchet. Il te le mènerait samedi, allant à la ville pour son extrait de baptême, à raison d'un procès qu'ils ont avec leurs germains, par rapport à huit toises de vignes. C'est de ce même vin. Connaissant l'affaire, je donne tort aux autres, ainsi que j'ai dit l'an passé, qu'ils me prirent pour arbitre. Tu feras d'autant mieux, que l'almanach n'annonce guère que de l'humide pour la saison qui vient, et qu'au cabaret ils ont déjà haussé d'un sou le pot.

Depuis que cette affaire est terminée je me sens léger, et je vaque à mes ouvrages plus librement que depuis deux ans peut-être je n'avais fait, toujours pressentant du mal, et boiteux de cette épine. Ma précédente t'a expliqué comment je suis en règle, et exempt de reproches; j'entends de ma part, en ce que je crains ceux-là avant tous autres. Restait Louise, qui me pouvait inquiéter; mais, grâce à Dieu, tout va bien de ce côté : je la trouve maintenant mieux que ci-devant, sauf l'appétit, qui reviendra à mesure qu'on avance vers les chaleurs. Marthe ne juge pas comme moi, mais c'est par prévention pour l'autre. Toutefois, ne voulant faire en ceci rien qui me pût tourner à reproche, j'ai mandé le médecin : c'est celui de Dardagny, qui reste aux Pierrettes. J'avais délibéré si j'en voulais un de la ville, et, quoique plus cher, je n'y aurais pas regardé; mais, tout bien pesé, j'ai préféré celui-ci, qui connaît mieux les maladies de campagne, et qui a guéri la femme Dussaut d'un mal de foie qui l'emmenait en deux jours, sans une drogue dont il avait le secret.

Il a vu Louise, mais sans lui causer; ceci sur

ma demande, vu que je connais ses idées, et que jamais médecin ne l'approchera, que déjà il ne lui donne la fièvre, rien qu'en lui faisant des questions. Seulement à nous voir ensemble, elle a rougi de la tête aux pieds. Quand elle s'est éloignée, je lui ai dit qu'elle avait du souci par nature, et un peu par circonstance, sans lui tout conter, et que l'appétit n'allait pas à ma fantaisie. Mais auparavant je lui ai demandé, comme pour l'éprouver, comment il traiterait bien le feu sacré? (Je l'ai eu) — « Par le vin chaud, qu'il m'a dit. » D'où j'ai vu qu'il entend son affaire.

Au fait, vos médecins de ville, ils ont du langage, mais souvent c'est tout. Ils en font venir un chez les de la Cour, qu'ils paient un écu, et le voyage à leurs frais, sans que le mal ait faibli pour tant de visites, et tant d'argent, et tant de paroles. Aussi disais-je bien : Si c'est pour les paroles, cette dame ne le paie pas assez; si c'est pour le bien qu'elle en retire, elle le paie trop d'un écu. Il y a des états où la langue se délie, il y en a d'autres où elle se cloue au palais. Va-t'en parler à ces gens qui sont aux bureaux de la Chancellerie, tu vas trouver des muets qui vous pleurent les paroles, bien que payés pour vous répondre; mais je n'ai pas vu de médecin qui eût la langue mal pendue, tant c'est vrai qu'elle est pour bonne part dans leur affaire. Déjà celui-ci, j'avais peine à le tenir en bride, aux fins qu'il m'écoutât, au lieu de bavarder de gauche et de droite. Ne voulait-il pas m'apprendre la maladie de ma fille, et non que je la lui disse !

Tant il y a qu'il est d'avis qu'on la déplace, et j'y avais déjà songé pour la distraire de cet endroit-ci, où bien des choses ne lui souriront pas de quelque temps. Lui dit qu'il y a un endroit qui lui sera souverain, à cause de l'air qui y est doux et vif en même temps, ce qui porte à manger; sans compter que les sapins qui sont par là, ont une odeur qui, mêlée au vent, vous restaure la poitrine, et vous veloute l'intérieur. Il assure que, de Genève, on y envoie tout ce qui cloche d'un membre ou d'un autre, et que tout ça s'y remet à neuf en moins de rien. Il m'a aussi donné une drogue pour en cas, mais, à vrai dire, je n'en aime pas la couleur; outre que la petite est formelle sur l'article, et qu'à moins que je ne me fâche, elle ne goûtera jamais de ces boissons-là.

Cet endroit, c'est derrière le mont Salève, que d'ici nous voyons là-bas, en delà du Rhône : on l'appelle Mornex. Il y a des maisons où l'on prend les gens en pension. Je t'écris pour que tu t'informes à ce sujet, et me dises le prix; faisant valoir, comme juste, que c'est pour une demoiselle qui ne fera pas grand dégât de cuisine, et une servante qui ne paie pas prix de maître. Reste seulement moi, qui mange la mesure ordinaire, sans rien de plus pourtant. Deux chambres nous seraient assez; si simples qu'elles soient, on s'en contenterait, moyennant qu'il y fasse sec, et que le vent des sapins y arrive au nez. On portera son linge, vu qu'en ceci, rien ne vaut d'être dans ses draps, et non pas dans ceux qui ont recouvert tant de souffreteux et de malingres.

Informe-toi donc. Et aussi, quand il y aurait une maisonnette où on pût s'établir seuls, je n'y répugnerais pas, emmenant Marthe qui nous ferait la cuisine : c'est toujours à meilleur compte. On mange ce qu'on veut, et on ne paie pas ce qu'on laisse, comme dans ces auberges où ils ont plaisir à entasser des plats, tant et tant, que, en quatre jours, vous ne les mangeriez pas; et puis vous payez comme si, dans un quart d'heure, vous les aviez dévorés tous. Pour moi, quand je vois ces abondances, ça m'ôte la faim, rien que par la vue; et je regrette l'omelette et le petit salé de notre bouchon, où vous êtes servi à votre appétit, et où la bourse ne se désenfle que juste de quoi s'est enflé l'estomac.

Ecris-moi aussitôt ce que tu auras appris. Le

plus difficile est déjà fait, à savoir de me trouver un remplaçant à la Cure; sur quoi j'ai longtemps délibéré, entre Ramus et Brelaz, sans que ni l'un ni l'autre me satisfasse des mieux. Ramus, beau chanteur dans le temps, n'a plus qu'un filet clair, à raison du coffre qui est usé; en telle sorte que, pour tenir la note, il est contraint de se secouer le timbre, en se frappant la hanche du poignet droit; et encore a bien de la peine à suivre les paysans qui, faute d'être guidés, s'éparpillent, galopent, et arrivent à la fin du verset, que lui en est encore au milieu. Il en peut naître du scandale, dont j'aurais regret. Pour Brelaz, la voix est forte, mais sans tempérament, et il vous mène un psaume comme une chanson à boire; mêmement qu'il se permet des ritournelles dans l'entre-deux des reprises, n'ayant rien de respectueux dans l'allure, ni de digne dans le timbre, et ne songeant qu'au plaisir de donner du gosier. Aussi l'orgue ne le peut pas suivre, et, les paysans s'excitant trop, il s'ensuit un chant orageux et sans révérence, qui serait pénible à M. Prévère. Je l'ai pourtant choisi, après l'avoir raisonné, et averti que je m'informerai.

C'est que, d'être chantre, j'entends bon chantre, beaucoup s'en avisent, peu y parviennent.

Chantre, ce n'est pas chánteur; sans quoi, allez-moi prendre ces gosiers de théâtre, qui roucoulent toute la gamme, et par delà. La voix fait, à la vérité, par son timbre, mais peu par ses agrémens; et m'est avis que rude, mais juste, simple, et non enjolivée, elle convient mieux à cette musique pieuse. Avec huit ou dix notes, bonnes et pleines, vous avez assez de marchandise pour tous les psaumes; le reste est dans la figure, dans la gravité et la révérence pour le lieu et pour le Seigneur, dans le soin à tempérer à son gré l'auditoire et à le tenir en main, dans l'habitude de le conduire. J'ai bien peur que le mien, au sortir des mains de Brelaz, ne me soit rétif et dérangé. Ça me chagrine, mais qu'y faire? Il ne faut, disent les cavaliers, prêter son cheval; est-ce dire que, si le cas advient de ne pouvoir le refuser sans nuire, ils s'en tiendront au proverbe?

M. Prévère tarde bien à revenir, et toutefois je ne quitterai pas qu'il ne soit ici. Marthe dit que c'est le mal du jeune homme qui le retient; à part moi, je songe qu'il serait aussi bien placé ici, où les affaires de la Cure souffrent. Notamment que dimanche, celui qui l'a remplacé, c'est un proposant qui ne sait pas encore son métier, bien qu'il ait du zèle, et seulement trop. Au sortir du prêche, les paysans disaient bien : « Celui-là, il faut qu'il mette de l'eau dans son vin. Quand la barbe lui sera venue, il apprendra à chapitrer plus doucement son monde, et à ne pas en remontrer à ceux qui en ont plus vu que lui. » Avec cela, s'il prêchait souvent ici, il ferait tout de même tort à M. Prévère, en ce que, après ce sévère, celui-ci paraîtrait trop doux; après ce fier, trop humble; et que les paysans goûtent vite qui les rudoie.

Que fera-t-il de Charles? Combien il aurait convenu à cet enfant d'être mené dru et sans mollesse! Ainsi voulais-je faire, mais tous me contrariaient, à commencer par M. Prévère, qui l'a toujours pris par la douceur, excusant, prenant patience, parlant quand il fallait punir, et ainsi manquant sa tâche, qui était de le dompter sitôt qu'il lui voyait un naturel violent et vicieux. Mais c'était plus fort que lui, et d'instinct il aimait ce garnement, comme si c'eût été un ange du ciel. Voyant qu'il l'aimait, les autres l'aimaient, il trouvait des flatteurs partout, chez Marthe et chez les autres, et puis tout a été perdu, comme cent fois je leur ai prédit. Adieu, voici l'heure de dîner, n'oublie pas ma commission.

REIBAZ.

LETTRE XXVI.

CHAMPIN AU CHANTRE.

De Genève.

Une lettre de ta fille est arrivée l'autre jour, adressée à ce drôle. Ignorant si tu l'avais permis, et aussi pour te servir au besoin, j'ai soulevé la feuille, et guetté quelques mots qui ne m'ont pas semblé sentir bon; en telle sorte que, pour ta gouverne, méfie-toi ce qu'il faut. L'amour est un rusé, et, avec lui, il n'y a sainte qui tienne. J'y ai lu des termes d'amourette, joliment enflammés; et puis qu'elle espère qu'il se mariera avec une aimable union. Or, on a été jeune, on connaît ces pauvrettes. Si je m'y entends, ça veut dire qu'elle ajourne. On ne me fera pas croire qu'une fillette conseille à son amant d'en épouser une autre.

Et puis attends ! Tu vas recevoir une lettre de M. Prévère, qui est pour frapper les grands coups. Voici l'histoire. Je lui portai hier celle de ta fille pour qu'il la remît au jeune homme. La lettre remise, je retourne à ma loge, d'où, auprès de la fenêtre, on entend tout ce qui se passe chez feu ton gendre. Je m'attendais à du bruit ; rien. Mais voici M. Prévère et M. Dervey qui viennent consulter à voix basse, auprès de leur propre croisée, de sorte que je m'y trouvais en tiers quasiment.

Ils ont parlé longtemps sur le jeune homme, sur toi, sur toute cette misère, qu'ils te mettent sur le dos tout entière, ça ne fait pas un pli : « Tu n'y entends rien, ce garnement est un petit saint, et puis, que va-t-il devenir?... » Au fait, ils ne savent qu'en faire. M. Dervey avisait aux moyens, et, ce qui m'a confirmé sur la lettre de ta Louise, c'est qu'il était d'opinion qu'il ne fallait pas se tenir pour battus, mais laisser couler le temps, et adoucir le mal des enfans, en leur laissant l'espoir que tu changerais d'idée. C'est vrai qu'ici, ton Prévère qui n'est pas si retors, l'a arrêté, disant qu'en aucune façon il ne s'y prêterait. Alors l'autre a bien osé lui dire : « C'est pousser trop loin le scrupule. Tout au moins, sans en parler aux enfans, ne perdons pas l'espoir de voir finir leurs peines ; *tant d'événemens peuvent arriver!* outre qu'à *l'époque de leur majorité*, M. Reybaz sera un peu plus *gouvernable.* » Tu l'entends, Reybaz! *Tant d'événemens peuvent arriver!* comme qui dirait : Tu pourrais virer l'œil, et on en serait bien aise! Et si tu ne vires pas l'œil, on te fera les *sommations respectueuses!*

Je n'ai pas entendu la réponse de M. Prévère. On frappait à ma porte. C'est une lettre de Marthe pour M. Prévère, que le fils Legrand, venant au marché, s'est chargé d'apporter. Cette Marthe, elle est dans leurs eaux, et elle s'entremettra tant qu'ils voudront. Si j'étais toi, je ne garderais pas cette allurée, qui a reçu Charles chez sa mère lors de son escampette; et qui a su le duel la première, à temps pour l'empêcher, et sans vous rien dire, tant elle est vendue au garnement. Bref, comme ils ne causaient plus, je suis monté pour leur remettre cette lettre de Marthe, non sans y avoir guetté sous le pli des propos qui te concernent, et des jérémiades sur ta fille qui, à l'entendre, n'aurait pas deux jours de vie, épuisée qu'elle est de larmes, et minée de chagrins : tout le menu d'usage. M'est avis qu'elles s'entendent, sans que je l'affirme, n'ayant pu tout lire.

Redescendu au poste, j'ai écouté. Je n'ai attrapé que des bribes ; mais, pour la fin, je la tiens bien. Ils venaient de lire la lettre de Marthe, joliment tournée, à ce qu'il m'a paru : « Cette bonne femme, a dit M. Prévère, chérit cet enfant, elle l'a adopté dans son cœur.... Ses remarques sont justes, quoique sévères.... Je vais écrire... ce qu'elle me dit de Louise m'y décide tout à fait. Peut-être M. Reybaz ne tiendra pas contre un si affreux tableau. » Là-dessus, l'autre s'est retiré, pour le laisser écrire. Te voilà bien averti de la trame ; tiens bon, et vogue la galère !

CHAMPIN, JEAN-MARC.

PS. On me remet la tienne dans cet instant. J'y vois que tout va bien. Je te l'ai dit : on ne meurt pas d'amour. Je vais m'informer de point en point, et sur l'heure ; car il vous faut être loin quand celui-ci sera remis.

LETTRE XXVII.

MONSIEUR PRÉVÈRE A MONSIEUR REYBAZ.

De Genève.

Mon cher Monsieur Reybaz !

Je crois devoir vous écrire ces lignes, non point pour revenir directement sur ce qui a été conclu entre nous, relativement à ces enfans; mais pour vous soumettre quelques réflexions, et pour ne pas être exposé plus tard au regret terrible de ne vous avoir pas éclairé selon mes lumières, pendant qu'il en est temps encore.

Je ne viens point ici, mon cher Reybaz, en appeler à votre conscience, que je sais être légitimement en repos; car, dans l'usage que vous faites de votre autorité de père, je suis certain de la droiture de vos intentions. Ce n'est pas non plus votre humanité que j'invoque en faveur de ce malheureux enfant, dont l'état est tel pourtant, que je verrais sans crainte Dieu le retirer à lui. Il est trop juste que vous restiez libre de décider du sort de votre fille selon vos droits, et selon vos convictions. En venant vous exposer les miennes, je ne me crois pas non plus moins faillible que vous; aussi, quel que soit le parti que vous prendrez, quels que soient les chagrins ou les joies que nous réserve la Providence dans la destinée de ces deux enfans, en bénissant ses décrets, je rendrai toujours et hautement hommage aux sentimens qui vous auront guidé dans cette importante résolution.

Mais, mon cher Reybaz, ce que je ne dois pas vous taire, ce sont mes craintes au sujet de Louise. Elles sont réelles, elles sont pressantes. Je vois cette jeune fille engagée dans une lutte où la victoire n'est pas douteuse, à la vérité, où l'obéissance triomphera de l'attachement, où le devoir aura vaincu le penchant, mais à quel prix?... C'est là que de funèbres pensées m'assaillent; c'est là que je me demande avec effroi, si nous ne semons pas aujourd'hui le germe d'une longue et irrémédiable affliction.

Je vous parle ici nettement, et sans voiler mon idée, car c'est mon dessein, si elle a quelque ombre de fondement, de vous la présenter comme un épouvantail salutaire ; et, en ceci, mon amitié pour vous me guide plus encore que mon affection pour Louise. En effet il y va du malheur, du désespoir de votre vie entière; et plus je sais quel tendre père vous êtes, plus je frémis à l'idée que vos résolutions pussent tourner contre votre enfant, et qu'une affreuse erreur vous fût trop tard dévoilée.

Mais, mon cher Reybaz, comment se défendre de cette idée?.. Louise, malgré ces grâces qui la parent, malgré ce courage qui trompe sur ses forces, est une créature frêle... par mille traits, et malheureusement par celui-là, elle tient de sa mère, qui mourut à la fleur de l'âge. Comme chez sa mère, un corps délicat renferme une âme soucieuse, sensible, passionnée, et plus encore... une âme courageuse au combat, dévouée au sacrifice; une âme à qui il fallait à tout prix éviter le combat, épargner le sacrifice....

Rappelez-vous son enfance; combien elle fut difficile, combien il y avait peu d'espoir alors de conserver cette petite créature, si attachante dès lors, par je ne sais quel charme de tristesse et de reconnaissance répandu sur son front, dans ses yeux, sur ses lèvres muettes encore.... Mais la riante paix de cet âge, les soins de Marthe, la société d'un autre enfant, ranimèrent cette frêle vie; et nous bénîmes ensemble le Dieu de bonté, qui changeait nos alarmes en espérances fortunées...

Rappelez-vous combien ces temps de paix furent courts pour Louise, et comment son cœur, trop tôt sensible, fut de bonne heure en butte aux alarmes et à la peine.... Rappelez-vous les pleurs qu'elle versa, dès l'âge de neuf ans, lorsqu'elle vint à découvrir que Charles n'avait ni un père, ni une mère qu'il pût aimer et serrer dans ses bras.... Rappelez-vous quelles alarmes pour les imprudences qu'il pouvait commettre, et quel chagrin ensuite lorsqu'il s'était fait punir. Rappelez-vous tous ces traits, et comment, à chacune de ces précoces douleurs, cette douce enfant pâlissait, perdait toute joie, ébranlait nos espérances.... Dès lors, M. Reybaz, c'était déjà périlleux que de vouloir ôter d'auprès d'elle son jeune ami... et si, depuis, le corps s'est fortifié sans doute, combien plus encore s'est fortifiée cette affection !

Rappelez-vous au travers de quelles émotions, de quels orages, de quel ébranlement de tout son être, elle passa de l'enfance à la jeunesse; quels profonds mouvemens de sensibilité, de honte, de trouble, l'agitèrent alors, et nous firent douter si elle sortirait de cette crise sans de périlleuses secousses..... Nous en parlions ensemble ; ensemble nous nous appliquions à écarter de cette plante délicate tout souffle trop fort, tout rayon trop ardent, toute injure de l'air..... Agirons-nous aujourd'hui ensemble pour l'y exposer de nouveau ?

Enfin, rappelez-vous comment, même un vœu satisfait, qui devait, à mes yeux du moins, assurer son repos et son bonheur, ne fut pas pour son cœur une joie sans trouble ; et qu'un mal grave nous apprit, il n'y a pas un an, à quel prix s'achète, chez cette trop sensible fille, toute révolution, comme toute entrave dans le cours de ses affections....... Néanmoins cette crise fut courte, et comme au fond nous avions rencontré son vœu, suivi son penchant, et assuré à son cœur un avenir que tout liait au passé, chaque jour nous la montrait plus calme, plus heureuse; une gaîté que nous ne lui avions jamais connue, était venue tempérer son aimable mélancolie. De douces couleurs animaient son teint, un feu charmant brillait dans ses yeux, un tranquille enjouement se mêlait à ses discours, et son bonheur semblait désormais assuré.... C'est au sein de cette félicité, que le coup l'a frappée ! En face de ces avertissemens, qu'attendre de l'avenir? Ah! je ne puis, M. Reybaz, contenir mon émotion, et, dans la certitude où je suis que nous compromettons non-seulement le repos, mais les jours même de celle qui nous est si chère, je ne sais plus que prier Dieu, pour que, dans sa bonté, il détourne de nous ce calice.....

Réfléchissez donc encore, mon cher et vieil ami; réfléchissez, je vous en conjure, si de pareilles craintes, fussent-elles en quelque degré exagérées, ne demandent pas de votre part une sérieuse attention; si elles ne justifieraient pas pleinement à vos propres yeux un retour à notre ancien projet. Au surplus, ne vous abusez point sur Louise, elle ne vous montre pas tout le mal auquel elle est en proie : Marthe en sait plus que nous à cet égard. Mais si, au lieu de Marthe, Dieu avait voulu que ce fût votre digne femme qui assistât aux secrètes angoisses de sa fille, croyez-vous, M. Reybaz, qu'elle se fût roidie contre un spectacle si digne de toute pitié? Pensez-vous que cette tendre mère, dont vous révérez la mémoire, hésitât en face des dangers que je vous signale? qu'elle ne se joignît pas à moi dans cet instant, pour vous conjurer de tout sacrifier à de si légitimes alarmes? Pour moi, je n'en puis douter, et c'est pourquoi je vous supplie, je vous adjure, M. Reybaz, de réfléchir sérieusement sur votre œuvre, de peser bien la responsabilité que vous allez encourir, et de revenir à l'instant sur vos pas, si vous pensez que, dans les considérations que je vous présente, il se trouve quelque ombre seulement de vérité. C'est le conseil que vous donne en terminant, votre véritable ami.

Prévère.

LETTRE XXVIII.

JAQUES A MADAME DE LA COUR.

De Verrèze, dans le Val d'Aoste.

Voici les semaines et puis les mois qui vont leur train, sans que, pour bien dire, nous ayons bougé d'ici. Ayant voulu faire observer à not'monsieur, que, logis pour logis, autant aurait valu rester chez soi, il a mal pris l'avis, de façon que je ne m'en mêle plus. Un pays de loups; encore n'y sont-ils pas à l'aise, et plutôt que de brasser la neige par là-haut, ils s'en viennent jusque par ici rôder autour des maisons, de telle sorte que, sauf le grand jour et en compagnie, je ne quitte pas le logis, où ils disent que ces bêtes n'entrent jamais, si nuit qu'il fasse. D'où je blâme not' monsieur qui, tout de même, 's'en va dans les ravins, se faufile par les bois, et redescend tard, pendant que je suis dans les transes, jusqu'à ce que je l'aie revu non entamé par ces féroces. Que madame joigne à ça tous ces charbonniers qui, assis à boire dans la salle basse, noirs comme ils sont, vont se querellant à toute heure; et là où nous autres baillons un coup de poing, eux, ils jouent du couteau. Si bien que, quand je les vois qui s'allument, j'en ai des frayeurs, que mon dîner s'arrête court sous le gosier. Mais ce qui m'a donné le plus de mal, c'est l'hôte qui m'a conseillé de ne pas dire qu'on est protestant, et que, si on allait à la messe deux ou trois fois, on s'en trouverait bien; qu'autrement ils sont forcenés, et vous font des mauvais partis où quelquefois on reste. J'y ai été tout courant; mais voilà que, revenu, il m'a dit qu'ayant commencé, il me fallait poursuivre; ou bien, que je serais plus en danger qu'auparavant. Je vas donc à la messe, et c'est un grand péché; mais sitôt sorti de ce repaire, je m'en repentirai tant et tant que le bon Dieu sera emprunté à m'en vouloir. Toutefois, si madame voulait garder ceci pour elle, on en serait bien aise.

A ne pas mentir, not' monsieur est toujours plus triste, c'est à ne plus le reconnaître. J'ai cherché à savoir, et m'est avis que ce n'est pas tant de cette côte qu'il a piquée, comme d'autre chose qui lui remue le cœur. Pour être fidèle à madame, j'ai un peu visité ses écritures, sachant lire, grâce à Dieu et à la Lancaster. Ici, sauf le curé, et l'hôte pour tenir ses comptes, ils ne connaissent pas une lettre; d'où provient ce diable de ramage qu'ils parlent entre eux, et à la messe. Pour des écoles, adieu je t'ai vu; une fois nés, on ne leur apprend rien, jusqu'à l'âge du charbon, où ils sont envoyés aux bois et y vivent en sauvages l'été durant. Là, ils gagnent quelques argents qu'ils mangent l'hiver, à boire et à se quereller; et moyennant qu'ils se confessent, on ne leur dit rien. L'hôte m'a bien dit que, de tuer un hérétique, c'est pour eux comme de boire un verre d'eau; et qu'ils n'en vont que plus droit en paradis, si le curé leur donne l'absolution, qu'il ne leur refuse guère, tenant d'eux des agneaux, des œufs, et toutes sortes de victuailles. C'est son casuel.

J'ai donc visité ses écritures, où il passe des momens. C'est des chiffons de lettres : plusieurs à madame, mais seulement commencées; d'autres à M. Reybaz, de la Cure; une à Mlle Louise. Celle-ci, c'est un billet d'amour, ou bien je m'y connais pas, notamment qu'il lui dit *qu'il mourra ayant sa figure devant les yeux et sa pensée dans le cœur*, et d'autres choses enflammées, où il s'accuse et lui demande pardon. Et puis, sur la même page, des gribouillis, des petits ronds, deux pâtés ; comme qui dirait, par supposition, un homme qui écrit pour écrire, plus que pour envoyer, et, dans l'entre-deux des propos, batifole sur la marge. Il y a un de ces pâtés qui ressemble à un oison : on dirait un merle qui monte la garde. Dans les écritures pour madame, c'est tout pareillement des doléances à propos de cette demoiselle ; disant que *plus il s'en éloigne, plus il est malheureux* ; que *moins il est digne d'elle, plus il l'aime*, et d'autres propos d'amoureux, qui montrent bien pourquoi il reste dans ce trou, crainte d'aller plus loin. Et à ce propos, je dois dire que, si ce n'était l'histoire de repasser cette montagne du Saint-Bernard, je crois bien que madame nous aurait déjà revus ; not' monsieur ne pouvant se souffrir dans une contrée où Mlle Louise n'est pas.

Madame voit donc que j'ai découvert toute l'affaire. C'est d'amour que not' monsieur est dérangé ; et son amour, c'est pour Mlle Louise, une bien bravette fille, mais qu'on n'aurait pas cru que not' monsieur voulût marier, étant né au Château, et en mesure de mieux trouver, parmi tant d'opulentes qui le prendraient avec les quatre doigts et le pouce. M'est avis tout de même que cette demoiselle Louise est bien charmante, c'est certain, pour en avoir ensorcelé deux comme ça. Faire battre ses galans, et puis prendre le vainqueur : c'est comme aux anciens temps. A vrai dire, je crois qu'il en faudra finir par les conjoindre, et que madame n'avancera rien à croiser l'envie de not' monsieur, qui me semble pris à n'en pas revenir. D'accord que ce serait trop d'honneur pour M. Reybaz; mais encore vaut-il mieux que not' monsieur se mésallie, que s'il tombait en idées noires, comme Chevrot, qui, de tristesse pour la fille des Ravy, s'est laissé dévaler en bas des moraines, et on ne l'a plus revu. Et ici ce ne sont pas les moraines qui manqueraient, si l'idée y était.

Encore une chose que je dirai à madame, c'est que not' monsieur ne m'a causé qu'une fois ; et c'était par rapport à l'objet, vu que j'avais reçu une lettre de mon père, qui me donne des nouvelles de la Cure. Voilà, lui ai-je dit, que M. Reybaz est bien content (il a dressé l'oreille), sa fille lui reste. — Alors il m'a questionné de toutes sortes de façons, mêmement qu'il a voulu lire la lettre; et là où mon père dit que c'est d'accord entre tous et M. Charles aussi, et que finalement Mˡˡᵉ Louise ne sera pas embarrassée de trouver un mari qui soit de meilleur lieu, il a eu comme une tempête d'allégresse, si bien qu'il voulait partir sur l'heure pour retourner à la Cure. Mais comme je faisais déjà les paquets, la réflexion lui est venue, et puis la tristesse; et il est si bien retombé, que, quand je suis venu pour lui dire que tout était prêt, il m'a envoyé promener, et bien loin encore. Alors j'ai défait les paquets et recommencé mon train. Ce qui me fâchait le plus, c'était de retourner à la messe, où, si à présent j'omettais d'aller une seule fois, je n'aurais pas chance d'un mois de vie. Toute ma peur est que nous soyons encore ici aux fêtes, et qu'il me faille communier et aller en procession. Déjà l'hôte parle de confesse.

Incluse une pour mon père, que madame m'obligerait de lui faire tenir. Si not' monsieur recevait telle lettre qu'il plaira à madame, il n'en serait pas plus mal, et on déguerpirait de ce trou.

<blockquote>On a celui d'être, sauf respect, son bien dévoué domestique,

JAQUES.</blockquote>

LETTRE XXIX.

(Incluse dans la précédente.)

JAQUES A SON PÈRE.

De Verrèze, dans le Val d'Aoste.

Bonjour à tous, et bien heureux que vous êtes dans votre natal ! Pour moi, je péris ici à me consumer tant d'ennui que de frayeur, parmi ces amphibies. Rien que des pouilleux, pas plus décrassés que mon sabot, et qui ne connaissent que le couteau en fait de raisons ; car si vous me trouviez une bonne place, et que le Saint-Bernard se fondît un peu, je retournerais volontiers.

Le monde est joliment grand, mais pas beau. Passé notre Canton, je n'ai vu que des tanières. Leurs montagnes c'est tout glace et roc, quelques champs pelés ; ou bien ici, que le terrain serait bon, ils ne cultivent que le charbon, et leurs vignes poussent en feuilles, faute d'échalas. Le bon Dieu les bénisse! des fauves comme on n'en voit pas; avec ça, buveurs comme des éponges, et criards comme un troupeau de cannes.

Not' maître a une humeur de cheval, que c'est à le donner au diable cent fois le jour, et je n'y manque pas. Il brûle de cette petite de la Cure. Il s'agit de pas moins que de vouloir l'épouser, et je ne vois pas ce qui empêche, si cet autre s'est retiré. Informez-moi un peu, ça pourrait peut-être nous tirer d'ici; et faites bonne grâce à madame, pour si la ferme venait à vaquer, ou que, par ce mariage, il y eût du revirement où je trouverais place. Tu me ferais plaisir de l'aller saluer au Château, comme pour dire que M. Ernest est bien heureux de m'avoir, et que j'en suis bien honoré, en tant qu'on ne travaille pas pour des ingrats, et que d'ailleurs, l'attachement à ses maîtres c'est ma qualité, étant de l'endroit, et fidèle à tout jamais. Tu verras voir. Et tu remets la lettre bien fermée à madame, pour éviter le port. Ça coûte vingt-six sous, à cause des neiges où ça passe dans un traîneau, au travers des loups. Il en périt plus qu'il n'en arrive.

Bonjour à tous ; mes amitiés à Jeannette. On pense assez à elle. Si toutefois elle fréquentait quelque garçon du village, avisez-moi pour que je la plante là ; aussi bien ses parens grèvent-ils leur terrain à tant que ce ne sera plus la peine. Que s'ils empruntent encore un sou, je me tourne ailleurs, ne voulant pas épouser une hypothèque, et voilà tout. Va-t'en saluer M. Prévère, et lui donner de moi bon témoignage, et comme quoi, leurs idolâtries de par ici, ça me soulève le cœur ; sans compter des capucins qui vont nu-pieds, et barbus comme des boucs. Par la même occasion, mes amitiés au père Reybaz, et que je me recommande pour en cas.

Jaques.

LETTRE XXX.

MADAME DE LA COUR A ERNEST.

De la Cure.

Votre long silence m'inquiète, mon cher fils, et vous m'affligez en tenant si mal vos engagemens. Comment pensez-vous que je puisse supporter votre absence, dans l'ignorance où vous me laissez de tout ce qui vous concerne? Depuis votre billet de Bex, aucune nouvelle; j'en suis réduite à recourir au père de Jaques, pour savoir au moins par lui que vous n'êtes pas empêché de m'écrire par la maladie.

Je sais la cause de votre taciturnité, mon cher enfant, mais cette cause ne vous justifie pas à mes yeux; et bien au contraire, vous manquez à ma tendresse pour vous, lorsque vous ne me confiez pas vos peines. Vous savez bien, Ernest, que malgré ma répugnance à vous voir contracter une union si peu en accord avec votre fortune et votre condition, j'ai écarté tout scrupule à cet égard, renoncé à d'autres projets que j'avais tant à cœur, et qu'il n'a pas tenu à moi que votre vœu ne fût rempli. Paierez-vous ma tendresse d'indifférence, et vous verrai-je, alors que vous êtes malheureux, vous retirer de moi et me refuser la confidence de peines qui sont devenues les miennes? Tout au moins tirez-moi de l'angoisse où je suis, et que vos lignes, mon cher enfant, me rendent un repos que je n'ai pas goûté depuis votre triste départ.

Vous m'aviez promis de visiter quelques villes d'Italie, et de chercher à vous distraire; et j'apprends que vous vous êtes confiné dans un village du Val d'Aoste. C'est bien mal, Ernest, et vous êtes peu ménager des larmes de votre mère. Que puis-je espérer, ou plutôt que ne dois-je pas craindre, lorsque je vous vois, au mépris de vos promesses, nourrir votre chagrin, vous consumer dans d'inutiles regrets, retomber volontairement dans ces transports qui m'effraient? Oh! que je gémis, mon enfant, et sur vous et sur moi-même! Que vous êtes faible, et que je suis inhabile à vous conduire ! Que la perte de votre père fut, pour tous les deux, une perte affreuse et irréparable! N'ajoutez pas à ces maux, mon Ernest, je vous en conjure ; faites quelque effort sur vous-même, et le temps, qui est contre vous tant que vous vous livrez à vos regrets, sera avec vous aussitôt que vous le voudrez bien.

Hélas ! le malheur a visité ces campagnes, et dans cette Cure, autour de laquelle errent vos pensées, il n'y a maintenant plus de joie. Je n'ai vu personne, mais je sais ce qui s'y passe M. Reybaz a confirmé son refus, malgré toute l'influence qu'a sur lui M. Prévère ; et ces deux jeunes amans sont maintenant séparés. Mademoiselle Louise va partir pour Mornex, où son père l'accompagne : on espère que ce déplacement la distraira, et la relèvera de l'abattement où ces événemens l'ont plongée. Quant à Charles, guéri de sa blessure dès les premiers jours, il a eu depuis une grave maladie dont il commence à se rétablir. Que va devenir cet enfant ainsi déçu et abandonné ? Songez, Ernest, combien il est plus malheureux que vous ; car ce bonheur que vous enviez plus que tout au monde, l'affection, la préférence, et la main de cette aimable demoiselle, il possédait toutes ces choses, et elles lui sont enlevées, quand déjà il n'a rien d'autre au monde. Il lui reste le digne M. Prévère ; mais vous, Ernest, il vous reste une mère qui vous chérit. Pourquoi la délaissez-vous ?

Je vous en supplie, mon cher fils, écrivez-moi tout ce qui se passe dans votre cœur. Si je ne puis remplir votre vœu, du moins je soulagerai vos douleurs ; mais surtout quittez cet endroit, et que vos premières lettres soient datées de Turin. Il est impossible que la distraction, que le cours du temps, que la vue de choses nouvelles et intéressantes, ne parviennent pas à vous rendre du calme. Vous savez que je suis prête à voler sur vos traces, et ce que je ne vous pardonnerais jamais, ce serait que vous eussiez l'idée de me cacher quoi que ce soit qui demandât ma présence auprès de vous. Adieu, mon cher fils, recevez mes tendres amitiés, et hâtez-vous de m'ôter l'angoisse où me plonge votre silence.

Julie de la Cour.

LETTRE XXXI.

CHAMPIN AU CHANTRE.

De Genève.

Tu trouveras inclus les renseignemens que tu me demandes. Je me flatte que tu seras pour la maisonnette, par rapport au prix d'abord, et à la liberté ensuite. Leurs pensions sont à des prix de fous, tout comme si l'argent se ramassait par les rues; sans compter qu'on y est avec un tas de fiers, qui croient vous faire bien de l'honneur encore que de vous laisser manger à leur nappe. Si tu es d'accord, tu peux y entrer dès mercredi. Les sapins d'Eseri sont en face, et sous le vent. Tu flaireras, Reybaz, du sapin tout à ton aise. Ton médecin sent le farceur avec son sapin, et puis, comme on dit, la foi fait tout; tant mieux pour ceux qui l'ont. Mais, crois-moi, sois ferme, c'est le meilleur remède, et je ne te donne pas un mois que ta fille est remise. Si tu bronches, ce n'est pas le sapin qui la refera.

L'autre commence à se rétablir, et si tu ne te hâtes, tu risques de le rencontrer dans la rue, à ton passage. M. Prévère voulait retourner, mais, avec les forces, le dépit revient au malade; et pour ne pas le laisser tempêter, il s'est décidé à ajourner son départ. Raison de plus pour que tu files avant qu'il soit revenu te prêcher. Tu dois avoir reçu sa bombe, et, j'espère, de pied ferme, sachant par moi comment ils avaient arrangé leurs batteries. Tiens-moi au courant.

Ta Marthe a circulé hier par ici, et elle a vu M. Prévère, sinon le malade. Surveille-moi cette mouche, ou mets-la de ton côté; sans quoi elle te jouera quelque mauvais tour. M. Prévère s'est fait informer s'il n'y a point de lettre de toi pour lui. Vois-tu bien? Il compte déjà sur la réussite de la sienne.

Adieu l'ancien.

LETTRE XXXII.

MARTHE A MONSIEUR PRÉVÈRE.

De la Cure.

Ainsi que Monsieur le Pasteur m'en a chargée, de retour à la Cure, j'ai demandé à M. Reybaz s'il a bien reçu de lui, ces derniers jours, une lettre exigeant réponse. Il m'a répondu que oui, et qu'il y répondra en temps et lieu. Toutefois il a eu méfiance de ma question, et à ce propos ne m'a pas épargné quelques reproches : me faisant, mais d'une façon bien dure, les mêmes recommandations que Monsieur le Pasteur, sur ce que je dois lui être fidèle. Notamment, il a trouvé mauvais qu'étant allée à la ville pour ses affaires de départ, j'étais allée voir M. Charles sans le lui dire d'avance ou après, car c'est vrai que, sauf ses questions, j'aurais gardé la chose pour moi, et sans croire mal faire.

Mais ce n'est rien que cela, si M. le Pasteur me permet de lui raconter ce dont je suis encore tout émue. Ayant quitté M. Reybaz, je suis revenue vers notre demoiselle avec l'intention de la rassurer sur M. Charles, dont elle est inquiète depuis longtemps, à cause de son silence et de votre long séjour auprès de lui. Mais dès qu'elle s'est doutée que je l'avais vu lui-même, son trouble a été si extrême, que, ne pouvant le maîtriser, elle a fermé sa porte en dedans, comme pour ne pas risquer d'être surprise par son père, à qui elle cache tout son état, quand je voudrais seulement qu'il en pût être témoin. Et quand ça lui ferait peine, je n'y saurais voir que du bien.

La porte fermée : « Bonne Marthe, qu'as-tu à me dire ? » Alors j'ai arrangé mon discours de manière à la ménager, lui disant que je l'avais vu mieux qu'on ne pouvait l'espérer, et assez calme pour le moment ; mais comme je suis embarrassée à feindre, et que les mots ne me venaient pas au naturel, elle n'en a eu que plus d'effroi que je lui fisse secret de choses graves : « Dis-moi tout, bonne Marthe.... a-t-elle repris, aussi bien la vérité m'effraie moins que ce mystère.... »

Alors, étant dans cette idée moi-même, je lui ai raconté quels transports il a eus à ma vue; comment il m'a couverte de baisers et de larmes, rien qu'à sentir que je vis auprès de sa Louise; et que, pour lui avoir dit seulement qu'elle était en santé, mais bien malheureuse, il m'a lâchée tout à coup pour prier le bon Dieu de la soutenir, de la conserver, ne lui demandant que ça, que ça au monde, rien pour lui qui n'aurait jamais dû naître! Au reste, M. le Pasteur a été témoin de la scène jusqu'ici, et comme c'est alors qu'il nous a laissés seuls, je vais lui faire le récit du reste, plus au long que je ne l'ai fait à mamselle Louise, en demandant pardon à M. le Pasteur si j'ai été trop ouverte avec elle ; mais c'est si difficile de feindre auprès d'une si angélique créature, que je serais mieux à même de lui taire tout, en m'éloignant d'elle, que de la tromper, en restant auprès.

Sitôt donc que M. le Pasteur a été loin, M. Charles m'a fait mille questions sur mamselle Louise, et j'ai pu connaître que M. le Pasteur n'a pas encore jugé à propos de lui remettre la lettre de cette chère demoiselle. « C'est l'attente de cette lettre, me disait-il, qui me soutient; Louise l'a promise; elle l'écrira. Je lirai encore des lignes qu'elle aura tracées pour moi... Marthe, j'ai soif de ces lignes, et je redoute de les avoir reçues, car après, rien!... plus rien!.... » Il s'est tû quelques instans. « Pourquoi Dieu ne m'a-t-il pas retiré à lui? Pourquoi vivre.... pourquoi naître, quand tous biens doivent vous être arrachés?... Marthe! songes-tu que Louise m'aimait, que Louise m'était donnée, qu'elle en était heureuse, que je m'abreuvais de tous les délices de la joie, de l'espérance, du ciel?...Ah!!... » Et il est tombé dans des sanglots qui me navraient le cœur, en sorte que je restais à le consoler, quoique me repentant de l'avoir ainsi agité par ma venue.

Comme je l'exhortais à se calmer: « Laisse, ma pauvre Marthe; je serai calme quand il faudra. Tu es ma mère.... Je romprais sous l'effort si, même auprès de toi, je devais cacher mon désespoir.... » Il s'est alors calmé, puis se reprenant: « Louise me donnera l'exemple du courage; je le sais à l'avance... Je sais encore que si, moi du moins, je ne la ménage, quand son père la traite d'une manière si barbare, elle succombera sous le faix..... Mais j'aurai du courage, du calme; je lui en montrerai du moins; ma lettre dernière sera écrite pour elle, et non pas pour moi..... » Ses yeux s'animaient: « Oui, a-t-il ajouté, je ne me sacrifierai pas à demi!... Je ferai ce qu'elle voudra ; je lui paraîtrai tranquille, plein de courage, tout, plutôt que de ne pas alléger, en ce qui dépend de moi, les maux de cet ange de grâces, de vertu et d'humanité ! »

C'était votre servante, M. le Pasteur, qui fondait en larmes à ces propos, si naturels à notre jeune maître, qu'on l'aimerait de tout son cœur, quand bien même il aurait bien des défauts que je suis certaine qu'il n'a pas, quoi qu'en die M. Reybaz. Je l'ai bien encouragé dans ces bonnes pensées, et surtout par un mot de Mlle Louise que je lui ai répété, et qui indique qu'elle s'effraie à l'avance de ce qu'il pourra lui dire d'agité dans cette lettre. C'est alors que lui-même m'a dit : « Marthe, dès ce soir, tu lui diras que tu m'as vu guéri, et rempli de calme et de courage. » Si touchée que j'étais, je n'ai pourtant pas voulu promettre tout à fait, tant j'étais frappée de sa figure si pâle et si changée, et de sa faiblesse qui l'empêchait, malgré le transport, de se mouvoir librement dans son lit. Encore que, pour qu'il m'embrassât, j'avais à le soutenir.

Il m'a ensuite parlé de M. le Pasteur, qui est son bon Dieu sur la terre, comme il l'appelle ; disant que tant que Monsieur est auprès de lui, il se sent comme consolé par sa présence, et qu'il ne sait pas comment il pourra se passer de le voir à toute heure. « J'abuse de sa bonté, a-t-il dit ; mais plus qu'un ou deux jours, et j'aurai la force d'être courageux pour lui aussi. Mais vois, ma bonne Marthe, quand le corps est si faible, l'esprit n'a pas encore sa tenue, et c'est sur ce prétexte que, vis-à-vis de moi, j'éloigne le jour où je veux essayer de marcher seul.... Si tu savais, Marthe, pendant mon délire, je le croyais mort.... des figures étranges m'annonçaient sa mort... c'était comme une nuit autour de moi.... rien dans l'univers !.... Je suis bien malheureux, mais je souffre moins qu'alors.... »

Voilà, M. le Pasteur, le récit de tout. J'en ai ôté bien des choses pour le refaire à Mlle Louise, mais je ne dirai pas qu'elle ne devinât au travers, autant que j'en mets ici. Pour ces choses, et connaissant si bien le jeune homme, on lui mentirait, qu'elle verrait le vrai par-dessous. Aussi, toute sa douleur s'était-elle ravivée, plus forte et plus compatissante que jamais, lorsque M. Reybaz s'est présenté à la porte. Trouvant fermé, il en a, j'en conviens, dû avoir du soupçon ; mais une fois que je lui ouvrais aussitôt, ce devait être fini.

Il est entré, et bien qu'il n'ait rien dit à mamselle Louise qu'une caresse, j'ai bien vu à son œil qu'il était irrité contre moi. Aussi, le soir, mamselle Louise étant couchée, il m'a fait descendre pour me gronder : disant que je lui avais manqué, que je fermais les portes pour le tromper, pour lui désobéir, pour faire les messages de ce drôle, et, contre ses ordres, aggraver le mal de sa fille ; que quand j'aurais perdu sa confiance, il n'entendait pas me garder pour lui nuire, et qu'il savait d'autre part que je ne lui étais pas fidèle.... J'en demande pardon à M. le Pasteur, mais je lui ai répondu que j'étais prête à sortir, que je sortirais s'il me défendait d'avoir compassion pour une jeune demoiselle si malheureuse, que j'étais persuadée qu'elle ne supporterait pas ce coup dont il la frappe, et que si je voulais, à la vérité, être fidèle, et ne rien tramer pour le tromper et le contrecarrer, comme j'avais fait en tout temps, et aujourd'hui même, je ne voulais pas non plus m'associer à personne pour perdre ma maîtresse !... Alors il a eu comme de la crainte, et s'étant radouci : « Je ne demande que cela, Marthe, et si j'y compte, parce que tu es une honnête femme, je t'aimerai mieux auprès de Louise que nulle autre. Si tu n'avais pas fermé la porte, j'étais dans mon tort ; mais quand on se cache de ses maîtres, ce n'est pas tout pour du bien. » Je n'ai pas voulu lui dire que c'est mamselle Louise qui a fermé la porte, aimant mieux qu'il se méfie de moi que d'elle ; et on s'est séparés. Il m'a prévenue que jeudi nous partirons pour Mornex ; j'en avertis M. le Pasteur, qui trouvera la maison en ordre, et Jaqueline en remplacement de moi. C'est M. Reybaz qui a arrangé ainsi, et qui lui a payé moitié d'un mois de gages par avance, à raison de ce qu'il m'ôte à M. le Pasteur.

Je prie M. le Pasteur d'accueillir les humbles amitiés de son affectionnée servante.

MARTHE.

LETTRE XXXIII.

JAQUES A MADAME DE LA COUR.

De Verrèze, dans le Val d'Aoste.

J'écris à Madame pour lui dire que ça va toujours plus mal, et qu'à moins de bonnes nouvelles, qui disent que Madame veut bien permettre ce mariage avec mamselle Louise de la Cure, not' maître ne peut aller longtemps de ce train, triste comme il est, et changé du jour à la nuit, tant du dehors qu'à l'intérieur. Je voudrais seulement que Madame le vît, barbu comme il est, lui qui était des plus lustrés.

Et puis, le monde commence à se douter. L'hôte disait : « Ce jeune homme est amoureux ou je ne m'y connais pas ; » à tant que j'ai été bien près d'en convenir. L'hôte est un homme d'idée ; il m'a questionné, et puis, comme il me trouvait serré, par rapport à ce qu'on est fidèle et qu'on garde sa langue pour soi, il a surajouté : « Si vous êtes un brave domestique, vous devez écrire à ses parens qu'ils fassent leurs efforts pour contenter son envie, et le tirer de cet état. Ça ne peut mener à rien de bon. »

Tout au moins par le passé allait-il au dehors, pour revenir avec du sommeil et de l'appétit quelque peu ; mais, ces temps-ci, il se tient dans sa chambre, et c'est tout s'il me laisse assez de temps pour la faire, sauvage comme il est devenu. Et encore si je disais à Madame qu'il a ouvert la bouche seulement pour me dire qu'il n'avait plus besoin de moi ; et que je pouvais, jusqu'à ce qu'il me rappelle, faire une tournée et voir les environs. J'en suis resté bleu, car enfin, ce n'est pas ces charbonniers qui lui feront son service. J'ai donc répliqué que je ne le laisserais pas, tant qu'il ne m'aurait pas chassé ; qu'on n'était pas pour lui faire massacrer son service par un tas d'inquilins ; que d'ailleurs je me moquais des environs, les ayant assez vus et de trop, sans lui parler des loups encore, qui ne m'attirent pas ; qu'ainsi je prenais la liberté de l'induire à continuer son voyage.... Sur quoi il m'a dit de garder pour moi mes conseils, et au surplus de faire ce que je voudrais. Me vlà bien planté!... Depuis deux mois je fais ce que je veux, et jamais je ne me suis si mal trouvé; sans compter que je désapprends mon service, faute d'emploi.

Si donc Madame me veut croire, elle suivra à l'envie de not' Monsieur, et ça fera le bonheur de plus d'un. Mamselle Louise est de la campagne, d'accord; mais elle a été éduquée par M. Prévère, et m'est avis que, n'était son père, on la prendrait pour une notable. D'ailleurs, tout s'égalise avec le temps; et ses enfans, nés au Château, n'en seront pas moins des de la Cour. Où le nom reste, tout s'oublie; l'argent en a doré de moins proprettes. Une lettre seulement, qui dirait à not' maître : « Je vais aller chez Reybaz lui demander sa fille pour vous, not' fils, » et M. Ernest entrerait du coup dans le paradis du ciel, ou bien je ne m'appelle pas Jaques.

Madame pardonnera ce petit conseil d'un pauvre serviteur, qui ne veut que le bien de ses maîtres. Avec ça que, s'il se trompait, Madame n'est pas pour lui en vouloir. Auquel cas, le mariage arrivant, et la petite maison étant habitée, on se recommanderait bien pour la ferme, en tant que l'on y mettrait sa peine à tout bonifier, une fois établis avec Jeannette, à qui l'honnêteté ne manque pas, ni le bien non plus, ce qui est toujours plus sûr pour des maîtres ; car, qui a du bien à soi, ne convoite guère celui des autres.

On a celui de
saluer Madame avec respect,

JAQUES.

LETTRE XXXIV.

MADAME DE LA COUR A CHAMPIN.

De la Cure.

J'ai su, Monsieur, à propos de la démarche que vous avez faite dans le temps auprès de mon fils, que vous vous trouviez être dans l'intimité de M. Reybaz; et cette circonstance servira à vous expliquer par quels motifs j'ai aujourd'hui recours à votre obligeance, pour obtenir quelques informations.

Mon fils, vous le savez Monsieur, après ce malheureux duel, s'éloigna de Genève et de la Cure, autant par délicatesse, que pour chercher quelque distraction à ses déplaisirs. Les nouvelles que je reçois de lui, me donnent la certitude que ses sentimens pour Mlle Reybaz n'ont fait que prendre plus de force, et qu'au lieu de regagner du calme, il est chaque jour plus malheureux et plus à plaindre.

Je viens donc, Monsieur, à l'insu de mon fils, qui sans doute condamnerait ma démarche, mais pressée par mes sollicitudes maternelles, m'informer auprès de vous, si vous pensez que je puisse au besoin nourrir quelque espoir de voir plus tard s'accomplir une union que je n'ai pas recherchée, mais à laquelle je serais disposée à acquiescer, une fois qu'elle est devenue l'unique remède à un état qui afflige mon cœur. Certainement je n'eusse jamais, et pour aucun prix, songé à venir à la traverse des droits de M. Charles, et à faire valoir en faveur de mon fils des avantages de position et de fortune, si je ne savais que M. Reybaz a positivement retiré sa promesse à ce jeune homme. Mais une fois que ceci est un fait accompli, je crois pouvoir sans indélicatesse me hasarder à vous demander quelles chances peuvent rester encore à mon fils, d'après ce que vous connaissez vous-même des intentions de M. Reybaz, et des sentimens de sa fille. C'est à ce sujet, Monsieur, que je réclame de votre obligeance toutes les données qui peuvent servir à m'éclairer, bien sûr que vous devrez être de trouver en moi une discrétion que je réclame instamment aussi de votre part. Je ne puis dans tous les cas, je le sais, nourrir que des espérances fort éloignées ; mais c'est l'impossibilité même de recourir pour le moment à M. Reybaz ou à sa fille, qui est cause que je m'adresse à vous pour obtenir des lumières indirectes, mais précieuses. J'aurais été les chercher dans un entretien, si ma venue dans la maison que vous habitez, n'eût risqué de dévoiler une démarche qui doit rester entièrement secrète.

Je vous remercie à l'avance, Monsieur, de toutes les informations que vous voudrez bien me transmettre ; et, en vous donnant l'assurance du plaisir que j'aurais à vous être utile, je vous prie d'agréer mes salutations empressées.

JULIE DE LA COUR.

LETTRE XXXV.

CHAMPIN A MADAME DE LA COUR.

De Genève.

Il y a longtemps, Madame, que sans avoir celui de vous connaître, je prêche pour votre paroisse, tant c'était mon idée de préférer un joli cavalier de marque et de fortune, à un ferrailleur sans parens et sans bien. A force travailler, voici pourtant le premier acte qui est fini. Ce jeune homme est éconduit tout de bon, et pas bien malheureux, le vivre lui étant assuré, partie par M. Prévère, partie par M. Reybaz, qui pousse la bonté jusque-là. C'est assez dire que le jeune homme lui est redevable, et non sa victime.

En travaillant à défaire, j'avais toujours l'instinct que monsieur votre fils profiterait quelque jour de ma peine, et m'en saurait gré; non moins que Reybaz qui probablement finira par y voir clair, et par comprendre que le bon vaut mieux que le mauvais, et un gendre de bon lieu, qu'un gendre issu des bois. Aussi, n'était que la lettre de Madame m'a devancé, dont j'ai regret, je lui aurais écrit moi-même, le moment venu ; surtout ayant connaissance d'autre part que M. Ernest reste pris au filet, et s'entortille aux mailles, loin de s'en débrouiller.

Mais, où Madame a bien songé, c'est de s'adresser à moi, qui, je puis le dire, mène l'affaire; sans compter que, par le vent qui souffle, un seul mot à la Cure aurait tout gâté, à tout jamais. Outre le temps, qui est de nécessité ici plus qu'ailleurs, je me flatte qu'il n'y a que moi qui connaisse assez le terrain pour y poser les pieds, et approcher de l'oiseau sans lui faire peur. Je ne refuse pas d'agir pour le contentement de Madame, ne demandant qu'à rendre service sans distinction de personnes.

Mais il y a ici plus que M. Reybaz et sa fille; il y a M. Prévère, que Madame connaît bien, et qui, sans moi, menait ces bonnes gens à leur perte, à louable intention si l'on veut. Pour M. Reybaz, qui n'a jamais voulu de Charles, il est joyeux de son dédit, en sorte que de son côté n'est pas le plus difficile. Sa demoiselle, c'est une fillette, comme toutes les fillettes : marrie d'être contrariée dans une amourette, mais à qui je ne donne pas six mois pour en être bien revenue, d'autant que c'est une fille d'esprit, et qu'avec l'esprit on distingue bientôt le blanc du noir. Mais il y a au-dessus de ceux-là M. Prévère, qui, intéressé à placer là son enfant trouvé, ne manque pas d'ascendant pour le faire, ni pour disposer selon ses fins d'une fille qui est encore plus à lui qu'à son père. D'autant plus à craindre, que l'on n'ôterait de l'idée de personne que cet homme agit uniquement pour le bien des autres, encore que lui seul ait intérêt à ce mariage, où il trouve une décharge d'un vaurien dont il ne sait plus que faire, après l'avoir ramassé dans sa cour. Cet homme-là, qui, depuis des années couve sa proie, ne la saurait lâcher du coup; et je n'ignore pas que, même en ce moment, sa trame continue. A la vérité, je le tiens pour vaincu; mais, à supposer que les choses tournassent du côté de M. Ernest, Madame n'ignore pas que ces ministres, qui font tant profession de charité, sont sans pitié sur l'article des fredaines de jeunesse, dont on dit que M. Ernest n'a pas été exempt. Le monde a mauvaise langue; d'ailleurs, en tout état, les saints sont rares.

De tout ceci, Madame peut conclure que, pour l'heure, il n'y a rien à faire qu'à maintenir M. Reybaz dans son refus; et, en outre, qu'elle doit bien se garder de bouger, me laissant le soin de son affaire, qui se fera par moi si elle se peut faire, ou ne se fera par nul autre. Le moment venu, on agira; et dès aujourd'hui on peut, dans sa petite influence, ne pas perdre de vue le désir de Madame, qui serait d'être secondée par son serviteur, quitte à ce qu'elle lui réciproque dans l'occasion, comme il est clair qu'elle n'entend pas abuser d'un pauvre homme, et le compromettre aux avant-postes, où il risque tout au moins de se brouiller avec son intime et d'offenser un puissant, sans connaître par devers elle que service appelle service, et discrétion, discrétion. C'est la loi de l'Evangile. Je dirai encore un mot, seulement par forme : c'est qu'il y a quelque temps, si on avait voulu seconder tel et tel qui s'appelle Prévère ou Dervey, pour aider Reybaz à s'enfoncer, outre qu'on serait aujourd'hui un saint à dire d'experts, on ne se fatiguerait peut-être plus à gagner sa misérable vie entre un établi sans ouvrage, et une porte à ouvrir. Mais non; l'amité avant tout, et la conscience aussi. Gagner en faisant le mal, c'est crime; en faisant le bien de tous et des honnêtes gens, c'est pain béni.

On a l'honneur d'être, etc.

CHAMPIN.

LETTRE XXXVI.

LE CHANTRE A CHAMPIN.

De la Cure.

Je te remercie de la peine. C'est la maisonnette que j'ai choisie, comme tu sais; et je m'y rends demain, ayant renoncé à attendre le retour de M. Prévère, à qui je préfère écrire de là-bas, et après l'essai.

C'est que, Champin, j'ai eu de l'ébranlement depuis toi; et peu s'en faut, encore à présent, que je ne revienne à ce malheureux, qui est la croix de ma destinée, au point que je ne sache pas quand je serai délivré de sa pensée. J'éprouve bien que, parmi les épreuves que le Seigneur envoie dans notre vie, les plus cruelles ne sont pas celles qui frappent fort d'une fois, mais celles qui soucient et fatiguent à la durée. Demi-livre à porter sans relâche, c'est plus que manier un quintal pour deux minutes.

Je ne l'aime pas, ni ne m'inquiète de son sort, que j'assure pour ma quote part, sans y être astreint; mais c'est dans ma fille que je trouve de quoi me soucier. Voici que la lettre de M. Prévère, jointe à ce que j'ai pu voir, m'a remué avec véhémence; et j'ai senti combien la lumière de l'homme est obscure, et sa force faible, en me voyant incertain dans ce que j'avais vu manifeste; flottant, dans ce qui m'avait paru fixe comme le roc des montagnes.

Epargne-toi, Champin, encore une fois, de médire de ce pasteur, et de voir de la ruse à ses actions. Je t'avais, sur ce point, dit assez pour te le faire connaître, et pour que tu comprennes qu'il ne peut m'être séant, ni agréable, de t'entendre ainsi parler d'un homme que je révère, justement pour n'avoir jamais surpris en défaut sa droiture, ce qui est, chez les hommes, ce que je prise avant tout. Aussi moi-même ne désiré-je rien aujourd'hui, si ce n'est de ne pas dévier de la mienne, en m'abusant volontairement dans le parti que j'ai à prendre. Or, j'en dévierais, si, pour suivre à ma rancune, que je ne décline pas, j'étais injuste envers ce garnement; j'en dévierais non moins, et d'une façon bien plus funeste, si, pareillement, je m'aveuglais sur les risques que je fais courir à Louise : cessant ainsi de voir son bonheur, ou tout au moins sa conservation avant tout, bien que j'avance le contraire, et y préférant au fond mes propres instincts. Que le Seigneur me guide et m'éclaire; surtout, qu'il me préserve !

Mais il y a à réfléchir plus profond que je n'avais cru, et M. Prévère m'a jeté dans un grand trouble par sa lettre. Son idée est que Louise ne supportera pas ce coup, étant délicate de nature; tandis que, de cœur, elle est exposée aux ravages, tant parce qu'elle est faible, que d'autre part parce qu'elle est forte : d'où suit le combat intérieur des affections et du devoir. Cette idée qu'il me suggère de la petite, en s'appuyant d'exemples, je la trouve vraie; et si je dispute, c'est sur le degré qu'elle peut supporter, chose où chacun raisonne d'instinct plus que sur preuve, l'avenir étant dans la main de Dieu. Seulement, si je me trompe, mon erreur est capitale, et porte sur la vie de mon enfant; tandis que celle de M. Prévère s'arrête en deçà, et, bien que par un mauvais remède, vise à me le conserver.

Il dit en outre que Thérèse, les choses étant

ainsi qu'elles sont, serait de son bord, et me supplierait avec lui; que je risque de sacrifier Louise au manque de son avocat naturel, qui serait sa mère. Ceci m'a remué plus fort que le reste, en ce que je suis à la vérité certain, que, sur cette lettre, Thérèse n'aurait écouté que la crainte pour son enfant, et que je n'ai pas droit ni volonté de supprimer le bénéfice de sa mémoire au détriment de sa Louise. Mais si Thérèse, femme et craintive, eût été moins ferme et moins tenace que son homme, est-ce à dire que je ne l'en eusse fait revenir; et que, plus elle m'eût vu craintif comme elle pour notre enfant, plus aussi elle m'eût dans le reste écouté d'autant mieux, accoutumée qu'elle était à me condescendre, et à subjuguer ses volontés et ses motifs, variables comme sont ceux d'une femme, à la verdeur et à la ténacité du dire de son époux?

Aussi me suis-je promené solitairement à l'entour de la Cure, pour être plus à même de manier ce point; faisant supposition que j'écoutais Thérèse elle-même parler, comme il est vrai que, de là-haut où est sa demeure, elle m'écoute elle-même réfléchir, et lit dans moi ce qui s'y agite pour cet enfant qu'elle m'a donné. A ces entretiens, j'ai peu avancé, toujours me retrouvant en face de l'alarme légitime de cette femme soucieuse, et lisant dans son œil comme un présage de tristesse maternelle. Seulement trouvais-je qu'à des craintes reposant sur un avenir encore enfoui, j'opposais des raisons réelles, reposant sur cette vérité déjà accomplie, que ce jeune homme est mal né, vicieux, décrié et sans état, avec mêmes élémens, aujourd'hui que ci-devant, pour chuter à nouveau, eût-il son pardon.

N'y avançant rien, et me trouvant dans l'angoisse, je demandais au Seigneur de m'éclairer, lorsque le temps qui était mauvais, s'est mis tout d'un coup à s'éclaircir, comme si c'eût été une façon de pronostic à mon usage. J'en ai ressenti de la paix ; et, m'avouant que j'avais réellement en intention le mieux, sans détour ni subterfuge, l'idée m'est venue que ce soleil qui m'arrivait de la nue, était comme une clarté du ciel envoyée pour reluire sur la résolution qui, en ce moment, naissait dans mon esprit ; c'était de ne rien hâter, crainte de repentir, et, à défaut de lumières provenant de la réflexion, d'attendre celles qui proviendraient de l'état de Louise, surtout à la veille d'un changement de vie ; suspendant pour l'heure toute réponse à M. Prévère, et me bornant à partir le plus tôt possible pour Mornex.

Ainsi avais-je résolu, lorsque, rentré à la Cure, et entendant comme un gémissement de Louise, je suis monté droit à sa chambre, où j'ai trouvé la porte fermée en dedans... Marthe (car c'est elle qui avait fermé, dont je lui garde rancune), est venue ouvrir, et j'ai trouvé Louise dans un état à faire compassion ; si bien qu'il est certain que, si je l'eusse vue ainsi accablée sous son propre faix, et non sous les propos d'une servante qui avait fermé en dedans pour mieux la remuer à son aise, j'écrivais le soir même à M. Prévère, lui donnant satisfaction, et abandonnant Louise à son Charles. Néanmoins, j'ai été de nouveau remué fortement, et si je m'en suis tenu à mon premier projet, celui de toujours partir, c'est qu'à vrai dire, ce n'est pas huit jours de plus qui peuvent nuire à Louise, et qu'en huit jours j'aurai plus de calme et de loisir pour répondre à M. Prévère.

Voilà, Champin, où je suis redescendu, et en quelles idées je quitte la Cure. Si donc M. Prévère revient à demander ma lettre, dis-lui qu'étant ébranlé, j'ai pris du temps pour réfléchir; ou bien lis-lui celle-ci, qui lui mettra le vrai sous les yeux; cachant seulement le reproche que je te fais de lui être injuste. Durant mon absence, il me sera de bon usage et plaisir que tu m'écrives, en ce que tu es un ancien qui m'affectionnes, et aussi en ce que tu parles et entends mon langage.

Seulement te prierai-je de me dire tout le vrai, mais sans plus ; t'abstenant de jeter de la malice sur les choses que tu ne fais que deviner, et encore plus de juger légèrement notre commun prochain. Je trouve, Champin, difficile d'aimer, comme c'est le devoir d uchrétien, et la suprême loi de son Maître ; aussi ai-je répugnance, lorsque j'ai de l'affection pour un semblable, qu'on me la refroidisse, et que je rebrousse sur la pente que, non sans peine, j'avais gravie. Sans ta lettre, j'eusse moins rudoyé Marthe pour sa faute, bien que réelle ; et si tu me montrais toujours ce pasteur comme un rusé, je pourrais faillir, et finir par me méprendre. Alors qui aimerais-je ? Louise ?.... mais, son sang, on l'aime toujours assez. Que si tu m'affectionnes, comme j'en suis certain, en me voyant si proche de ne pas garder l'équilibre entre tant de personnes et de raisons qui me sollicitent en égale mesure, tu éviteras de me coudoyer, même légèrement, par de faux chocs, crainte que tu ne me voies broncher, et tomber là où peut-être est un abîme.

Ce m'est souci de quitter mon endroit et mes ouvrages. C'est la première fois, depuis dix-huit ans, alors que je menai Thérèse à Montreux. La pauvre femme était déjà bien souffrante, et nous arrivâmes à grand'peine ; mais c'est là qu'elle me dit (car, d'instinct, elle savait déjà sa mort) : combien il la fâchait de me quitter, et de s'en aller hors de ma tutelle, sous laquelle elle avait connu le respect, l'affection, et plein repos en l'estime qu'elle me portait. (Jamais femme, Champin, ne sut dire comme Thérèse!) Je lui répondis qu'elle s'abusait sur son mal ; que néanmoins, si elle venait à me quitter, c'était pour aller, sans toutefois m'oublier, sous une tutelle meilleure et sans fin, où ma tâche serait de chercher à la joindre. Parmi ses discours, je vis qu'elle avait souci de cette petite fille (elle la sevrait, après cinq mois d'allaitement) : « Que Dieu, disait-elle souvent, lui conserve son père! — Dieu, lui fis-je, lui conservera aussi sa mère ; et s'il venait à la lui retirer, Thérèse, n'aie crainte qu'après toi je lui en donne une autre. » Ce propos a fait la paix de sa mort, et j'ai souvent eu joie en moi-même de l'avoir tenu.

C'est pour cela, Champin, que j'ai continué en tout la mémoire de ma Thérèse, et gardé mon veuvage fidèlement, quand, à vrai dire, jeune encore, et ayant un ménage à tenir, j'étais sollicité par l'âge et par l'économie, à prendre une femme en secondes. Mais je n'eusse pas promis, qu'encore aurais-je tenu ; car si la chair a ses aiguillons, et l'économie ses volontés, encore est-il que l'affection a aussi les siennes, et que, donner ce qui a déjà été donné, ne se peut, ne se doit. Une coupe une fois versée dans la coupe d'un ami, ne se saurait verser à un autre encore ; tout au plus quelques gouttelettes sont là, peu dignes d'être offertes, et qu'il vaut mieux ne pas distraire du breuvage, pour le laisser pur et entier. Ainsi ai-je voulu faire, ainsi ai-je fait sans trop de peine ; et aujourd'hui, parvenu à la descente de la vie, en telle sorte que je commence déjà à mesurer de l'œil, d'ici à ma tombe, ce m'est paisible et cher de songer que j'y entrerai seul, pour n'y trouver que ma Thérèse, ayant gardé, franche d'alliage, cette foi que je lui ai promise et donnée, quand j'étais libre de ne le pas faire, et quand la mort, non par sa faute, lui en enlevait la jouissance.

Te dirai-je, Champin, qu'après dix-huit années, quittant de nouveau la Cure pour la santé de cette enfant, j'en éprouve un pressentiment sombre, au point qu'il me devient sinistre de bouger d'ici ; comme si, de bouger, me dût porter malheur pour la fille, ainsi que pour la mère. Ce matin encore, si tout n'eût été prêt, et sans la crainte des propos, je renonçais à partir ; et plus l'instant s'approche, plus je vais me repentant d'avoir à la légère formé ce projet. Le cœur me bat tout comme le jour que je mis Thérèse sur le char, et que les gens du hameau étaient là à l'entour, lui touchant la main, sans trop d'idée de la revoir. Au départ, la bête s'abattit, et je connus bien sur leurs visages ce qu'ils en auguraient. Sûr, sûr, Champin, que, pour l'heure, je donnerais gros pour être dispensé de partir ! Ce m'est pourtant un soulagement que de te conter ces secrets, en ce que j'ai l'idée que, de dire, pourvu que ce soit sans bravade et irrévérence, ça déjoue les pressentimens, et que le sort se tourne ailleurs, comme si, d'être deviné, ça le déroutait. Toutefois, le mieux est d'avoir confiance au bon Dieu ; et c'est dans ces défilés de la vie, où le chemin est étroit, le précipice à côté, que l'on sent qu'à lui seul on peut tendre la main, tout autre appui étant piége et menterie. Aussi blâmé-je la veuve Crozat, qui s'est brouillée avec le bon Dieu, et en attend des avances. Cette malheureuse avait de la religion, si bien qu'elle était en exemple au troupeau. Le bon Dieu lui retire son mari, puis le cadet de ses fils, puis l'autre périt dans l'incendie de sa maison : tout cela en moins de trois ans. Alors elle n'est plus venue à l'église, disant dans son affliction : « J'avais fait tous mes devoirs ; je l'aimais, je le priais chaque jour : en récompense, il m'a tout ôté. Allez à lui, vous à qui il fait du bien ; pour moi, je n'y retourne pas. » Pauvre femme, qui s'égare. Avec un grain de religion de plus, elle se résignerait et aurait la paix du fidèle ; toutefois, telle quelle, je la mets haut dans mon idée : car elle n'est ni incrédule, ni impie, et bien plutôt victime de son plus de foi que les autres. C'est erreur, et non irréligion. Dieu est miséricordieux.

M. de la Cour est toujours absent. Peut-être, nous loin, reviendra-t-il. On le dit toujours épris de la petite, et que sa mère en reçoit des nouvelles misérables ; nous ne l'avons plus revue. Si celui-là avait tourné au bien, au lieu de salir sa jeunesse, il serait heureux à cette heure, et nous, sans angoisse. Tout ce que je lui demande aujourd'hui, c'est de rester à l'étranger, et de ne plus hanter cet endroit, où sa venue aggraverait le mal. Voici que la Coissat, qu'il a perdue, est enceinte une seconde ; cette fois, ce n'est pas de ses œuvres. Il l'a passée à ce vaurien de Paulet qui lui avait aidé à l'avoir ; et qui déjà s'en dégoûte, et la morigéne. L'autre jour, rentrant de la chasse, il l'a maltraitée sans compassion, enceinte comme elle est, et de sa crosse il lui a meurtri la hanche. Aux cris on est accouru, et encore ne l'a-t-on pas dégagée sans risque : l'autre menaçant de son plomb quiconque s'entremettrait.

Ces Paulet sont la lie de la commune; ce sera un bienfait quand le bon Dieu les appellera pour rendre compte.

Ton affectionné,

Reybaz.

LETTRE XXXVII.

(Incluse dans la suivante.)

ERNEST A MADAME DE LA COUR.

De Verrèze, dans le Val d'Aoste.

J'ai reçu votre lettre, chère maman, et j'y répondrai avant peu de jours. J'espère recouvrer bientôt plus de calme. Très-occupé aujourd'hui de mes préparatifs de départ, vous excuserez la brièveté de ce billet, que suivra de près une plus longue lettre.

Adieu, chère maman. Aimez toujours votre fils, malgré les peines qu'il vous cause, et que votre cœur lui pardonne en faveur de ce qu'il souffre.

Votre ERNEST.

LETTRE XXXVIII.

JAQUES A MADAME DE LA COUR.

De Verrèze, dans le Val d'Aoste.

Hélas! mon Dieu, on ne sait trop par où commencer à écrire! Il faut que Madame vienne, qu'elle soit déjà ici! J'y perds la tête. Que Madame soit vite ici : nous le tenons, mais qui sait? Que Madame vienne donc au vu de cette lettre, et qu'encore elle nous trouve en vie, au moins mon maître. Soit dit, sans effrayer Madame, il est bien, Dieu merci, sans mal ni douleur.

C'est hier matin. Il m'a remis l'incluse[1] pour la faire partir. Bon, que je me suis dit; Madame sera bien aise. Et puis le courrier avait déjà passé : donc c'est pour demain, j'entends le jour

[1] La lettre précédente.

d'aujourd'hui. Néanmoins not' maître avait veillé toute la nuit en écritures, et voilà que, ce matin, entrant dans sa chambre, j'y trouve déjà l'hôte, avec une figure renversée. Comme je le regarde, il me fait des signes : voilà que la peur me prend, et la sueur me vient par les jambes. Alors je vois un pistolet qu'il tenait moitié caché sous son bras...... Je n'ai plus rien revu, n'étant ni pour m'enfuir ni pour rester en place......

Quand je suis revenu à moi, ils causaient ensemble. Not' maître était couché ; l'hôte lui parlait vivement, même qu'il le forçait presque du poignet à rester tranquille. Finalement not' maître m'a crié, d'une voix à arrêter une roue de moulin : « Va-t'en ! » J'ai filé.

Plus tard, ils m'ont fait appeler. « Tu resteras dans cette chambre, m'a dit l'hôte, pour soigner ton maître qui est malade. J'enverrai mon fils pour t'aider, en cas qu'il en soit besoin, et pour que tu puisses aller et venir pour le service. » Il avait toujours le pistolet sous le bras, et un en outre que je n'avais pas vu d'abord. J'ai obéi, tout transi que j'étais, et m'y voici depuis hier, que je n'ai quitté que pour le temps d'écrire à Madame.

Voyant cela, je m'étais dit à moi-même que c'est des brigands, dont le pays abonde, qui auront voulu faire un coup ; alors l'hôte les aura désarmés sur le temps, et puis il veut tenir la chose secrète pour ne pas nuire à son auberge. Je m'étais dit com'ça, jusqu'à ce que le fils de l'hôte, sans avoir l'air, m'a fait signe que c'est not' maître qui s'a voulu tirer dessus !... Ainsi, que le bon Dieu nous garde ! et que Madame arrive tout courant ! Je promets à Madame de ne pas quitter la chambre, où l'hôte a tout ôté de ce qui peut servir à se nuire, et assiste aux repas, par rapport aux couteaux. Un digne homme ! qu'avec lui, je ne craindrais pas un bataillon de loups. Que Madame vienne !

Incluse encore une de l'hôte, qui me la remet en cet instant.

On a celui de
saluer Madame avec respect,

JAQUES.

LETTRE XXXIX.

(Incluse aussi dans la précédente.)

L'HOTE A MADAME DE LA COUR.

De Verrèze, dans le Val d'Aoste.

Madame,

Sans avoir l'honneur de vous connaître, je me trouve dans le cas de vous écrire au sujet de M. votre fils, qui loge chez moi depuis quelques semaines. J'ai eu le bonheur de l'empêcher d'attenter à ses jours, et, en vous priant, Madame, de vouloir bien le rejoindre au plus tôt, je me hâte de vous assurer de la manière la plus propre à calmer votre angoisse, que, d'ici là, je veillerai sur lui comme sur mon propre fils.

Ce jeune homme, indépendamment du caprice qui le portait à rester dans cet endroit, m'a paru dès les premiers jours en proie à un chagrin sombre; mais ce n'est que depuis peu de jours que j'ai pu concevoir, d'après ses allures, quelque inquiétude sur les projets qu'il pouvait avoir. Je conseillai même à son domestique de vous en écrire quelques mots. Il ne sortait plus du tout, il gardait un silence farouche, et ses nuits se passaient à écrire. Hier au soir, voulant lui porter quelque chose, le garçon trouva, contre l'ordinaire, la porte de sa chambre fermée en dedans. Il vint me le dire, je lui fis des questions, et c'est ainsi que, par un bien heureux hasard, j'appris qu'il avait été chargé dans la journée de procurer à M. de la Cour deux pierres à fusil.... Je courus à sa chambre.

Il était déjà couché. J'usai de ruse pour me faire ouvrir; car je pouvais, par la moindre imprudence, hâter l'accomplissement de son projet. Il se leva; mais j'entendis distinctement qu'avant de m'ouvrir il faisait quelques dispositions. Lorsque je fus entré, ayant refermé sur moi la porte, je vis sur la table de nuit un linge qui recouvrait quelques objets, dont je compris aussitôt la nature; aussi, soulevant le linge à coup sûr, je m'emparai du même mouvement de deux pistolets.

Ce jeune homme resta quelques momens inter--dit, en proie à la colère autant qu'à la honte, puis il voulut prendre le ton d'un étranger qui commande à son hôte, et qui pense être libre dans sa chambre. Mais je suis homme d'âge, Madame, de taille et d'humeur à aller au fait sans me prendre aux paroles ; je répondis à ses ordres en lui donnant les miens, et en lui déclarant qu'il ne savait ni où il était, ni à qui il avait affaire, et qu'avant qu'un crime se commît dans ma maison ou ailleurs, si je pouvais l'empêcher, il y avait à être plus fort que moi et les miens, et d'autres au besoin. Ce ton le calma, et dès lors je pus lui parler raison. Il m'avoua son projet ; et tout ce que peut dire en pareil cas un père qui se met à votre place, Madame, je le lui ai dit. J'ai fait plus, je me suis donné autorité sur lui, j'ai pris mes mesures, et, dans ce moment même, il est mon prisonnier plus que mon hôte. Mon fils le garde à vue, car je n'ai pas cru pouvoir me reposer de ce soin sur le domestique, qui n'a ni sens ni tenue. A la vérité j'ai promis de ne pas vous instruire de ce qui s'est passé, mais c'est là, je pense, une de ces promesses qu'un honnête homme est dispensé de tenir.

Comme vous le comprenez, Madame, cette situation ne peut se prolonger; et sans faire valoir ce qu'elle peut avoir de difficile pour moi, je pense que l'unique moyen d'en sortir heureusement, c'est que vous arriviez ici. Quand, toutefois, la maladie ou toute autre cause impérieuse vous empêcherait de partir sur l'heure, veuillez me le faire savoir, et je verrai à vous le faire reconduire, si encore je ne me décide pas à vous le ramener moi-même, ce qui me serait pourtant très-onéreux dans ce moment. Le Saint-Bernard est praticable : c'est la route la plus courte, et, dès samedi, jour où vous pouvez y arriver, un de mes gens vous y attendra avec une lettre, et redescendra avec vous jusqu'ici.

En me trouvant heureux, Madame, d'avoir eu l'occasion de vous épargner un grand malheur, je vous prie d'agréer l'assurance de mon respectueux dévouement.

Louis Mathey.

LETTRE XL.

LE PÈRE BARRAS A L'HOTE DE VERRÈZE.

De l'Hospice du Grand Saint-Bernard.

Madame de la Cour est au Bourg-Saint-Pierre, d'où nos maroniers arrivent en cet instant; ayant pu par bonheur l'empêcher de s'engager plus avant. La tourmente a repris ces jours-ci, et, du mont Velan, l'avalanche a atteint ce soir trois voyageurs. Les chiens en ont indiqué deux à temps, qui sont chez nous à cette heure, et sans grand mal; le troisième est encore dessous : c'est Benoît d'Aoste. Les Pères y sont allés, car nos maroniers étaient rendus.

Aussitôt la tourmente passée, j'enverrai quérir cette dame avec une litière, car, de quinze jours encore, les mulets ne pourront descendre. Pareillement je la ferai accompagner à la descente. Du côté d'Aoste, la route est bonne ; il ne s'agit que de choisir le moment. Aussi je vous renvoie votre homme avec ces deux mots, pour que vous soyez tranquille.

Le Père Barras.

PS. On retire en cet instant Benoît. C'est Lion qui l'a trouvé sous vingt brasses de neige, quand les autres chiens étaient incertains. Le pauvre homme est bien mort ; il avait bu à la cantine.

LETTRE XLI.

LE MAIRE DE NYON A CHAMPIN.

De Nyon, Canton de Vaud.

J'ai fait, Monsieur, quelques recherches sur l'objet au sujet duquel vous êtes venu me consulter. Mais vous m'avez fourni si peu de données, que je ne suis parvenu à rien de positif. La seule chose que j'aie à vous dire, c'est que, le même mois, à deux jours de la date où ces misérables durent quitter votre Canton, je trouve sur le registre un homme et une femme reconduits à la frontière de France, comme vagabonds, et n'ayant pas de papiers. Il se peut que ce soient les parens de votre jeune homme ; mais dans ce cas, il serait mieux, ce me semble, de laisser ce point dans l'ombre, puisqu'il ne peut en résulter pour lui que du déshonneur, et probablement aucun bien. Ce n'est qu'à la sous-préfecture de Gex, que l'on pourrait apprendre quelque chose de plus sur ces deux individus; mais, à moins que vous ne parveniez à retrouver leur nom, tous autres renseignemens seront incertains, et presque inutiles.

J'ai l'honneur d'être, etc.

PERRIN, Maire.

LETTRE XLII.

MADAME DE LA COUR A CHAMPIN.

Du Bourg-Saint-Pierre, en Vallais.

Je suis partie subitement, Monsieur, sur la nouvelle de l'état déplorable où la tristesse et le désespoir ont jeté mon fils. Arrêtée ici par les neiges, qui m'empêchent de voler auprès de lui, je vous écris à la hâte, réduite que je suis à mettre tout mon espoir en vous.

Toute ma reconnaissance vous est acquise, Monsieur, aucune récompense ne vous manquera, si vous sauvez mon fils..... Il n'est pour cela (j'en ai maintenant la triste certitude)... il n'est pour cela qu'un unique moyen : c'est que, par nos efforts, et surtout par vos prudentes démar-

ches, il puisse obtenir la main de Mlle Louise.....
Qu'ainsi rien ne vous arrête, que tout vous encourage ; et croyez bien que si d'autres auraient pu reconnaître vos services, je le pourrai, je le devrai, mieux encore que personne au monde. Car c'est pour la vie de mon fils que je sollicite, que je me mets à vos pieds, et que je vous promets ici de ne point vous devoir un si immense bienfait, sans que vous ayez à vous louer de ma généreuse gratitude.

Son découragement est affreux, je me vois avec un sombre effroi encore séparée de lui; je vais tout tenter pour le rejoindre. Mais il faut, pour le sauver, que je le trompe ; il faut que je lui donne de l'espoir, que je lui montre comme facile ce qui présente tant d'obstacles, que je lui cache mille circonstances, dont la moindre le porterait à s'opposer lui-même à toute tentative.....
Il faut que j'aie fait tout cela, avant même d'avoir reçu aucune réponse de vous; mais vous êtes honnête et compatissant, vous ne manquerez pas à ma confiance, et je compte sur vous. Assez. Ces lignes vous seront remises en main propre. Veuillez adresser les vôtres à Verrèze, (Val d'Aoste), chez l'aubergiste Mathey.

Julie DE LA COUR.

LETTRE XLIII.

CHAMPIN AU CHANTRE.

De Genève.

Ta lettre où tu t'ébranles, à vrai dire, m'a fait pitié ; et je m'étonne que toi, Reybaz, homme de tête, tu t'embrouilles ainsi dans des misères de rien. A quoi sert donc que je t'aie prévenu que cette lettre de M. Prévère était un coup monté entre ces deux ministres, si, à la lire, voilà que tu défailles, et vois blanc, ce que tu voyais noir tout à l'heure?

Puisqu'il t'en écrit des lettres, que je t'en écrive donc aussi. Les raisons ne me manquent pas ; mais où sera la fin, si tu tournes à tout vent, et n'as par toi-même aucune assiette dans tes résolutions? Ta fille est délicate, exposée aux ravages de cœur, aux combats?... Bonne raison, ce me semble, pour ne la pas confier à un vaurien qui, jusqu'ici, n'a fait preuve que de malice. Eh! mon pauvre ami, ne sais-tu pas la vie? Si aujourd'hui dépendant, si ton obligé, si maintenu par M. Prévère, et, outre tout cela, amoureux, il en fait déjà des siennes, que sera-ce, quand il sera maître, maître de vous tous et de ta fille? En es-tu donc à savoir que, de l'amant au mari, il y a la distance de l'agneau au loup? et si ta Thérèse n'a pu vivre, malgré qu'elle eût rencontré dans son homme affection et tutelle, t'imagines-tu que ta Louise en vivra mieux d'être unie à un violent, qui, une fois rassasié d'elle, ne la ménagera pas plus qu'il ne ménage tant d'autres, lorsque la crainte ou l'intérêt ne le musèlent pas. Avec plus de vrai que M. Prévère, je te dirai: Si tu veux que sa vie s'abrége, marie-la à ce vaurien, sans compter la misère qui les attend.

Encore serait-ce temps de délibérer, si le plus gros du mal n'était pas fait. L'orage lui est contraire, à ta fille? Mais l'orage est fini; quelques gouttes encore, et nous avons le beau temps. En revenant sur ton dire, tu n'auras abouti qu'à amener une seconde secousse; ta fille repassera à la joie, sans repasser à la sécurité, ni toi non plus. Je ne te donne pas une semaine, que déjà tu te repentirais; et alors lui ôteras-tu ce Charles une seconde fois? C'est bien ainsi que tu la perdrais à coup sûr, et que, pour n'avoir pas eu la force de l'affliger une première, tu la briserais sans retour d'une seconde. Sois donc certain que si, à grand bonheur échappé de cette maille, tu t'y reprends, c'est pour toujours. Je gage bien que ton Prévère ne t'a pas dit cela. C'est à bonne intention, j'en suis certain ; mais toujours est-il qu'il a son intérêt là-dedans, et que moi qui te parle ici, je n'ai point d'enfant trouvé à te commettre.

Tu as donc oublié d'où il sort, et qu'on chasse de race, comme tu disais? Si ce n'était qu'on n'est pas pour lui nuire, à ce jeune homme, on te mettrait la puce à l'oreille, sans autre peine que de te débiter ce qu'on entrevoit de ces misérables qui l'ont enfanté dans le bois. Ce n'est pas moi qui m'étonnerais qu'il finît mal ; mais bien plutôt je suis surpris de voir Reybaz tout prêt à enter sa race sur un sang de vagabonds, menés par les gendarmes de frontière en frontière. Penses-tu que, si ta Louise se doutait de cela, rien que la terreur ne fût à même d'empoisonner sa vie, et de la mener à la tombe par cette voie aussi sûrement que par une autre? Ah! c'est bien moi, va, qui regrette ici ta Thérèse! Bien sûr qu'avec elle, depuis longtemps tu serais hors de ce pas.

Pour ton rayon de soleil et tes pronostics, je mets cela avec les sapins du docteur. Va donc faire dépendre le sort de ta fille de la pluie ou du beau temps! Va te boucher l'oreille aux raisons qui te crient de rebrousser bien vite, pour te laisser éblouir d'un rayon, ou attrister d'un cheval qui butte! Autant vaut jouer le sort de ta fille à croix ou pile; je dis, mieux vaut : car au moins as-tu dans ton gousset de quoi te décider, le jour comme la nuit, par la pluie comme par le beau temps. Plante-moi donc là ces manières de faire, avec lesquelles on se donne entorse à soi-même; et sois certain que, pour déjouer le sort, il n'est rien tel que de se décider sur motif, et puis de s'y tenir.

Quant aux remontrances que tu me fais sur ce que je suis malicieux, c'est vrai, l'ancien; je tiens ce défaut de race, et je ne l'ai pas corrigé à vivre auprès de ma femme, qui en tenait aussi, par filiation, depuis Eve. Avec ça, bon enfant, comme tu sais; et vert encore, n'était cette jambure. La malice conserve : ainsi disait mon père, qui prit ses quatre-vingt-cinq avant de mourir. Toutefois, prêt à croire, et à dire de plein cœur, que ton Prévère est le saint des saints, si seulement il en demeure là, et cesse de vouloir verser son écuelle dans la tienne, et se débarrasser à tes dépens. Autrement, je garde ma malice, que moi j'appelle bon sens; et je la jetterai, non point comme tu dis, sur ce que je devine, mais sur ce que je vois bel et bien de mes deux yeux ouverts : un saint ministre employant toute sa sainteté et tout son crédit, pour te faire livrer ta fille à un garçon qu'il a ramassé par terre, à un garçon sans nom, sans bien, sans parens; à un garçon qui, de son su à lui et à toi, est indomptable, vicieux, dépensier, ferrailleur; le plus propre entre mille à faire chevrer un beau-père, et se dessécher une épouse; déjà déchu de sa profession avant d'y être entré, tout comme, avant de vivre, il était déjà marqué d'infamie; tout comme, avant d'être époux, il aura déjà ravagé, tourmenté, vexé tous ses patrons, et inondé de larmes sa future. Tu crains l'abîme? eh bien, il est là, Reybaz. M. Prévère te le cache sous sa robe; moi, je te le montre au doigt, je te le mesure, je t'y fais voir les rocailles, les pointes, les aiguillons où se brisera, où se déchirera ta Louise; où, une fois précipitée, tu n'iras pas la sauver, mais plutôt tu l'y suivras pour périr avec elle! Si c'est malice que de te parler ainsi, toutefois n'est-ce pas malice pour rire ; mais malice pour te retenir au bord de cette crevasse. Dis-moi que tu es fermement décidé à ne t'y pas jeter, et, sur l'heure, je conviens que je suis un malicieux, je rétracte mon dire, et je demande pardon entre tes mains d'avoir pu mal penser de ton ministre.

A propos des de la Cour, dont tu jases dans ta lettre, on a eu l'occasion de voir cette dame à son passage à Genève[1] ; c'est au sujet d'une maisonnette qu'elle possède à la rue du Temple, et qu'on aurait l'idée de lui acheter, entre mon gendre et moi, pour se tirer de cette loge, et y jouir de son reste d'années. Sans avoir l'air de songer à autre chose qu'à cette affaire, on lui a demandé si son absence serait longue? C'est ni oui, ni non ; la chose dépend de son fils, bien revenu de ses fredaines, mais toujours attaché à ta Louise, et ne se consolant pas de l'avoir manquée faute d'un peu de tenue. En attendant, il voyage par l'Italie. Je n'ai que faire, moi, de ce garçon-là, et je me bats l'œil de ses amourettes d'autrefois, comme de sa bonne conduite d'à présent ; mais j'admire comment tu raisonnes à son sujet. Te voici près de t'allier un vaurien qui porte une tare de naissance, que rien ne saurait enlever ni blanchir ; et en même

[1] Ce mensonge s'explique par la lettre suivante.

temps, le cas échéant, tu enverrais promener bien loin un cavalier de bonne maison, qui porte seulement quelques fredaines de jeunesse, déjà oubliées, et toutes réparables : car enfin, à vingt-cinq ans, c'est assez tôt pour rentrer dans la voie. Ne le prends pas, à la bonne heure; mais, avec bien plus de motif, repousse l'autre, ou bien je dis que tu as la berlue. Sans compter que, dans cette bonne dame, tu retrouvais une mère à ta Louise, sans détriment à ton veuvage, que tu as bien fait de garder loyalement.

Adieu, l'ancien. Pèse tout ceci ; et surtout ne va pas t'engager que je ne le sache, te privant ainsi d'un dernier conseil de celui qui t'affectionne de cœur.

CHAMPIN,

LETTRE XLIV.

CHAMPIN A MADAME DE LA COUR.

De Genève.

Si on agissait par intérêt, on aurait bien pu renoncer de prime abord à seconder Madame, sur lecture de sa dernière, datée du Bourg-Saint-Pierre. La charge est rude à prendre, et encore subitement comme cela, sans s'être concertés, et pour que je confirme ici, au milieu de difficultés plus grandes que jamais, ce que Madame promet là-bas, sans autre peine que de parler. Mais, comme j'ai dit, on a compassion de la détresse de Madame, et comprenant (quand bien même sa lettre ne s'explique pas là-dessus) que son fils a eu quelque mauvais projet, comme qui dirait de se détruire, on n'en veut pas autant à Madame d'avoir ainsi précipité ses instances, et jeté dans le trouble et l'embarras un pauvre diable comme son serviteur.

Je dirai à Madame que depuis son départ, tout s'est dérangé de plus belle. Comme j'avais prédit, le bon pasteur a les serres tenaces, et il ne lâchera pas sa proie qu'il ne lui en laisse les marques. De concert avec M. Dervey, il a écrit à Reybaz une lettre où il lui montre sa fille morte avant trois mois, s'il lui refuse Charles ; et Reybaz a tôpé de tout son cœur dans la prédiction, étant homme dévot et à pronostics ; de façon que, sans moi, il rebroussait du coup. Tout ce que j'avais pu faire, à grand'peine, c'était de le maintenir en suspens ; lorsque avant-hier je reçois comme une bombe la lettre de Madame, et que je reste quasiment sur le coup.

Revenu à moi, je me suis mis à répondre à la dernière de Reybaz, où il me conte son ébranlement en faveur de Charles ; et à raison de ce que j'aimerais mieux, à sa place, donner ma fille à un manœuvre qu'à ce garçon-là, je lui ai écrit d'abondance et d'amitié, pour le retenir sur le bord de l'abîme, et en mêmes termes que j'aurais fait, si de ma vie je n'eusse entendu parler de Madame.

Et puis, réfléchissant que Madame travaille là-bas de son côté, promettant ce qu'elle me charge de tenir, la peur m'a pris de n'avoir pas assez fait pour elle ; en sorte que j'ai tâché dans la fin de ma lettre, et sans avoir l'air, de préparer les voies : m'avançant sur bien des articles où je n'ai pas mission, mais dans l'idée que si, à distance, et sans pouvoir s'entendre, Madame compte sur moi, il faut de nécessité, qu'en retour je puisse compter sur elle. Il fallait bien, devant par la suite communiquer avec Madame, trouver un prétexte qui écarte le soupçon ; j'ai donc imaginé de dire à Reybaz que j'ai vu Madame à son passage à Genève, par rapport à une maisonnette (j'avais en vue cette petite masure que Madame possède rue du Temple) qu'on aurait l'intention de lui acheter, pour finir ses jours loin du monde et du bruit, comme dit la chanson. De cette façon, Reybaz sait pourquoi j'ai à communiquer avec Madame ; et, d'autre part, il dépendra de Madame (si d'ailleurs j'ai bien compris ses intentions), de faire en sorte que le prétexte soit bien trouvé, ayant cru agir dans son intérêt comme dans le mien. Je demande donc que Madame confirme et s'explique, avant de m'engager plus avant ; étant prêt à tout lâcher, et à remettre la besogne à d'autres, si elle trouve que j'ai outrepassé ses intentions, et abusé du pouvoir qu'après tout je ne lui ai pas demandé.

On a l'honneur, etc.
CHAMPIN.

LETTRE XLV.

MARTHE A MONSIEUR PRÉVÈRE.

De Mornex.

Il faut que je rende compte à M. le Pasteur de notre départ et de notre établissement ici ; d'autant plus que je suis remplie de joie, en voyant que les choses ne sont pas en aussi mauvais état que l'on pouvait craindre.

C'est jeudi que nous sommes partis de la Cure. La veille, M. Reybaz m'avait semblé inquiet et triste, se dérobant maintes fois pour aller rôder solitairement, malgré la pluie et bien des préparatifs où il n'était pas de trop. Avant le départ, je le trouvai encore plus sombre, et comme chargé d'une grande tristesse. Mamselle Louise ayant paru devant lui, il lui est venu une émotion forte ; sur quoi, non sans embarras, il l'a caressée plus vivement qu'il n'est ordinaire à sa retenue, et puis n'y trouvant pas remède à son trouble, il a eu de l'attendrissement... « Ça me rappelle un mauvais jour... » a-t-il dit, et il semblait manquer de courage pour partir. Mamselle Louise, comme vous savez que c'est un ange, s'est prise alors à le consoler avec tant d'affection et de bons propos, comme si elle eût été tranquille et contente, que, remis de ce mauvais moment, il a dit d'atteler.

C'est le char-à-bancs des Legrand. M. Reybaz y avait mis lui-même pour mamselle le banc couvert : soit en cas de pluie, soit afin qu'elle s'y trouvât plus retirée, et moins en vue. Ensuite, ayant voulu qu'elle y fût seule pour plus d'aise, il s'est placé sur le banc de derrière, qui est découvert. Legrand l'aîné nous menait.

J'avais pitié de ce pauvre père, tant il me paraissait à cette heure malheureux du souvenir de sa femme, qu'il emmena ainsi, il y a dix-neuf ans. Lui qui est si ferme, et quelquefois bien rude, il était comme faible et rempli d'angoisse : regardant au cheval, au cocher, aux roues, et craignant à tout bout de champ quelque présage mauvais ; au point qu'agité outre mesure au tournant de Vernier, il a saisi ma main. Pourtant, tout cheminant bien, il a fini par être plus tranquille, surtout après la ville, quand nous avons eu quitté la même route qu'il fit autrefois en conduisant sa défunte à Montreux.

Pour notre jeune maîtresse, M. le Pasteur se doute bien qu'elle n'était pas tranquille. Elle s'était efforcée de parler à son père le long du chemin, lui proposant même de venir s'asseoir auprès d'elle; mais dès l'approche de la ville, elle cessa de s'occuper de nous, et, cachée dans la chaise, elle dut ressentir bien plus vivement encore l'émotion qui nous tenait silencieux, en passant tout près de la rue où demeure M. Dervey. Pauvre chère âme! Que d'angoisses, que de troubles, quand elle était digne de toute sorte de paix et de bonheur! Si douce qu'elle est, si innocente de tout cela! Ça me fend le cœur, à chaque fois que j'y songe.

Aussi, voyant M. Reybaz si ébranlé, quand moi-même je l'étais pareillement, je n'ai pu me contraindre; et d'ailleurs, c'était mon idée, bien que sa servante, de lui parler encore une fois pour ma maîtresse, ne voulant pas me risquer aux regrets de m'être tue. « M. Reybaz, lui ai-je dit, que nous voici tous malheureux! — C'est vrai, qu'il m'a répondu, et le plus lourd pèse bien sur moi.... Ce garçon est la croix de ma destinée!... et encore, si ce n'était que moi, aurais-je la force de me débattre....

Il s'est tu. Alors j'ai repris, tâchant d'excuser ce pauvre M. Charles, et comme quoi l'âge le voulait tempérer, ainsi que tant d'autres, qui, pour avoir été difficiles dans leur jeune temps, n'en ont pas moins fait bonne fin; que, sous la tutelle de M. Prévère, et aimant Louise comme il fait, on pouvait bien répondre de lui pour la suite; que la leçon d'ailleurs aurait été forte, et que, si il y revenait, c'était sûr qu'alors il faudrait le délaisser, mais en pardonnant encore cette fois; que s'il me le permettait, je pouvais bien affirmer que feu sa femme aurait incliné à la douceur; qu'enfin je ne pouvais lui taire qu'à mon idée le remède, quant à Louise, était pire que le mal, et que j'avais conviction que le coup pouvait à la longue... Il m'a interrompue : «L'âge, a-t-il dit, ne le tempérera pas. L'âge n'a fait que le montrer plus vicieux... Contre les instincts du sang, il n'y a tutelle ni direction qui fasse... et quant aux promesses d'à présent, j'y ai peu de foi : après l'amoureux, vient le mari; après l'esclave, le maître.... Pour ce qui est de pardonner cette fois, c'est se lier à pardonner toujours; car si d'une première secousse Louise a été ployée; d'une seconde, je la briserai... C'est la croix, la croix de ma destinée ! » Il s'est tu encore, après quoi il a repris :

« Toutefois, Marthe, cette enfant qui est là-dedans.... Que le ciel me soit en aide !.. » et les paroles ne venaient plus. J'en ai pris occasion d'achever mon dire sur mamselle Louise, lui apprenant bien des choses qu'il ne pouvait savoir, entre autres comment, par bonté d'âme, elle lui montre du courage et de la tranquillité, pour payer ensuite cet effort par des douleurs qui la consument. Je lui ai appris que, le jour qu'il m'a grondée, c'est elle-même qui, pour lui cacher plus sûrement ses pleurs, avait fermé la porte en dedans, sans qu'il y eût d'autre mystère que ces déchiremens qu'elle lui cache. Enfin, je ne lui ai pas tu que je la trouve faible, s'amaigrissant, et, par bien des signes, montrant qu'elle dépérit sous le souffle de l'amertume, du trouble et du chagrin.

C'est à ce moment qu'il m'a dit sa pensée. «Je le vois, Marthe ; c'est devant ces signes que je recule. Mon idée était de voir comment ira ce séjour, et de me laisser guider d'après le mieux ou le pire ; mais, remué depuis tant de temps, et n'ayant plus l'âge où cette véhémence se supporte, je me sens fléchir à hâter cette réponse, et finir ce combat...... Que le ciel me soit en aide! » a-t-il répété; et, comme on approchait, nous nous sommes tus. Mais j'avais pu deviner assez quelle sera sa réponse à la bonne lettre de M. le Pasteur, d'où j'ai ressenti une joie qui ne me quitte plus.

Nous sommes arrivés à la maisonnette. C'est sur le penchant du mont. Quand il a fallu quitter le char, mamselle Louise s'est avancée pour descendre; mais, faible qu'elle est, et émue de ce changement de situation, comme aussi honteuse de tout regard (il y avait là les hôtes de la maison, et des gens du village), elle a, dans son trouble, manqué l'essieu, et, ainsi trompée dans son mouvement, elle est tombée assez rudement, sans toutefois se blesser autrement qu'au bras, une contusion de peu de chose. Elle a été aussitôt debout; mais j'ai vu sur la figure de M. Reybaz plus de signes d'effroi que je n'eusse pu croire. Il n'a rien dit, ni ne s'est beaucoup enquis du mal, sa fille d'ailleurs lui affirmant qu'elle n'en avait aucun; mais troublé et rempli d'angoisse, il ôtait précipitamment les paquets, sans ce soin qu'il met toujours aux choses domestiques. Entrée dans la maison après lui, je l'ai vu qui s'était assis dans une chambre basse, en dehors du passage, regardant le carreau, et s'essuyant le front de son mouchoir, sans songer à l'établissement, ni aux affaires d'arrangement, qui se sont faites par les soins de Mlle Louise.

Le soir, on a soupé tristement, sans se rien dire de ce nouveau séjour. C'est M. Reybaz qui m'a dit qu'ici je ferais table avec eux ; et après que mamselle Louise a eu embrassé son père, on s'est retirés. Mais M. Reybaz, tard encore, était assis sur une rocaille qui est à deux pas du jardin.

Voilà, M. le Pasteur, comment s'est passée cette journée. Bien que mamselle éprouve une fatigue qui indique assez combien elle a déjà perdu de forces, et que sa tristesse ait redoublé quand elle s'est vue dans cette maison étrangère, je suis heureuse néanmoins en pensant que ces maux vont finir; car il me semble impossible que monsieur Reybaz, dans l'état où je l'ai vu, hésite à sortir de ce combat par la seule porte qui lui soit laissée. Que le bon Dieu l'y incline! c'est la plus ardente prière que lui adresse votre bien respectueuse et affectionnée servante,

MARTHE.

LETTRE XLVI.

MADAME DE LA COUR A CHAMPIN.

Verrèze, dans le Val d'Aoste.

Ces deux mots, M. Champin, pour approuver ce que vous avez fait. Quant à cette maison de la rue du Temple, bien que vous ignoriez peut-être la valeur assez grande de cet immeuble, je ne refuserais pas d'acheter à ce prix un service qui me rendrait mon fils.

Je suis maintenant auprès de lui. Dans quel état l'ai-je trouvé, grand Dieu!... Et encore, je doute qu'il y ait remède... Instruisez-moi, je vous prie, de ce qui se passe à la Cure.... La plus grande difficulté, c'est de ranimer ses espérances. C'est à peine si je puis aborder ce sujet sans qu'il le repousse avec désespoir.... Votre lettre venue sur ces entrefaites, pour m'apprendre les irrésolutions de M. Reybaz, m'a remplie d'effroi!... Que deviendrai-je, si tout ce que je dis ici ne se trouve être que tromperie? Agissez, M. Champin; j'ai honte de vous y porter, mais je suis si malheureuse!

Si mon fils reprend quelque courage, mon intention est de quitter le plus promptement possible cet endroit misérable. Je donnerai des ordres pour que vos lettres me parviennent à Turin, où je compte le conduire, et peut-être séjourner quelque temps. Instruisez-moi de tout. Plusieurs fois, dans mon impatience, j'ai été sur le point d'écrire directement à M. Reybaz, ou à M. Prévère. Tenez-moi fidèlement au courant, pour que je ne risque ni d'écrire mal à propos, ni de manquer l'occasion de le faire.

Je suis, etc.

Julie de la Cour.

LETTRE XLVII.

LE CHANTRE A CHAMPIN.

De Mornex.

M. Prévère doit être encore à la ville. Tu y monteras, et tu lui remettras l'incluse, dont néanmoins il t'est loisible de prendre lecture auparavant, si c'est ton envie.

J'ai lu ta lettre, je l'ai pesée, et je t'en remercie. Comme père, je donne droit à M. Prévère; bien que, de penchant, j'incline pour ton dire. Le combat fini, ne le recommence point; abstiens-toi de juger, et, si tu veux me plaindre, que ce soit sans que j'aie à t'entendre.

Me trouvant ici, j'y resterai le mois, tout au moins. Si, durant ce temps, tu ne m'écris pas, j'en aurai plus de repos. En revanche, je ne passerai pas par la ville, au retour, sans t'aller voir.

Ton affectionné,
Reybaz.

LETTRE XLVIII.

(Incluse dans la précédente.)

LE CHANTRE A MONSIEUR PRÉVÈRE.

De Mornex.

Ma réponse, Monsieur Prévère, c'est que je pardonne. Si c'était pour contredire, je déduirais mes motifs; mais pour être d'accord, ce n'est pas la peine. Annoncez la chose, tant à Charles qu'à Louise. Je ne lui en ai rien dit, et je ne m'en veux pas mêler.

Votre affectionné,

REYBAZ.

LETTRE XLIX.

CHAMPIN AU CHANTRE.

De Genève.

Tu le veux, ainsi soit-il! Ta commission sera faite; pas de suite pourtant : M. Prévère étant reparti ce matin pour la Cure. Il ne reviendra que dans quatre jours. Tu as donc encore le temps de songer et de te dédire, j'entends de tirer ta fille du gouffre où, contre toute raison et tout devoir, tu vas la précipiter, après avoir pris sur toi de lui refuser un parti honnête et brillant.

Te juger? c'est déjà fait, n'étant pas de ceux qui jugent après coup. Pour ce qui est de te plaindre, j'en ai peu le loisir, t'ayant bien averti, et t'avertissant encore. Mais plaindre ta Louise? ceci, je n'y manque pas ; et sans t'en parler, puisque enfin tu crains déjà le reproche. Tu n'éviteras pas les tiens ! Reybaz. Reviens donc à toi, sauve ta Louise ! Le temps t'en est laissé, par un bonheur du ciel.

Pour ce qui est de ne pas t'écrire, comme tu m'y invites, on s'y serait conformé plus tôt, si seulement tu avais fait signe. Sois donc en repos, si tu peux, et ne te fais de moi souci aucun.

Rien qu'un mot, sans plus : *Tu ne sais pas sur ce jeune homme tout ce que je sais.*

Champin.

LETTRE L.

CHAMPIN AU MAIRE DE NYON.

De Genève.

Il devient urgent, Monsieur le Maire, que vous me donniez un coup de main. C'est pour que je puisse obliger un ami qui, avant trois jours, peut s'être embourbé sans remède, si je ne l'en ai détourné, preuve en main. Importuner autrui pour faire une bonne action, ça s'excuse, et ainsi espéré-je de votre part. J'aurais couru moi-même à Gex, si j'étais qualifié pour. Mais où un maire se fait écouter, un pauvre diable se fait éconduire.

Depuis votre dernière, j'ai fait une course sur les lieux. Ils ne savent rien dans le hameau où l'enfant a été exposé, mais ayant poussé jusqu'à Saint-Genis, qui est sur la route que durent suivre ces misérables, j'ai recueilli davantage, en ce que, grâce au ciel, ils eurent l'idée d'y voler quelques nippes, d'où l'attention fut éveillée sur eux, et leur nom connu. Je vous l'écris comme ils le prononcent. C'est *Schindler* ou *Schinder*. Le jour de leur passage, consigné au procès-verbal dressé par le maire, tombe juste sur la date du jour qui sépare celui où ils quittèrent le bois, de celui où ils furent éconduits de Nyon; en sorte qu'il n'y a nul doute que ce ne soient les parens de l'enfant.

Vous rendriez donc, Monsieur le Maire, un important service à une famille respectable, et à moi, votre serviteur, si vous aviez la trop grande bonté de faire faire à Gex la vérification du nom, d'y recueillir tous les renseignemens possibles sur ces gens, d'en faire signer la déclaration à qui de droit, et de me retourner le tout, y compris la note des frais, lesquels seront acquittés sur l'heure. Seulement vous prie-t-on de n'oublier pas, Monsieur le Maire (je vous en fais mes excuses), que trois jours, au plus, est le terme fatal, après lequel une famille respectable peut se trouver déshonorée à son insu, faute d'un peu d'aide des autorités. Pour ce qui est du jeune homme, on est discret, et on peut donner sa parole d'honneur que ni lui, ni âme vivante, ne sera instruit, non plus que lésé, par rapport à cette information.

En vous réitérant mes instances, Monsieur le Maire, j'ai bien celui d'être avec un profond respect, Monsieur le Maire, votre très-humble et très-obéissant serviteur,

CHAMPIN.

LETTRE LI.

MONSIEUR PRÉVÈRE A LOUISE.

De Genève.

Je vous envoie ci-incluse la lettre de Charles, ma chère amie. Il me l'a remise ce matin, à mon retour de la Cure, où j'ai passé ces deux derniers jours. Comme il a désiré que je pusse vous l'adresser moi-même, je profite avec un bien vrai plaisir de cette occasion, pour m'entretenir quelques instans avec vous.

Que je vous dise, ma chère enfant, que Charles est entièrement rétabli depuis quelques jours : ses forces sont revenues, il commence à sortir, et je suis dans ce moment à la ville pour tâcher d'organiser la reprise de ses travaux. Que je vous dise encore, qu'il a toute la volonté et tout le courage, que, dans ces circonstances, nous aurions pu désirer plutôt qu'espérer; et puisse la certitude que je vous donne des dispositions qu'il manifeste, contribuer à répandre quelque paix sur vos journées!

J'ignore ce que contient cette lettre que je vous transmets, mais je ne puis supposer que vous la lirez sans éprouver cet ébranlement que je voudrais tant vous épargner. De grâce, mon enfant, fortifiez-vous contre ces émotions, évitez de les prolonger, et, certaine que Charles est courageux, et que je veillerai sur lui et sur son bonheur tant que la bonté de Dieu me laissera un souffle de vie, réfugiez-vous, je vous en conjure, avec quelque calme, dans le doux sentiment du sacrifice que vous avez fait à la volonté, mais surtout à la paix et au bonheur de votre excellent père. C'est là pour vous, Louise, le vrai germe de consolation et de force, destiné à croître, à grandir, pour abriter vos douleurs. J'en ai l'espérance, les jours sereins reviendront.

Ecouterez-vous mes avis, reconnaîtrez-vous les droits de mon amitié, si, au milieu de vos peines, elle vous demande encore des choses difficiles? J'ai bien abusé de ces droits, chère enfant, mais votre douceur m'y encourage, comme ma sollicitude m'y porte sans cesse. Reprenez peu à peu vos occupations d'autrefois, je vous en prie; surmontez les premiers dégoûts en vue de me faire plaisir, et, plus tard, vous retirerez des fruits salutaires de cette distraction apportée à vos tristes pensées. Que ces travaux d'aiguille, que ces soins domestiques où s'écoulaient bien des heures, que la lecture et ces momens d'étude où vous trouviez du charme, ne soient point abandonnés; que nos entretiens, lorsque vous reviendrez à la Cure, ne soient pas exposés à tarir faute d'objet; et songez, Louise, vous qui faites tant pour les autres, que je serais frustré de ce qui fut pour moi si longtemps le plus doux aliment de mes journées. Que si j'osais, je vous exhorterais encore à ne pas fuir toute société. Vivre tout à fait retirée, ce serait vous priver du plus actif moyen de distraction; car, dans le commerce des autres, il y a nécessité que l'esprit soit présent, que la peine se taise, et cette nécessité allége en quelque sorte un effort qui, à l'avance, paraît impossible. D'ailleurs, Louise (mais je suis sûr que vous en avez le sentiment), il importe tant qu'une jeune fille n'attire point la curiosité, même par les plus innocentes choses!

Encore un mot, avant que je vous laisse avec Charles. Je suis bien seul, Louise; vous, votre père, Charles, Marthe, tout ce que j'aimais est absent de la Cure ; ayez un peu pitié, écrivez-moi. Que je n'ignore point comment se passent vos journées ; que vos loisirs, que vos momens, ne me soient point étrangers : s'ils sont calmes, j'en jouirai, les miens s'embelliront ; s'ils sont mauvais, sombres, mon amitié n'y pourra-t-elle rien? Du moins souffrira-t-elle plus à les ignorer, qu'à y entrer en part.

Adieu, ma chère enfant; mes tendres amitiés à vous tous, et dites à votre père que Brelaz, son remplaçant, chemine à ma satisfaction.

Prévère.

LETTRE LII.

(Incluse dans la précédente.)

CHARLES A LOUISE.

De Genève.

Depuis deux jours seulement, j'ai votre lettre... Il est donc vrai qu'au milieu de la plus affreuse peine, il peut y avoir des transports de bonheur! En lisant ces lignes, tout s'effaçait, tout s'efface encore; il me faut de la réflexion, du calme, pour retrouver la douleur.

Vous êtes, Louise, un ange du ciel. Votre voix me parle d'en haut, votre visage m'apparaît comme du sein des blanches nuées; je ne sais quelle sagesse tendre, quelle bonté céleste s'exprime par votre bouche, quels traits pénétrans et doux s'échappent de vos accens, et portent jusqu'au fond du cœur le respect avec l'amour, le calme avec le transport!

Ces lignes ne me quitteront plus, c'est le trésor qui me reste : trésor grand, immense, si je n'en avais possédé un plus immense encore. C'est l'aliment dont mon cœur veut se nourrir, c'est l'ami dont le vœu sera ma règle, et le conseil, ma loi suprême.... De quoi me plaindrais-je? Avec quel mortel au monde voudrais-je échanger ma misère?... Quoi! j'ai eu votre tendresse, j'emporte votre affection, votre estime!... Doux sentimens, gloire, bonheur que je ressens en cet instant, inondez mon cœur, chassez-en les regrets qui le serrent, rendez-lui la force et la vie!...

Pardonnez, Louise, ce dernier essor d'une ivresse bientôt condamnée à se taire. Il faut, je le sais, quitter ce ton, cesser ce langage, refouler ce flot qui déborde.... Je le ferai, c'est votre vœu; et que me reste-t-il donc qui puisse encore sourire à mon âme, si ce n'est de vous complaire une dernière fois, en suivant de loin vos exemples! Ne redoutez donc point mes paroles,.... ces lignes seules m'ont été pénibles dans votre lettre, où vous semblez craindre de ma part un emportement irrespectueux, ou d'indiscrets transports.

Ah! sans doute, Louise; sans doute, quand j'ai été tout à coup précipité, du bonheur suprême, dans cet abîme où me voici plongé, mon désespoir n'a plus connu de bornes, et dans le délire où j'étais, j'ai pu m'oublier, et répandre en paroles violentes l'amertume de mon cœur; j'ai pu méconnaître que le père de Louise a droit à tous mes respects... Mais, aujourd'hui, je ne viens plus que m'accuser auprès de vous de ces momens d'oubli; et, en renonçant à votre main, puisque telle est sa volonté, reconnaître, qu'avec le respect, je lui dois ma reconnaissance pour les jours de bonheur qu'il me permit de goûter, au prix de sa tranquillité, de ses penchans, et au sacrifice de ses plus légitimes vœux.

En effet, Louise, je ne m'abuse plus, et j'apprends à connaître qui je suis. Je vois que je suis marqué d'une tache ineffaçable. Il y a dans ma naissance quelque chose qui attire le mépris des hommes, même des meilleurs; et telle est l'impression que j'en reçois, qu'il m'arrive de trouver quelque consolation dans l'idée que, ce poids, je le porterai seul. J'ai cru longtemps que votre père me repoussait avec joie, ou m'acceptait avec regret, par l'effet d'un préjugé qui lui était personnel; c'est que je vivais auprès de vous trois, et que, le comparant à vous et à M. Prévère, je ne pouvais alors avoir une autre opinion. Mais depuis, je suis entré dans le monde, j'ai vécu parmi les hommes; et partout, et toujours, j'ai senti que je ne suis l'égal d'aucun d'eux, même des plus humbles, même des plus misérables. Alors j'ai jugé différemment celui envers qui j'étais injuste, je lui ai voué une estime sincère, et il m'est arrivé plus d'une fois, Louise, de m'attendrir, de pleurer de reconnaissance en songeant que M. Reybaz, partageant autant et plus peut-être que les autres hommes ce préjugé qui me condamne, avait eu néanmoins cette noblesse d'âme et cette droiture de cœur, que de n'y pas condescendre, et d'en faire le sacrifice à ce qu'il jugeait être votre bonheur et le mien. Je n'oublierai point cette faveur qu'il me fit; et si je l'oubliais, l'avenir, qui sûrement ne m'en réserve plus de pareille, m'apprendrait à replacer votre père à ce haut degré d'estime où je l'ai mis dans mon cœur. Il vous ôte à moi maintenant; mais par d'autres motifs, du moins légitimes s'ils ne sont justes, et auxquels je me soumets sans murmure. C'est cette soumission entière et respectueuse dont je lui donne l'assurance dans la lettre incluse, que je vous prie de lui remettre.

Ainsi, Louise, j'obéis avec vous; oui, comme vous le dites, avec cet accent angélique qui n'appartient qu'à vous, Charles vous approuve, Charles vous soutient, Charles se fait votre frère.... Ah! bien plus; il vous admire, il est encore heureux de ce que vous l'associez à votre filiale soumission, et, loin de murmurer, il ploie, en respectant, en bénissant l'homme à qui il dut une félicité telle, qu'encore que nulle joie ne vînt luire désormais sur sa vie, il devrait compter parmi les heureux d'entre les mortels.

Et puis, Louise, amie généreuse et tendre, qui étais-je pour que le Ciel m'unît à vous! Sur ce point aussi j'ai réfléchi, et un triste savoir des choses que j'avais ignorées, me ramène à une humilité tardive et accablante. Non! il ne pouvait se faire que celui qui est mis si bas dans l'opinion des hommes, fût placé si haut par la destinée, que de devenir votre époux. Si, à la vérité, je n'accepte pas ce mépris qui pèse sur ma naissance, encore moins sais-je me roidir contre le fait que ce mépris existe; et me persuader qu'il fût juste, qu'il ne fût pas indigne de moi, d'altérer en quelque degré le pur éclat qui vous environne. Non, Louise, ce furent des illusions que le temps devait détruire; M. Prévère les caressait, vous les partagiez, charmante amie, et moi, dans mon ignorance, j'en savourais les délices;... votre père seul, resté dans la réalité, cédait avec répugnance, ce que l'opinion devait le blâmer un jour d'avoir cédé....

Triste savoir, amère expérience que celle que j'acquiers!... Mais que fussé-je devenu, si ces affreuses découvertes m'eussent surpris sans défense, sans que je trouvasse rien en moi, rien dans ma vie passée, à leur opposer? Où est la fierté qui, profondément blessée, toujours blessée, peut ployer toujours? Où est la fierté qui consent à choisir entre l'outrage ou la pitié? qui sans cesse en butte à l'invisible atteinte d'un préjugé barbare, ne s'y brise pas plutôt que de fléchir sous lui? Mais, j'en bénis la Providence, il suffit à la mienne d'avoir été aimé de Louise, aimé de M. Prévère; cette assurance la calme, ce souvenir la fortifie, elle peut désormais être mise à l'épreuve, et s'exposer, sinon sans dégoûts, du moins sans danger, au contact des hommes. Ainsi, Louise, encore après vous avoir perdue, le malheureux qui vous parle vous devra tout; votre image est là pour embellir sa misère, pour guider ses pas dans cette route aride et morne, pour le défendre contre un désespoir qu'avec elle il pourra dompter, mais qui sans elle l'aurait déjà perdu.

Détournons nos yeux.... C'est à votre lettre que je veux répondre. Mais pourquoi, chère amie, ne cédâtes-vous pas à cet embarras qui vous portait à taire une pensée qui m'afflige, qui m'outrage presque?... Louise, quel impossible vœu osiez-vous former! quel funeste conseil traçait votre plume!... Voudriez-vous donc m'ôter le seul bien qui me reste, et pensez-vous que, sans ce culte, qu'en renonçant à vous mon cœur vous conserve, la mort ne me parût pas mille fois préférable à la vie?... Dois-je vous apprendre que mon bonheur a fini, et que je n'en attends point d'autre?... Souffrez donc que j'en emporte les débris, que je les conserve purs, intacts, sacrés! Ne me conseillez pas, ne me souhaitez jamais de désirer d'autres trésors!... Des sermens? Liens misérables! vaines et trompeuses formules, bonnes pour les cœurs qui doutent d'eux-mêmes!... Des sermens? J'en ferais, si je savais qu'ils pussent me préserver de vous oublier; mais le sentiment qui me possède est plus fort que tous les sermens, et je consens à ne pas me lier pour les temps où il n'aurait plus d'empire.

Et ne me dites pas, Louise, qu'en usant ici de mon droit le plus cher et le plus sacré, je témoigne que je veux nourrir des espérances qui me sont interdites, que je ferai peser sur votre père une odieuse responsabilité, que je vous tourmenterai à toujours.... Vous douteriez donc de la sincérité de ma soumission, de mon respect pour votre père, bien plus! de ma tendresse pour vous. Fiez-vous à ce seul sentiment, chère amie, et que vos alarmes se dissipent. Par ce sentiment, je puis tout ; mais si vous me condamniez à en éteindre la flamme dans d'autres affections, c'est bien alors que sans force, sans courage, avili à mes propres yeux, vous pourriez tout craindre de mon découragement ou de mon désespoir.

Rétractez donc ce vœu, Louise; plus de ces sinistres paroles qui répandent le trouble dans mon âme. Si vous les renouveliez, bien qu'incapable jamais d'y condescendre, elles n'en seraient pas moins comme un odieux et nouvel obstacle que vous tenteriez en vain d'élever entre vous et moi, comme une défense à ma pensée elle-même d'errer autour de vous.... Louise! vous qui dites : Au delà, je reste libre!... vous qui comblez de joie et de consolation celui même à qui vous êtes ravie, en lui disant que votre cœur ne se sera donné qu'une fois.... vous, de la même plume, sur le même papier, vous enjoindriez à cet ami d'immoler sa liberté, d'être parjure à son propre cœur, de le donner deux fois !.. Non, une sollicitude généreuse, de fausses alarmes égaraient votre pensée ; et aujourd'hui déjà, j'ai la conviction que, revenue de votre erreur, vous comprenez que vous demandiez des choses funestes, impossibles ; et que si je puis supporter le coup qui me frappe, si je puis renoncer à vous voir, à vous parler, à vous écrire jamais, c'est parce qu'il reste du moins à mon cœur un monde où vous êtes, où il peut vous aimer sans contrainte, sans partage, sans fin, et, à ce prix, chérir encore la vie !

J'en viens, Louise, à un autre vœu que vous n'eûtes point d'embarras à former, et que vous entourez de tous les motifs qui peuvent me le rendre aimable et cher. Oh ! qu'ici votre sollicitude m'est douce ! que vos avis me sont précieux ! que les instances de votre raison élevée, tendre et pieuse, m'entraînent mollement vers ces rivages où vous voyez un port pour votre ami ! Je n'avais pas renoncé encore à cette belle carrière, toutefois j'avais peu de courage pour surmonter les obstacles récens qui m'en ferment l'entrée ; mais que ne pourrai-je pas si, soutenu par la pensée de vous complaire, j'apporte à cette poursuite difficile, la persévérance, la modération et le courage ! Que ne pourrai-je pas, quand le doigt même de Louise me montre le but, quand sa main me soutient, quand sa douce voix m'encourage, quand ses éloquens accens rallument une ardeur éteinte, et relèvent une volonté brisée !

Ainsi, Louise, je vous en donne ici l'assurance: à cause de vous, à cause de moi, et par les raisons que vous m'exposez, je me vouerai, en tant que cela dépendra de moi, à la carrière du saint ministère. J'y veux chercher l'indépendance et la paix, j'y veux mettre à l'abri, et ma faiblesse et mon infortune, j'y veux chercher un refuge contre les mépris et un aliment à quelques vertus, j'y veux, de loin, de bien loin sans doute, suivre les traces, imiter les exemples de M. Prévère, réjouir son cœur, honorer ses leçons, surtout ne pas me montrer trop indigne d'avoir été formé à la même école où vous cultivâtes tant de vertus qui vous parent, et dont votre modestie seule ignore le vif et charmant éclat. Je veux, Louise, en me faisant le serviteur et le ministre de Jésus-Christ, vaincre cette fierté, dompter cette véhémence dont vous redoutez les écarts, nourrir dans mon cœur l'humilité et l'amour des hommes, tendre sans cesse à briller un jour de ce doux éclat « que le monde ne peut ternir, parce que c'est un rayon d'en haut; qu'il ne peut retirer, parce qu'il ne l'a pas donné ; qu'il honore, parce qu'il lui est doux et bienfaisant ! » Ce sont vos éloquentes paroles, c'est la vérité même, et, dans votre bouche, elle a toute autorité sur moi.

Enfin, Louise, vous, si tendre et si craintive, écoutez encore. Je veux que, en apprenant que vous m'êtes ôtée, nul n'ait jamais lieu de voir en moi une victime ; et je réserve pour atteindre ce but, tout ce que je puis avoir de vigueur et de courage. Loin qu'à cause de moi le monde puisse jamais blâmer votre respectable père, je veux, fiez-vous-en à celui qui aime votre repos bien plus encore que sa vie, je veux qu'il ne s'en occupe pas, ou, s'il s'en occupe, qu'il le justifie, qu'il l'approuve. Mais le monde ! vous ne le connaissez pas, Louise, vous le jugez d'après vous : le monde l'eût blâmé, votre père, de vous avoir donnée à moi ; pourvu que je vive, pourvu que je travaille, pourvu que je parvienne, de quelque manière que ce soit, et à quoi que ce soit, le monde ne songera pas même qu'il puisse y avoir à blâmer; il me citera comme un vivant exemple de son indulgence, il m'estimera trop heureux encore pour un misérable que sa seule naissance devait priver de tous biens. Voilà, Louise, n'en doutez pas, ce que pensera le monde. Et s'il est injuste envers votre digne père, ce sera bien plutôt en ne louant pas ses bontés à mon égard, qu'en blâmant ses rigueurs. Ainsi, plus d'alarmes, chère amie; vous ne sauriez les conserver que vous ne fissiez injure à mon affection pour vous, ou à la sincérité du respect que je professe ici pour l'auteur de vos jours.

Oh! combien la douceur de m'entretenir avec vous endort ma peine!... Que je serais heureux, encore aujourd'hui, même en renonçant à vous, sans cette désolante idée que je vous écris pour la dernière fois!..... Pour la dernière fois!!..... Entretiens charmans, commerce enchanteur, lignes chéries où tout parlait à mon cœur, émouvait mon âme, charmait, éclairait ma pensée!.. Ainsi donc, tout m'est ôté à la fois, et, de ce breuvage enivrant, la source est donc tarie?....

Du moins, vous me laissez vos lettres. Aurais-je pu m'en séparer? je ne veux ni le savoir, ni le dire. Mais aux paroles dont vous accompagnez ce bienfait, j'ai senti faillir mon courage...... Non, je ne puis être à l'épreuve d'une tristesse aussi tendre! Quand vos regrets viennent s'unir aux miens, la mesure se comble, l'amertume déborde de toutes parts... Ah! malheureux!..... Pourquoi ce fer sur mon chemin?...... L'avais-je cherché!...... Que ne m'ôtait-il la vie, puisqu'il devait vous ôter à moi!....,

Je m'arrête...... Je veux finir sous l'empire des sentimens et des résolutions qui vont régler ma vie nouvelle. Chère Louise! vous, de tout temps la bien-aimée de mon cœur, vous qui fûtes et qui serez toujours ma providence..... je vous quitte. Puissé-je, de loin, vous savoir heureuse et paisible!.... Qu'au-dessous de ces témoignages d'estime et d'affection que j'emporte, et qui vont réjouir ma vie, je ne sente pas la sourde et poignante amertume d'avoir empoisonné la vôtre, et détourné de son cours fortuné votre innocente destinée!..... Je suis plein de force, rempli de courage! Je veux être heureux, je puis l'être, je le serai, n'en doutez pas un instant, Louise, je le serai, si seulement, par vos efforts et à mon ardente prière, vous recouvrez la félicité au sein des affections qui vous entourent, et dans celle aussi dont les débris seuls suffisent encore au bonheur de

votre CHARLES.

LETTRE LIII.

CHARLES AU CHANTRE.

De Genève.

Monsieur Reybaz,

Avant d'en venir à ce qui fait l'objet de cette lettre, j'ai des excuses à vous faire pour les paroles emportées dont j'ai pu me servir avec vous, dans un moment où le désespoir et la maladie me rendaient moins capable de mesurer mes expressions sur le respect et l'affection que je vous dois, et que je vous conserverai toujours.

Je vous remercie, M. Reybaz, pour bien des bontés que vous avez eues envers moi, pour les jours de bonheur dont je vous suis redevable, et surtout pour le sacrifice que vous aviez fait, en m'accordant la main de votre fille. Je reconnais que vous avez pu, après une imprudence que vous considériez comme une faute grave, et comme un empêchement à ma carrière, me retirer légitimement une promesse que je devais à votre générosité.

C'est dans ces sentimens, M. Reybaz, que je déclare me soumettre volontairement et sans réserve à vos intentions, et qu'en renonçant pour toujours à la main de votre fille, je ne cesserai d'adresser à Dieu mes plus ardentes prières pour son bonheur et pour le vôtre.

Votre très-dévoué et respectueux

Charles.

LETTRE LIV.

LOUISE A MONSIEUR PRÉVÈRE.

De Mornex.

Il est temps, M. Prévère, que je réponde à votre affectueuse lettre. Dans la situation où je suis, elle m'a rendu un peu de ce courage dont j'ai si grand besoin. Sans votre appui, sans vos conseils, sans votre indulgente amitié, que deviendrais-je, ainsi désolée, ainsi accablée par une lutte si ancienne, bien qu'à diverses reprises elle ait changé de nature? Ne m'abandonnez point! Vos lignes sont puissantes sur moi ; je veux suivre vos avis, je veux fuir les larmes ; je veux fuir le découragement, j'ai hâte, j'ai soif de retrouver quelque calme, si ingrat, si morne qu'il puisse être....

Cependant, mon cher maître, faible comme je suis, ne demandez point que je concentre tout dans mon cœur. Si je réserve mes forces pour rendre la paix à mon père, et pour cacher à Marthe elle-même cette tristesse qui me ronge, que du moins je puisse vous la laisser pénétrer; que j'aie cette consolation de savoir qu'il est au monde une personne à qui je peux ouvrir mon âme, et que cette personne est vous, vous seul, vous que c'est mon bonheur de vénérer et de chérir, l'unique qui me reste pur et entier !

J'ai à vous instruire de ce qui se passe ici. Mais auparavant, que je vous parle de la lettre que vous m'avez fait parvenir. Oh! Monsieur Prévère, tout m'est contraire, mes vœux même conspirent contre moi !.. Cette lettre, je la craignais emportée, irrespectueuse pour mon père, menaçante pour Charles; et si elle eût été telle, elle m'eût fait, je crois, moins de mal... Mais à cette tristesse résignée, à cette fierté qui se soumet, à ce langage tendre, respectueux, noble, rempli d'un courage calme, inspiré par le plus touchant dévouement... M. Prévère! que je vous dise tout !.. la pitié, l'admiration, le regret, l'amertume, ont à l'envi inondé mon cœur, ils y ont reporté l'orage et l'angoisse; j'ai douté si je puis rompre une si forte attache, et, ce combat dont je me croyais affranchie, il a fallu le recommencer, pour en sortir plus brisée, moins forte, aussi accablée par la victoire que j'eusse pu l'être en succombant. Que votre voix me soutienne! M. Prévère... Je rougis de ma faiblesse.... mais elle est trop grande, trop prête à renaître, pour que je vous la cache. Soutenez-moi!

Pauvre jeune homme que je délaisse! ami digne de toute tendresse et de toute estime; que nous repoussons loin de nous, complices que nous sommes d'un monde injuste, de préjugés détestables! Une âme si droite, un cœur si expansif, un esprit si aimable, si gai, si heureux jadis.... le charme et l'aliment de ma vie, celui qui en remplissait les heures, quelquefois d'alarmes soudaines, mais bien plus souvent de sentimens vifs, chers, pleins de mouvement et d'attrait; celui que j'aimai toujours, dès mes plus jeunes ans, jusqu'à ce que j'apprisse à l'aimer chaque jour plus encore, à ne voir plus ma destinée que dans la sienne, mon bonheur que dans cette affection que je lui portais!... Frappé d'un coup si cruel, dépossédé de tous biens dans le présent et dans l'avenir, le voilà qui s'efface, pour ne songer qu'à moi; le voilà qui, brisé de douleur, retrouve le sourire pour le ramener sur mes lèvres; qui, découragé, me promet le courage; qui, désespéré, feint le calme; qui, profondément blessé, masque ses blessures, et ne respire que douceur et modération!...

Je vous envoie sa lettre, M. Prévère; après que vous l'aurez lue, vous excuserez le désespoir où je suis retombée; comme moi, vous connaîtrez mieux encore, que ce jeune homme, malgré des défauts, malgré des écarts, et surtout malgré cette tache qu'on impute à sa naissance, est une créature noble, brillante de qualités aimables et excellentes, un caractère de choix, dont le feu et l'énergie ne le cèdent qu'à cette droiture plus grande encore, à cette sensibilité douce et vive tout ensemble, dont les exemples sont si rares!

En relisant ces lignes, cher Monsieur, et le ton dont je vous y parle, j'en éprouve de la honte.... Ne m'égaré-je point?... Il m'arrive de le redouter, au milieu du trouble qui me possède, et des efforts que je fais pour me contraindre. Toutefois, j'écris à un maître plein d'affection et d'indulgence; je lui manquerais plus, ce me semble, en voilant de quelque artifice l'état de mon âme, qu'en lui laissant voir tout ce qui s'y passe. Pardonnez donc, mon cher maître!

Nous voici établis depuis deux jours dans cette nouvelle retraite. J'y éprouve comme un poids d'accablement, d'ennui, d'amère solitude. Ce pays si beau, ce vallon si paisible, toute cette nature empreinte de calme et de silence, ne m'offre qu'un contraste douloureux avec le trouble où je vis; elle me reporte sans cesse aux temps où je jouissais avec ivresse de ces mêmes impressions; sans cesse elle ajoute à ma peine présente, l'odieux sentiment d'un vif retour aux joies d'autrefois. Il est d'ailleurs impossible d'être mieux que nous ne sommes, accueillis par de meilleures gens que ceux qui nous entourent, ni plus libres de nous comporter en toutes choses selon notre fantaisie. Si mon père recouvre assez de paix pour retourner à ses habitudes, il y a un petit jardin contigu à l'habitation, qu'il pourra gouverner et labourer à son gré.

Mais, M. Prévère, ce pauvre père me fait une pitié profonde. Je connais si bien la droiture de ses motifs, sa justice, sa tendresse, son entier désintéressement en tout ce qui me touche! et je le vois, pour des répugnances qui se confondent en lui avec sa justice, avec sa tendresse, pour des préjugés qui font corps avec sa conscience, faire son malheur et consommer le mien, sans que je puisse lui porter aucun secours! Il ne peut pas ne pas faire ce qu'il a fait, et cependant ce qu'il a fait le déchire, l'alarme; je l'ai vu prêt à revenir sur ses pas, prêt à tout oublier, et puis se vaincre, avec un douloureux effort, par la certitude où il est, qu'en agissant ainsi, il aurait à se faire des reproches pires encore.

Aussi était-il, en arrivant ici, sombre et abattu comme il ne m'était point encore arrivé de le voir. En descendant du char qui nous avait amenés, j'eus la maladresse de me laisser tomber, sans d'ailleurs me faire aucun mal; en me relevant, je le vis pâle, défait, en proie à une violente agitation intérieure, m'accablant de caresses, pour se retirer bientôt à l'écart, et ne plus reparaître dans cette soirée. J'eus le loisir alors de réfléchir de nouveau sur ma situation, sur celle d'un père si vénérable, si dévoué, à qui je n'ai encore donné que des joies inquiètes, ou des tourmens sans cesse renaissans, et, émue de reconnaissance envers lui, pénétrée du regret d'avoir si peu fait pour son bonheur, et de la crainte d'empoisonner ses vieux jours, je résolus de lui montrer plus de courage et de contentement, de lui rendre, s'il m'était possible, le calme qu'il a perdu, et la joie qu'il ne connaît plus.

Hier matin, il fut aussi triste, et, contre mon attente, il s'enquit peu de moi, préoccupé qu'il était par ses pensées. Mais, vers dix heures, ayant envoyé à la ville un enfant, pour y porter à son ami un billet dont j'ignore la teneur[1], il revint à moi plus tranquille, et s'informa de choses relatives à notre demeure. Dès lors je m'efforçai de lui paraître courageuse et satisfaite. Je lui assurai que cette demeure et ce pays me plaisaient beaucoup; que je ne doutais pas que je ne m'y fisse grand bien, si seulement je l'y voyais heureux et disposé à retrouver le calme, comme je l'étais moi-même. J'en étais là, lorsque arriva votre lettre. Je me retirai dans ma chambre pour la lire, ainsi que celle de Charles; et je vous ai dit comment cette dernière me fit chanceler dans mes résolutions, et perdre encore une fois tout courage. J'achevai ma journée, seule, et sans que mon père, contre son ordinaire, épiât ma tristesse et mes larmes.

Ce matin, j'avais repris quelque force, surtout j'avais à remettre à mon père la lettre que Charles lui adresse en renonçant à moi. Je suis allée le rejoindre dans le jardin. Il tenait lui-même un billet de son ami, que la messagère venait d'apporter[2] : son front s'était assombri de nouveau; et ce n'est pas la première fois que j'ai cru re-

---

[1] Le billet dans lequel était incluse la lettre où le Chantre pardonne.

[2] Celui de Champin, où sont ces mots : *Tu ne sais pas sur ce jeune homme tout ce que j'en sais.*

marquer que les lettres de cet ami produisent sur lui cet effet. Je l'ai abordé avec un air tranquille : « Voici, lui ai-je dit, une lettre de Charles pour vous, mon père; elle était incluse dans celle qu'il m'a écrite avec votre permission ; c'est la dernière qu'il m'écrira... Charles est plein de résignation, de courage, de respect pour vos volontés... » Je me suis tue, car mon père venait d'ouvrir la lettre de Charles, dont je vous envoie copie ci-incluse, et, à mesure que ses yeux parcouraient ces lignes, quelque contentement, et un sentiment d'estime qu'il ne pouvait s'empêcher d'accorder, quoique à regret, se lisaient sur sa figure : « Si ces choses sont vraies, a-t-il dit, en scrutant mon visage, et si je peux croire au bien que tu éprouves... » il s'est arrêté, comme ressaisi par un doute funeste. C'est alors que j'ai protesté de toute ma force, et de la sincérité de Charles, et du bien-être que j'éprouvais en comparaison de ces jours passés, en voyant cette lutte finie, et en n'ayant plus d'autre volonté que celle d'oublier le passé, de reprendre mes distractions ordinaires, et de pourvoir à mon entier rétablissement ; qui serait d'autant plus prompt et assuré maintenant, que je n'avais plus d'inquiétudes sur Charles, et sur les dispositions avec lesquelles il supportait le changement de son sort.

Ces paroles n'ont pas produit sur mon père tout l'effet que j'attendais; et au lieu de le sortir de l'anxiété où je le vois depuis que nous sommes ici, elles semblaient l'y replonger. Hélas! M. Prévère, je ne le devine plus comme autrefois, je m'en aperçois avec un amer chagrin. Sa confiance s'est-elle retirée de moi? Les tourmens que je lui cause l'ont-ils aigri contre sa fille? Vous ne sauriez croire avec quelle tristesse je me suis vue frustrée dans l'attente où j'étais de le soulager, de le voir se livrer à moi, se prendre aux espérances que je lui offrais, et éprouver une de ces crises, muettes à la vérité, mais véhémentes, comme il est naturel à un caractère de la trempe du sien, et au sortir desquelles il est calme, et trahit sa satisfaction par d'imperceptibles signes qui n'échappent pas à mon cœur. J'ai néanmoins poursuivi, et quand je l'ai quitté, j'étais parvenue à lui inspirer quelque confiance en mes paroles.

Voilà où nous en sommes, M. Prévère. Secondez-moi, je vous en prie. Il faut que je rende la paix à mon père. Je sens que je trouverai quelque consolation à remplir ce devoir. La pitié profonde qu'il m'inspire, balance et soulage mes propres chagrins; elle me donne de la force pour agir, quand je ne saurais où en chercher ailleurs.

Tant qu'il ne me croira pas heureuse, ou en voie de le redevenir, il sera tourmenté, déchiré, reporté peut-être vers des projets qu'il ne peut plus, je ne le sens que trop, accomplir sans être plus tourmenté, plus déchiré encore ; tant les préjugés, les pressentimens, les instincts empruntent en lui de ténacité, de la droiture même de son âme, des scrupules de sa conscience, du désintéressement de sa volonté. Comme l'excès de son agitation l'avait reporté vers Marthe, qui n'a garde de lui faire un secret de mes larmes, je saurai me contraindre avec Marthe elle-même, et la faire concourir peut-être à réparer le mal dont je suis la première cause. Dieu veuille me donner la force d'accomplir cette tâche! Dieu veuille faire qu'ici je sois la seule malheureuse ! et j'aurai reçu de sa bonté tout ce que je puis désormais en attendre.

Je n'ai plus la permission ni la volonté d'écrire à Charles. Mais je crois ne point enfreindre les ordres de mon père en vous chargeant, M. Prévère, de lui exprimer, non point le trouble où m'a jetée sa lettre, mais les consolations que je puise dans l'espoir que son courage est vrai, que ses résolutions sont durables, sa résignation sincère. Dites-lui que s'il en est ainsi, Louise l'estime, l'admire, le remercie ; dites-lui qu'elle goûte, par lui seul, autant de paix et de bonheur qu'il lui est donné d'en goûter, dans le naufrage de ses espérances et de ses affections les plus chères..... Qu'ajouterais-je? Rien que vous ne sachiez lui dire avec plus de prudence et autant d'affection que moi-même ; ainsi je vous quitte, mon cher maître,..... je vous laisse avec lui; et c'est, de tout ce que je vois, de tout ce que je sais, la seule, l'unique chose qui donne une consolation véritable à

votre tendrement affectionnée

LOUISE.

LETTRE LV.

LE MAIRE DE NYON A CHAMPIN.

De Nyon.

Je suis, Monsieur, sur la trace de ces gens, et fort près de connaître leur histoire, qui n'est effectivement pas brillante. Toutefois, il m'est impossible de vous fournir des renseignemens exacts, et copie des pièces, dans le terme que vous me prescrivez. C'est à Bourg que le père a été jugé, il y a treize ans; et je ne puis, d'ici, obliger les employés à qui je me suis adressé à faire grande diligence. Que votre ami gagne donc du temps, et il pourra savoir au juste ce qu'il fait. Du reste, je m'en remets à votre loyauté, pour ne faire de ces pièces que l'usage strictement convenable.

J'ai l'honneur, Monsieur, etc.

Perrin, Maire.

LETTRE LVI.

CHAMPIN AU CHANTRE (par un exprès).

De Genève.

Ne bouge, ou tu risques d'être à jamais déshonoré, toi et ta Louise. Heureusement, ton billet est encore entre mes mains !

Dans quelques jours tu sauras d'où il sort, et tu connaîtras que, toi seul, tu pressentais juste, avant qu'on t'eût fasciné. Des malfaiteurs ! Reybaz; la prison, l'infamie !... Je ne sais pas tout. Ne bouge.

Ton ami, pas pour rien, comme tu vois.

CHAMPIN.

LETTRE LVII.

MONSIEUR PRÉVÈRE AU CHANTRE.

De la Cure.

Vous avez dû recevoir une lettre de moi, M. Reybaz. Elle est déjà ancienne, mais elle était pressante ; et je ne puis croire que vous vouliez la laisser sans réponse. J'ai su que vous aviez désiré prendre du temps pour réfléchir, mais je viens vous dire qu'il faut vous hâter, vous hâter beaucoup. Votre fille soutient une lutte à laquelle il lui est impossible de résister longtemps. Je ne vous soumets plus des doutes, des craintes, mais une conviction profonde.

Non, mon vieil et cher ami, non, je ne vous aimerais pas comme je vous aime ; je serais indigne de vous serrer jamais la main, si, par des ménagemens qui n'auraient que vous pour objet, je vous cachais le péril imminent où je vois notre Louise. Ecoutez-moi, je vous en conjure, écoutez cette alarme solennelle que j'éprouve, et que je voudrais ardemment vous communiquer, pendant qu'il en est temps encore! Encore une fois, Dieu m'est témoin qu'ici je ne songe point à Charles. C'est Louise, M. Reybaz, à qui je songe; c'est vous, mon ami. Vous vous égarez, j'en ai l'assurance, je le vois avec un effroi croissant, et j'ai, pour le voir, des lumières que vous n'avez pas. Pour vous rendre le calme, Louise vous trompe!... et plus vous la voyez tranquille et satisfaite, plus l'effort de paraître ainsi la consume, plus cette plaie qu'elle vous cache, s'étend en ravages secrets et en cuisantes douleurs. Vous le conclueriez vous-même des lettres qu'elle m'écrit, et dont je vous livre ainsi le secret, bien qu'il m'en coûte, parce que je vous le dois, parce que je livrerais ma vie pour la sauver, et vous avec elle!

Louise, M. Reybaz, aime Charles plus, bien plus que vous ne l'avez pu penser, bien plus que moi-même je ne l'aurais pu croire; elle l'aime avec une tendresse vive, ardente, profonde, que rendent plus pénétrante encore l'estime qu'elle fait de son caractère et de ses talens, et la pitié que lui inspire sa situation. Qu'elle s'abuse sur bien des points, c'est possible; mais c'est ce qui importe peu. Elle l'aime, elle l'aime, après vous, uniquement; elle ne saurait plus s'en détacher, et condamnée à rompre violemment un lien si fort, un lien qui embrassait pour elle tout son avenir, et pour Charles toute son existence, elle se consume à refouler dans son cœur brisé les sentimens qui en faisaient le bonheur et la vie. Déjà vous avez pu voir sa santé altérée profondément, ses joues pâles, ses yeux éteints, et ce courage factice qui cherche à vaincre une langueur réelle et profonde. Marthe n'ose tout vous dire, mais moi, je sais par elle ce que sont les nuits de Louise, et quels signes de dépérissement ces quelques semaines ont déjà apportés en elle.

Que je ne vous cache rien, mon bon ami. Votre fille se soumet à vous, mais non pas sans combat, je dirai mieux, non pas sans remords. Ces considérations de naissance sont sans force sur elle, où plutôt elles en ont pour l'approcher de Charles, bien plus encore que sur vous pour l'écarter de ce jeune homme. Dans son amour pour cet infortuné, la générosité, la pitié même, entrent pour beaucoup; et de là une source de trouble amer, plus propre encore à l'abattre, à la miner sourdement, que le chagrin même des vœux déçus. Ah! pitié pour elle, mon cher Reybaz, pitié pour cet ange! ne risquez point que ces célestes traits de son cœur se tournent contre lui pour le déchirer; ne risquez point que cette noble et touchante créature soit victime justement de ce qui l'élève au-dessus de toutes les autres!.... Si vous persistez, elle le sera, n'en doutez point.

Et vous, vous, mon vieil ami, sans parler de cet avenir qui vous menace dans ce que vous avez de plus cher au monde, voyez le présent. Etes-vous heureux? Non; l'angoisse vous possède, le souci vous ronge, vous n'avez point cette paix qui suit les résolutions évidemment bonnes, ou évidemment nécessaires. Je fais plus que de m'en douter, je le sais; je le sais par votre fille même, parce que, en vous voyant dans cet état, elle se fait des reproches amers, elle s'impute d'avoir empoisonné vos jours, et, pour réparer ces maux, elle ajoute à ses autres tourmens l'effort de vous sembler heureuse! Ah! rebroussez, rebroussez bien vite, mon cher Reybaz, vous vous perdez! et Dieu veuille que l'heure n'ait pas déjà sonné, après laquelle le retour est vain, le remède stérile!

Je vous écris avec un trouble extrême, car

ma vue est nette, une vive lumière m'éclaire ; je me reproche de n'avoir pas parlé avec la même instance dans ma précédente lettre. Rebroussez ! mon cher Reybaz. C'est ici notre enfant. Vous ne l'aimez pas plus que moi. Vous ne perdriez pas plus que moi... J'aurais à me faire autant de reproches que vous..... Rebroussez ! rebroussez ! mon bon Reybaz ; qu'une lettre de vous m'en apporte promptement l'annonce, c'est l'instante et solennelle prière de votre fidèle et tendrement affectionné,

Prévère.

LETTRE LVIII.

LE MAIRE A CHAMPIN.

De Nyon.

Je vous adresse, Monsieur, ci-incluses, les pièces en question; vous y trouverez, aux papiers de l'instruction, la preuve directe que votre jeune homme est bien l'enfant de ces deux personnages. J'ajouterai ici quelques détails que j'ai pu recueillir en dehors des pièces mêmes, dont je vous prie de me faire rembourser les frais au plus tôt. Ils s'élèvent à 47 fr. 50 cent.

Le père de ce jeune homme est né à Colmar. Il occupait dans cette ville une position assez honorable; mais une probité suspecte, la passion du jeu, et d'autres mauvais penchans, l'entraînèrent par degrés dans une foule de désordres qui l'amenèrent une première fois devant les tribunaux, où, condamné à deux ans de prison, il subit sa peine, et acheva de perdre durant ce temps toute honte et toute moralité.

C'est avant cette affaire, et quand sa femme légitime vivait encore, que commencèrent ses relations avec la mère de votre jeune homme, qui était alors en service chez lui. Après sa première captivité, elle le suivit; et ils menèrent pendant deux ou trois ans une vie errante : tantôt cherchant à gagner leur vie par l'exercice de quelque petit métier, plus souvent contraints par la plus entière détresse à mendier leur pain. Un premier enfant qu'ils avaient eu, périt à l'âge de quatre ans, soit par les suites de cette misère, soit par les mauvais traitemens dont le père l'accablait. C'était un homme dur, et d'une violence sans frein. C'est lui qui, à force de brutalités, contraignit cette malheureuse femme à ne pas s'éloigner de la frontière à l'approche de ses couches; c'est lui qui, malgré ses cris et ses prières, porta l'enfant jusque dans la cour d'une cure voisine, où l'ayant abandonné, il persuada à cette femme qu'il avait péri. C'est ce que constatent toutes les réponses de cette infortunée, qui n'a cessé de pleurer son enfant.

Plus tard, cet homme, devenu à ce qu'il paraît la terreur des villages qu'il fréquentait, se livra à différens méfaits, et finit par s'affilier à une bande de malfaiteurs qui infestait le département. C'est à la suite d'un vol commis avec violences, qu'il a comparu, lui et cinq autres, devant la cour d'assises de Bourg, pour s'y voir condamner à vingt années de reclusion. Il est mort longtemps avant l'expiration de sa peine, il y a deux ans environ. Après sa condamnation, sa compagne, qu'il avait précédemment délaissée, est venue s'établir à Bourg, où elle existe encore. Elle n'a cessé de le visiter dans sa prison, de partager avec lui son modique nécessaire, et, par sa conduite autant que par sa situation, elle s'est attiré l'estime et la commisération de quelques honnêtes gens, qui l'emploient ou subviennent à ses besoins.

Voilà, Monsieur, tout ce que j'ai pu recueillir. C'en est assez, je m'imagine, pour éclairer votre ami. Du reste, le jeune homme n'est pas légalement le fils de ces gens, sa mère le croit mort, et de plus, à ce que j'ai appris, il est peu probable qu'elle-même vive longtemps encore. Si donc d'autres considérations parlent en faveur du jeune homme, il se peut qu'elles doivent prévaloir. C'est, au reste, ce dont je ne suis point juge; et la seule chose que je vous recommande de nouveau, c'est de ne pas compromettre ma loyauté par l'usage que vous pourriez faire de ces renseignemens.

J'ai l'honneur, etc.

Perrin, Maire.

LETTRE LIX.

CHAMPIN AU CHANTRE.

De Genève.

Tout est connu maintenant, Reybaz. Ce que tu as failli faire, c'est de donner ta Louise, ta Louise sans tache, à l'enfant de deux malfaiteurs, brigands de grands chemins, rebuts de prison, dont l'un, la mère, vit encore!!.. J'ai les pièces, certifiées conformes par les autorités de Nyon, de Gex, de Bourg, et tu viendras, je te le demande, les voir de tes yeux, ne voulant pas les laisser sortir d'entre mes mains; puisque après tout c'est ton bien que je cherche, et non le mal de ce garçon, au rebours de lui qui m'en veut.
Quand tu pressentais du mal de ce drôle, quand tu voyais dans cette tête violente et in-

domptée les signes d'un sang vicieux, d'une race perverse, tu voyais juste, Reybaz ; mais, dis-le, voyais-tu tout ? et pour t'être figuré des vagabonds, t'étais-tu bien approché de l'idée de malfaiteurs infâmes, traînés pour leurs crimes de prison en prison : deux ans à Colmar, vingt années à Bourg, tout près de nous ? Vois-tu, à présent, à quelle souche rapporter tes observations passées, tes craintes de l'avenir, cette terreur qui t'enchaînait à suspendre, jusqu'à ce qu'enfin, par une grande faveur de Dieu, ton billet vînt à passer par mes mains, pour y être retenu jusqu'à ce que le voile fût levé, et l'affreux mystère mis en lumière ? Comprends-tu, aujourd'hui, que les instincts d'un père de sens, d'un ancien de race vierge et sans tare, sont plus droits et plus sains que les lumières même d'un pasteur qui s'embrouille dans ses vues, dans sa charité, ou ses bonnes intentions ? Bénis Dieu, Reybaz ; il détourne aujourd'hui de toi le coup de mort, et, de la race, la tache qui ne se lave plus.

Assez. Je t'épargne d'autres choses encore, qui font frémir. Et note bien que le père débuta comme le fils (je dis ceci sans vouloir faire à ce dernier son procès), c'est-à-dire qu'il était élevé pour le bien, dans une situation honorable, mais suspect quant à la probité (souviens-toi des primeurs), et d'une âme fougueuse et emportée. Puis les désordres, puis le concubinage, puis la prison, puis la liberté durant laquelle, vagabondant comme des sauvages, après avoir fait périr un malheureux enfant de quatre ans, ils déposent celui-ci sur le pavé de votre cour, pour aller à trois mois de là, mêlés à une bande, voler à main armée, et pourrir dans les cachots, où le père est mort il y a trois ans!

Tout ceci secret, bien entendu. Mais maintenant, gouverne-toi. Ton billet, je le garde, pour si jamais il était besoin d'avoir à le montrer. Dis ce que tu voudras au pasteur, moyennant que ce soit un refus clair et net. Pour ce qui est de ta fille, je te réponds d'elle, une fois que tu ne bronches pas. Quant au garçon, M. Prévère a si bien fait, qu'ils le reprennent en théologie; il s'est déjà remis à l'étude, comme si de rien n'était. Il va se lancer de son côté, elle se distraire du sien; et dans six mois il ne sera plus question de rien, sinon de rendre grâce, jusqu'à ton dernier jour, de la délivrance que le bon Dieu t'a apportée, juste la veille de ta perte!

CHAMPIN.

LETTRE LX.

LE CHANTRE A MONSIEUR PRÉVÈRE.

De Mornex.

Que le bon Dieu prenne pitié de nous! M. Prévère; qu'il détourne cette verge de fer dont il me frappe sans relâche, et aujourd'hui avec tant de rudesse, qu'il est besoin que je me roidisse à grand effort, pour ne pas ployer sous le coup!... J'ai vu peu de jours sereins, le souci s'est de bonne heure cramponné à moi; mais j'entrevois que c'étaient là les bords du vase, les douceurs de la vie, bien qu'amères elles me parussent; et que, si le bonheur s'élève peu haut sur cette terre, il en est autrement du malheur, qui par degrés, d'abord, puis ensuite par bonds et par secousses, peut descendre sans terme, dans un abîme sans fond.

J'étais riche hier encore, riche de bonheur au milieu de mes angoisses ; aujourd'hui je suis opulent en misère, tant de celle qui m'advient que de celle que je puis entrevoir : si bien que je ne sais guère d'issue à cette noire nuée qu'au terme du voyage, dans cette hôtellerie du sépulcre, dont l'âge m'approche, et où commence la paix. Aussi, battu par la main d'en haut, je refoule un murmure prêt à surgir, et, sans demander si j'ai mérité ce supplice, je prie pour qu'il ne brise pas mon âme, laquelle j'ai pu jusqu'ici maintenir saine et en équilibre, mais quand c'était aisé.

Je vous porte respect et affection, M. Prévère, ainsi comment aurais-je songé à ne vous pas répondre? Mais, je vous le dis, avant que l'angoisse m'eût saisi au cœur, et secoué jusque dans mes entrailles, enchaîné par la crainte de ce Charles, je ne savais me résoudre à lâcher une parole irrévocable. Toutefois, et bien avant votre dernière, la terreur pour mon unique et bien-aimée enfant avait fait taire mes plus véhémens instincts, et c'est alors que je vous ai répondu, que je vous ai dit que je pardonne, que je les unis....
Ces choses, je les ai écrites. Le billet est depuis

huit jours entre les mains de Champin, chargé par moi de vous le remettre.

Ce qui est survenu, vous l'ignorez ; et si c'est, comme il dit, une faveur du ciel que de le savoir à temps, c'en eût été une plus grande que de l'ignorer toujours. Une épouvantable chose ! M. Prévère, une chose qui donne créance et lumière à tous mes pressentimens, à tous mes instincts ; en même temps qu'elle pose entre ces enfans une barrière qui ne se peut franchir jamais, que je ne franchirai pas... je le déclare d'entrée. Charles est le bâtard de malfaiteurs, qui, pour leurs crimes, ont été en prison !... Inutile que j'en dise davantage, à vous surtout, mon digne Monsieur, sur qui le coup portera fort, et pour qui le fait parle seul, sans que les détails y ajoutent ou retranchent. Ces choses sont authentiques, les pièces en existent, sans qu'il soit au pouvoir de qui que ce soit de les effacer de la scène du monde. Tout ce qui est en nous, c'est d'enfouir dans le plus profond de nos cœurs l'affreuse tache de cet infortuné. Il faut qu'il parte.

Je reste avec mon enfant, blessée à mort peut-être, comme vous le donnez clairement à entendre, et comme je ne puis me défendre de le présager quelquefois. C'est donc ici la volonté de Dieu !.. A chaque fois que je m'approche de ce jeune homme, il frappe, et me détourne de lui par de trop manifestes avertissemens! Cette fois, il m'en donne un terrible, un dernier;... m'aveuglerai-je pour ne pas le voir? Non. J'obéirai. Que si Dieu, pour récompense, me sauve ma fille, je le bénirai à chaque jour de ma vie, et, le cœur plein, je vivrai de la joie de ses miséricordes; que s'il me l'ôte.... la douleur sera véhémente, mais pour peu de durée.... A chaque jour, ce souffle qui me retient sur la terre deviendra plus chétif, pour bientôt s'éteindre; et, secouru par vous, mon digne et bien cher Pasteur, j'apprendrai comment on ploie sous une main qui, bien qu'injuste et sans compassion pour nos faibles yeux, n'en est pas moins sainte, parfaite et abondante en gratuités.

Votre affectionné,
Reybaz.

QUATRIÈME LIVRE.

QUATRIÈME LIVRE.

LETTRE LXI.

MADAME DE LA COUR A CHAMPIN.

De Turin. Août[1].

Il devient nécessaire, Monsieur Champin, que je vous mette au fait de ce qui se passe ici. Je suis parvenue à relever quelque peu le courage abattu de mon fils, mais en faisant briller à ses yeux des espérances que je suis encore bien loin

---

[1] Ce quatrième livre s'ouvre au commencement d'août, et les lettres s'y suivent sans interruption, à partir de cette époque, jusque vers la fin de l'année.

de partager moi-même. Toutes celles que je puis former reposent sur vous, sur vous seul; aussi viens-je solliciter de nouveau toute l'activité de vos secours, jusqu'au moment où je pourrai communiquer directement avec M. Reybaz.

C'est de Turin que je vous écris. Nous y sommes établis depuis huit jours. J'ai eu toutes les peines du monde à tirer mon fils de ce funeste endroit, où il s'était arrêté. Cependant ma venue, ma société, mes pressantes caresses, ont eu sur lui quelque empire; surtout lorsque, les premiers jours passés, j'ai pu hasarder de l'entretenir sur l'objet qui est la source de son désespoir. Dès le premier moment, j'ai dû lui dire que ses vœux pourraient être un jour accomplis, que toutes choses avaient bien changé à la Cure, que le temps approchait où je pourrais hasarder telle démarche que les circonstances nouvelles rendront faciles, et qui deviendrait une joie pour M. Reybaz, et une planche de salut pour sa fille; mais je n'osais et ne savais rien préciser. D'ailleurs lui-même m'écoutait avec indifférence, et ne m'adressait aucune question. Ce n'est que lorsque nous avons été en route, qu'il a, pour la première fois, parlé sur ce sujet, à propos d'une lettre écrite à Jaques par son père, et sur laquelle mon fils jeta les yeux, il y a quelques mois. Cette lettre, écrite en dehors [1] de toute influence des personnes intéressées à lui farder la vérité, lui fit alors beaucoup d'impression, et laissa dans son cœur un germe d'espoir, auquel il s'est rattaché depuis qu'il a repris quelque calme.

C'est avec un véritable bonheur que j'ai découvert cette circonstance, car elle seule a contribué à donner à mes paroles un poids qu'elles n'auraient eu en aucune façon par elles-mêmes; mon fils se doutant parfaitement que, dans l'état où je l'ai trouvé, ma tendresse pour lui m'aurait dans tous les cas porté à lui tenir les discours que je lui ai tenus. Mais cette lettre qui parlait de la rupture du mariage de Charles, comme d'une chose dans laquelle tous étaient d'accord, et en particulier les deux intéressés, Charles et Louise, a contribué à prêter à ses yeux quelque vraisemblance aux assurances que je lui donne sans cesse que tout peut se renouer, qu'il ne faut que laisser aux souvenirs le temps de s'effacer, et qu'en se présentant, plus tard, ses démarches, dès lors aussi honorables pour lui que flatteuses pour Mlle Reybaz, ne pourront manquer d'être agréées. Je me suis donc beaucoup avancée de ce côté; et Dieu veuille que les circonstances ne viennent pas démentir mes promesses, et me

[1] Voyez la lettre 28me du livre troisième, où il en est question.

replonger dans l'affreuse angoisse d'où je commence à peine de sortir!

Aussi, je frémis, M. Champin, en voyant les semaines s'écouler sans que je reçoive de lettre de vous; car je présume que, si vous aviez de bonnes nouvelles à me communiquer, vous ne me laisseriez pas un seul jour dans la peine où je suis. Votre dernière lettre me montrait toutes choses remises en question : M. Reybaz très-ébranlé, et M. Prévère sur le point de déterminer l'assentiment de ce malheureux père, en faisant valoir des motifs d'une nature telle que, quoique exagérés sans doute, ils m'ont fait verser des larmes. S'ils avaient à vos yeux la moindre apparence de fondement, je vous demande de m'en prévenir avant toute chose, M. Champin; car, quelle que soit l'affreuse situation où je me trouve, que Dieu me préserve à jamais d'en vouloir sortir en faisant courir le moindre risque à cette aimable demoiselle! Instruisez-moi, je vous prie, de l'état de sa santé. Les craintes que m'a suggérées cette phrase de votre lettre, sont venues s'ajouter à mes autres angoisses, et elles ont été si vives que, si j'avais pu songer un instant à quitter mon Ernest, je serais accourue à la Cure pour juger par mes propres yeux de ce qu'il est encore permis de tenter. Mademoiselle Louise n'est pas

forte, M. Prévère est clairvoyant et sincère....
Que ne donnerais-je pas, bon Dieu! pour que
mon fils n'eût jamais connu cette jeune personne!

Nous partons demain pour Florence, d'où nous reviendrons ici au bout de quelques jours. Pour plus de sûreté, continuez d'adresser vos lettres à Turin. Quand mon fils sera plus tranquille, et que les circonstances le permettront, je reviendrai à Genève, pour y passer quelque temps avant de retourner à la Cure. Ce sont là mes projets pour l'heure, mais que l'heure qui vient peut changer. Dans tous les cas, écrivez-moi par le retour du courrier.

Julie de la Cour.

LETTRE LXII.

CHAMPIN A MADAME DE LA COUR.

De Genève.

Calmez-vous, Madame, plus d'angoisse. Vous m'avez dit d'agir, et on a agi ; de réussir, et on a réussi. Le plus difficile est fait, le reste viendra. Faites-vous donc du bien, et votre fils du courage ; tout comme moi, rien qu'à obliger tant de monde, et à sauver Reybaz et sa fille, j'en éprouve du contentement, quoique désintéressé dans l'article.

Ceci est un secret, un affreux mystère que Madame gardera pour elle, puisque aussi bien n'importe-t-il pas à ses désirs que la chose se répande. Au moment où Reybaz était, non pas ébranlé, mais décidé (notamment que je tiens dans mon tiroir, le billet où il pardonne à Charles, et lui rend sa fille), voici les découvertes qui se font, les renseignemens qui arrivent à la file, et ce Charles qui se trouve être le fils de deux brigands, traînés pour leurs méfaits de prison en prison, deux ans à Colmar, vingt ans à Bourg; la mère vit encore! Sur le temps, j'informe Reybaz, lequel, déjà un pied dans l'abîme, l'en retire, et bénit le ciel qui le sauve par la main de votre humble serviteur.

Tout ceci, comme Madame le pense bien, ne s'est pas fait d'un coup de baguette; et si je lui ai tenu les lettres rares, ce n'est pas pour m'être d'ailleurs épargné les écritures. Pendant que Madame s'avançait de son côté, je ne perdais pas mon temps du mien; et tandis qu'il ne lui en coûtait que des paroles, pour moi il m'en coûtait labeur et argent, tant en lettres qu'en démarches et courses, amenant chacune un déboursé, dont je tiens la note à sa disposition. Avec ça, quand le procès est gagné, ce n'est le cas de se plaindre. Nous voici pour l'heure dûment débarrassés de ce Charles; le bon pasteur est en déroute, et le champ reste libre, avec l'oiseau au milieu, qu'il s'agit maintenant de prendre tout doucement, et sans que Madame s'en mêle encore.

Que Madame emploie donc ces temps à reconforter ce pauvre jeune homme. Voici la barrière posée entre Mlle Reybaz et ce Charles; je connais Reybaz, il ne la franchira pas. Or, m'est avis que les fillettes, quand il y a barrière d'une part, se retournent de l'autre, de celui où il y a un mari. Ainsi, ne frémissez mie pour mamselle Reybaz. Les phrases sont des phrases : je vous rapportais celles du bon ministre qui est *clairvoyant,* comme vous dites, et c'est pour cela qu'il ne se fait faute de faire les gens malades quand son affaire y peut gagner. N'ayez crainte. Mamselle Louise, déjà en partant de la Cure, n'était pas si mal; et, tranquille là-bas, respirant l'air des sapins, choyée par son père et par cette vieille qui la sert, elle se refait à vue d'œil, et devient ronde comme une abbesse. Pour l'autre, pour Charles, il va quitter le pays, et tout sera dit de son côté.

C'est ici un coup du bon Dieu. Si l'hyménée se fût fait, et qu'après Reybaz eût découvert le mystère, c'étaient victimes sur victimes. Mais j'étais là. Ces malheurs sont détournés ; la route est sûre maintenant, et l'avenir à nous, si seulement personne ne me traverse. Que Madame se tienne donc coi, faisant son affaire de son côté, me laissant faire la mienne sans y toucher; et m'est avis que le jour viendra où elle sera satisfaite, et libre d'en être reconnaissante, ainsi qu'elle en donne l'assurance dans son avant-dernière.

On a l'honneur, etc.
CHAMPIN.

LETTRE LXIII.

MONSIEUR PRÉVÈRE AU CHANTRE.

De la Cure.

Je lis et je relis votre lettre. Elle me pénètre d'effroi : cette épreuve est la plus cruelle qui pût m'atteindre, dans tout ce que j'ai de plus cher, et tout particulièrement dans vous, mon vieil et bien cher ami. Cependant, et j'en rends grâces au Seigneur, une consolation me reste, douce, vive, grande, au milieu de ce naufrage : c'est que l'avenir, quel qu'il puisse être, vous trouvera préparé ; c'est que vous me montrez bien à cette occasion, et au sein de l'angoisse, cette force résignée et chrétienne, aussi prête à ployer sans murmure sous la main qui frappe, qu'à bénir sans fin la main qui sauve et qui réjouit. Non, mon cher Reybaz, vous n'apprendrez rien de moi ; mais unissant nos chagrins, nous nous consolerons, nous nous fortifierons ensemble ; nous trouverons ensemble, dans la douleur même, ces richesses que la religion assure à celui qui croit, qui espère, et qui aime !

Ce que j'ai toujours pu craindre est arrivé, mais je n'imaginais pas que mon Charles, que mon pauvre Charles, eût à redouter d'autres révélations que celles que le hasard pouvait faire surgir ; je n'imaginais pas qu'un homme, qu'un chrétien, pût se plaire à rechercher des choses qui devaient perdre sans retour une créature déjà digne de pitié,.... qu'il pût mettre son devoir, sa conscience peut-être, à faire ce qui ne peut manquer d'être un grand crime aux yeux du Maître charitable et plein de bonté que nous servons. Je désire bien sincèrement qu'il n'y ait ici qu'erreur de votre ami, faux zèle vis-à-vis de vous ; mais, cette erreur même, qu'elle est dure, qu'elle est voisine d'une odieuse perversité !

Je vous dois ici quelques mots d'entière franchise, mon cher Monsieur. Que j'ignorasse tout ce que vous m'apprenez, je n'ai pas besoin de vous le dire. Mais je n'ai jamais joui à ce sujet d'une complète sécurité. Charles ne pouvait être que le fils de misérables; et telle était l'opinion que je me formais d'êtres assez criminels pour exposer un malheureux enfant, que, dès le premier moment, je me refusai à faire aucune recherche sur leur compte. En effet, la première conséquence de tout renseignement positif, devait être de me forcer à leur faire reprendre cette petite créature, au risque qu'elle pérît sous leurs mauvais traitemens, ou que, si elle y survivait, elle se corrompît et se dégradât sous l'empire de leurs exemples. A ce dernier égard, je me loue d'avoir écouté une répugnance que plusieurs trouvaient blâmable, d'avoir sauvé du vice et de la corruption, un enfant qui semblait y être voué par sa naissance; je rends grâces à Dieu de ce que Charles est plutôt un infortuné, qu'une créature indigne de lui plaire.

Toutefois, M. Reybaz, j'ai à vous faire un aveu que vous trouverez, je le crains, bien tardif. Il m'en coûte, mon cher ami, d'altérer peut-être l'estime que vous me portez; mais le moment est venu de me décharger d'un secret qui pèse dès longtemps sur mon cœur, et je laisse à votre droiture d'apprécier en quel degré j'ai pu être coupable envers vous.

Je n'ai rien su, M. Reybaz, mais j'aurais pu tout savoir. Il y a dix ans, je reçus une lettre anonyme. Elle était timbrée de Gex. On m'offrait de me faire, sur les parens de l'enfant, des révélations qui *pourraient*, disait-on, *m'être pénibles, et lui être fatales;* et on prétendait ne vouloir me les faire, qu'autant que j'en témoignerais l'envie, ou que j'y serais intéressé. Cette lettre me jeta dans la plus vive anxiété; j'hésitai pendant bien des jours sur le parti que j'avais à prendre. Je n'y avais pas encore répondu, lorsqu'une seconde lettre me rendit quelque repos, et détermina ma décision. L'auteur de la lettre affirmait n'avoir découvert qu'incidemment, et sans le concours de qui que ce fût, ce qu'il se trouvait savoir sur les parens de Charles; il avait cru devoir me faire, à tout hasard, une ouverture à ce sujet; et, me laissant d'ailleurs à décider ce qu'il était convenable de faire, il se bornait à m'affirmer par serment et devant Dieu, que le secret ne serait pas divulgué. Je sais aujourd'hui qui est cette personne : il y a trois ans que je reçus le billet que je vous transcris ici.

« Ces lignes, mon cher confrère, vous seront remises après mon décès. C'est moi qui vous ai écrit deux lettres anonymes, au sujet de l'*enfant*. Le secret s'en va avec moi. Il n'y a plus qu'*une personne* au monde qui le connaisse ; et vous ne courez aucun risque de ce côté, je vous en donne l'assurance.

Je vous loue, mon cher confrère, et je vous exhorte à poursuivre votre œuvre. Elle est conforme aux leçons du Maître que nous servons, et auprès duquel, j'en ai l'espérance, sa miséricorde nous réunira quelque jour. »

Votre confrère,
Lejeune,
Curé de Gex.

Voilà ce secret, mon pauvre ami. A chaque jour il a pesé d'un plus grand poids sur mon cœur. Mais rappelez-vous qu'à l'époque où je reçus ces lettres, Charles était un enfant de neuf ans; qu'il n'était nullement question de Louise alors; que je pouvais m'envisager comme libre, bien plus, comme engagé, par des motifs d'humanité, et entre autres par les mêmes qui m'avaient détourné précédemment de faire des recherches, à ne pas encourager des révélations funestes, à préserver, si je pouvais, de tout mal, de toute flétrissante tache, la jeune plante qui croissait à mon ombre; que j'aimais mieux moi-même ignorer de funestes choses, qui m'eussent en mille occasions lié les bras, et que je n'eusse pu être assuré de toujours tenir secrètes. Enfin, je croyais, mon cher Reybaz, je croyais avec ce bon Curé, qu'en agissant ainsi, je me conformais mieux aux leçons de notre Maître, et qu'il appartient à la vraie charité de voiler ce qui peut nuire, et de ne s'ôter aucun des moyens de faire le bien.

Tels furent mes motifs alors. Quand, plus tard, devenu un jeune homme, Charles s'est attaché à Louise, j'aurais dû vous éclairer ; et c'est ici, mon cher ami, que je crains d'avoir manqué à ce que je vous devais. Mais que pouvais-je faire? Que de nécessités qui me pressaient de toutes parts ! et si je vous devais quelque chose, que ne devais-je pas aussi à un infortuné, sauvé à grand'-peine, élevé par mes mains, auquel j'étais tendrement attaché, que je n'eusse su comment éloigner de moi, que je perdais en révélant ce qui, d'après la lettre du Curé, ne devait plus être révélé par personne? Comment, plus tard encore, quand j'ai vu la destinée de Louise se lier insensiblement à celle de ce jeune homme, une douce attache s'établir entre eux, au sein de notre obscure retraite, l'espérance et le bonheur planer sur ces deux enfans, et votre fille aimer dans mon Charles ce qui justement eût écarté de lui tant de cœurs moins généreux et moins élevés que le sien, comment eussé-je pris sur moi de faire ce qu'a fait votre ami? de précipiter dans l'abîme deux êtres tendrement aimés, et qui paraissaient faits l'un pour l'autre? J'ai failli envers vous, M. Reybaz, mais je ne puis me persuader que cet homme n'ait pas failli bien plus envers Dieu! Il tenait entre ses mains notre bonheur et notre malheur à tous.... de lui dépendait peut-être la vie de votre fille!.... Ah! que jamais, jamais, grand Dieu! ce misérable n'ait lieu d'apprendre, par une terrible leçon, par le supplice des plus cuisans remords, quelle-responsabilité pesait sur lui, alors que, sous-trayant votre lettre, il s'employait à en rendre vaines pour toujours, les sages, les bienfaisantes, les charitables intentions!

Vous déclarez, mon cher ami, ne vouloir pas franchir cette barrière? Il ne m'appartient pas d'insister. Vous aviez fait un grand sacrifice ; je m'en réjouis : pour vous, parce que Dieu vous jugera ; pour moi, parce que j'en ai plus d'amitié et d'estime pour vous. Je comprends votre terreur, je reçois votre déclaration, je la respecte, mais, au delà, les lumières me manquent. Seulement, je ne prends point comme vous ces révélations pour un avertissement que Dieu vous donne de poser cette barrière. Dieu nous a donné sa loi pour nous guider et nous instruire, puis il nous a laissés libres ;

c'est à nous de la mettre en pratique, selon nos lumières. Que si, de notre propre autorité, nous faisons sortir, des faits qui nous entourent ou qui nous frappent, d'autres guides, d'autres leçons, d'autres avertissemens que ceux que nous donnent sa loi et notre conscience, nous risquons de substituer nos désirs à ses commandemens, et l'erreur à la vérité; nous détruisons toute loi morale; nous donnons à votre ami le droit d'imputer à je ne sais quel avertissement de Dieu, ce qu'il a pu faire de plus contraire, de plus opposé à la loi que Dieu nous a donnée. M. Reybaz ne gardez point cette idée, dont vous ne faites d'ailleurs qu'un respectable usage ; croyez à la loi divine, et croyez à l'entière liberté de l'homme pour la suivre ou pour l'enfreindre ; ne sortez point de ces deux conditions de tout bien, de toute vertu digne de ce nom, de toute doctrine relevée, pure, morale, universelle ; car si vous vouliez voir dans ce qui se passe un avertissement de Dieu, dites, ne serait-ce pas celui qu'il impose à votre charité une nouvelle, une plus forte épreuve, bien plus qu'un avertissement qu'il vous donne d'écarter Louise de Charles?

Donnez-moi, je vous prie, des nouvelles de cette chère enfant. Qu'elle ignore à jamais ces funestes choses. Surmontez votre tristesse pour lui montrer un air paisible. Ne vous concentrez point en vous-même, osez lui parler de Charles. Qu'il n'y ait point entre vous cette séparation qui s'établit, lorsqu'on n'ose s'approcher d'un sujet dont pourtant la pensée est remplie. Essayez par tous les moyens, par tous les sacrifices de votre propre humeur, d'adoucir, de tempérer, d'ôter toute tension ; de rendre à Louise, sinon le bonheur, du moins une tristesse calme, expansive et tendre ; et si vous n'y parvenez point, revenez ici, mon cher Reybaz, et que ma part dans cette tâche ne me soit point ôtée.

Je suis d'accord avec vous : il faut que Charles s'éloigne. Ici, l'opprobre le menace, et encore y échappera-t-il ailleurs ? Je ne sais ; mais c'est dans l'idée que ce malheur peut arriver, et que ma présence pourrait devenir indispensable pour préserver ce jeune homme d'un violent désespoir, que je le déplace sans l'éloigner. Je compte qu'il se rendra à Lausanne, dès la semaine prochaine ; il y reprendra ses études de théologie, interrompues ici, à cause de sa fâcheuse affaire. Annoncez ce départ à Louise, en y donnant pour cause ce dernier motif, dans lequel elle trouvera quelque source de consolation ; et continuez, mon cher Reybaz, à m'écrire comme à aimer votre tout affectionné,

Prévère.

LETTRE LXIV.

MONSIEUR PRÉVÈRE A CHAMPIN.

De la Cure.

Monsieur,

Bien que la prière que j'ai à vous faire soit urgente, et que je vous sache en possession d'un secret dont vous avez déjà abusé d'une bien cruelle manière, j'ai dû attendre, pour vous écrire, que je pusse mettre dans mes paroles la modération et l'esprit de charité dont je voudrais ne pas m'écarter.

Il y a longtemps, Monsieur, que je vous sais contraire au vœu que je formais, de voir unis ensemble l'enfant que j'ai élevé, et la fille de M. Reybaz. Bien que je ne comprisse pas vos motifs pour nuire à la destinée d'un jeune homme auquel vous aviez de tout temps été étranger, je regardais comme de votre droit, et comme de votre amitié pour M. Reybaz, de l'éclairer de vos conseils, de lui donner vos avis; mais ce qui est survenu depuis, m'a inspiré une vive indignation, et jeté dans le doute sur vos intentions, comme sur votre moralité.

En effet, Monsieur, si je suis bien informé, contre tout droit et toute délicatesse, comme au mépris de toute humanité, vous vous êtes permis de retenir entre vos mains une lettre de M. Reybaz, lettre adressée à moi, d'où dépendait le sort de deux enfans qui me sont chers; et, cette lettre, vous ne pouviez avoir d'intérêt à la retenir entre vos mains, qu'autant qu'il vous fallait de temps pour rechercher et découvrir un secret dont la révélation n'était propre qu'à perdre sans retour un innocent!

Voilà votre conduite, Monsieur.. Aux yeux des hommes elle serait bien basse, bien méprisée, s'il advenait qu'ils pussent la connaître; mais il est, vous le savez, un juge qui voit et qui pèse ce que les hommes ne voient ni ne connaissent, et c'est auprès de lui que vous aurez à répondre un jour de ce que vous avez fait. A côté de ce jugement terrible, vous n'avez que faire de celui que je pourrais porter, aussi n'ai-je rien à vous dire là-dessus. Seulement vous apprendrai-je que, si vous avez compté nuire, et nuire cruellement, vous devez être satisfait, vous le serez davantage encore. Charles est malheureux, ruiné dans ses espérances, sans famille et sans appui dans l'avenir; il demeure sous le poids menaçant d'un opprobre qu'il ignore, mais qui ne manquera pas de l'atteindre tôt ou tard : ce n'est point ici le mal. C'est à la fille de M. Reybaz, à la fille de votre ami, que vous avez porté le coup mortel! Louise avait résisté à grand'peine à de plus légères atteintes; c'était à la vue d'un dépérissement dont les signes ne sont plus équivoques, que j'avais de toutes mes forces pressé mon ami Reybaz de revenir sur ses déterminations, et d'écrire cette lettre qui devait sauver sa fille.... Ce dépérissement va suivre son cours; la douleur, les regrets, la pitié, le trouble, vont achever de consumer cette frêle vie; et un ange de bonté, de grâces et de vertus, aura vu la terre, seulement pour s'y flétrir au souffle empesté des méchans, et pour y laisser la longue, l'impérissable douleur de sa perte!

Si ces choses arrivent, et je prie Dieu chaque jour qu'il les détourne de nous, elles auront été votre ouvrage, Monsieur. Autant qu'il aura été en vous, et gratuitement, vous les aurez provoquées. S'il vous reste alors quelque sentiment d'humanité, vous serez navré de douleur; si quelque religion vous demeure, vous tremblerez de crainte..... Mes paroles vous étonnent; vous pensez que j'exagère pour me venger de vous et de vos méfaits? A Dieu ne plaise! ou plutôt, plaise à Dieu que je m'égare, et que vous puissiez vous applaudir un jour de ce que vous avez fait!.. Mais non, je vous dis la vérité, je vous la dis le désespoir dans le cœur; vous êtes âgé, bientôt vous irez rendre compte, et néanmoins, je le pressens, la tombe de cette enfant se fermera avant la vôtre!....

Peut-être votre conscience est tranquille; peut-être vous vous flattez d'avoir accompli un devoir sacré; vous avez fait, à vos yeux, un petit mal, pour qu'il en arrive du bien. Misérable sophisme, que les Ecritures condamnent formellement, mais où tombent les âmes vulgaires, celles que gouvernent de basses passions, de vils penchans: l'orgueil, l'envie, l'intérêt, et qui s'approuvent au moyen de ces hypocrites maximes, maximes sans valeur auprès du Très-Haut, parce qu'elles sont en dehors de l'amour et de la charité! Non, je ne sais quel esprit vous anime; j'ignore, je ne conçois pas même vos motifs, mais je me refuse à croire à une haine désintéressée, à un acharnement gratuit contre ce jeune homme; je suis certain que de pareils actes recouvrent toujours de basses pensées; je suis persuadé que vous avez fait le mal pour qu'il en arrive du bien, non pas à votre ami, mais à votre orgueil, ou à vos intérêts!

Telle est, à mes yeux, la grandeur de votre crime, Monsieur, que, s'il excite mon indignation la plus vive, je vous trouve néanmoins encore plus digne de pitié que de mépris. Vous êtes un grand pécheur : à ce titre je vous aime, je vous offre le secours de mes prières, de mes entretiens ou de mes directions. Vous êtes un grand pécheur : à ce titre vous avez encore tout recours en grâce auprès de Dieu, que vous avez offensé. Repentez-vous donc; voyez la laideur du mal que vous avez fait; pleurez, pleurez avec sincérité sur vos égaremens; implorez le pardon de Dieu et l'intercession de notre Seigneur : c'est votre seul refuge.

J'en viens, Monsieur, à ce qui est le but principal de ma lettre. Je sais que vous êtes possesseur d'un secret, dont la révélation peut achever de perdre mon jeune ami; et je sais aussi que vous avez entre les mains des pièces, dont vous ou d'autres pourraient faire un dangereux usage.

Si vous étiez tenté de garder ces pièces, de ne pas me les remettre immédiatement à la sommation que je vous en fais, je perdrais le peu de confiance que vous pouvez m'inspirer encore, et je suis décidé, dans l'intérêt même de Charles, pour l'aider à supporter un opprobre qui peut l'accabler à l'improviste quand je ne serai plus, et pour attirer au moins l'intérêt sur lui, en montrant de quelles gratuites et basses machinations il est la victime, à publier à la fois, et ce que furent ses parens, qu'après tout il ne connut jamais, et comment, ce qui devait rester enseveli dans un profond mystère, a été mis au jour par l'odieuse perversité d'un méchant. Vos sermens, Monsieur, vos sermens solennels, catégoriques! ces pièces entre mes mains! ou l'opprobre, l'opprobre public sur vous : c'est l'alternative que je vous propose. Je veux pareillement, si vous aviez laissé transpirer ce secret auprès de qui que ce soit, hors M. Reybaz, que vous me fassiez connaître ces personnes; et si vous ne le faites pas, et que la suite me montre votre criminelle indiscrétion, à ce moment-là, toute la vérité sera connue!

Je vous demande, Monsieur, une prompte réponse.

Prévère.

LETTRE LXV.

CHAMPIN A MONSIEUR PRÉVÈRE.

De Genève.

Monsieur le respectable Pasteur,

J'ai celui de vous adresser incluses lesdites pièces, affirmant devant Dieu que tout est bien là, comme aussi que nul ne les a vues, pas même Reybaz; et que, hormis Reybaz qui sait la vérité, nul ne s'en doute, ne s'en doutera, par mon entremise, tant dans le passé que dans l'avenir, et au delà.

Comment je les ai eues : c'est de Bourg même, par des gens qui ne savent la personne, ni ne s'en soucient. La mère vit encore; c'est à savoir : elle se mourait il y a deux mois. Dans une course que j'ai faite, apprenant par hasard quelque chose sur ces malheureux, j'ai poussé plus loin, tant par curiosité, dont j'ai regret et repentir, comme dit monsieur le Pasteur, que par l'envie qu'on avait de préserver Reybaz d'une chose funeste; n'ayant pas comme M. le Pasteur la judiciaire cultivée, ni la connaissance de ces deux enfans, en particulier de la mauvaise santé de Mlle Louise. Un pauvre homme, éloigné des personnes, ne comprend qu'à demi; et ainsi, à bonne intention, il peut gâter et faire du mal, sans que le bon Dieu lui soit aussi adverse que M. le Pasteur se l'imagine, dans son chagrin qui me peine tant.

Je remercie M. le Pasteur de ses avis bien que sévères, et je me recommande à ses prières, tout comme je demande au bon Dieu que ses pronostics n'aient pas d'accomplissement. J'espère qu'ayant fait satisfaction pleine, entière, et sans réserve, M. le Pasteur y songera à deux fois, avant de perdre un vieillard, père de famille, et qui d'ailleurs a péché d'erreur plus que d'intention; en telle sorte que bien des gens qui auraient fait tout comme lui, pourraient se trouver encore plus à même de le plaindre que de le blâmer.

On a l'honneur, etc.

CHAMPIN.

LETTRE LXVI.

LE CHANTRE A MONSIEUR PRÉVÈRE.

De Mornex.

Je viens répondre à votre lettre, M. Prévère ; aussi bien, que fais-je ici que végéter, privé de ce labeur domestique qui emploie les heures et ravive la tête, et coulant des journées oisives plutôt que tranquilles. Toutefois vous dirai-je que, depuis cette catastrophe qui a surgi, sans être plus fortuné, j'éprouve moins d'angoisse ; ainsi qu'il advient, lorsque, par l'impossibilité de faire une chose, on se résigne de nécessité, et l'on n'est plus incertain entre des motifs qui se balancent. Que si l'espoir, l'espoir seulement, avait vie encore, je dirais que, au milieu de cette amertume, je serre encore le bonheur entre mes bras; car rien ne le peut altérer beaucoup, de tout ce qui ne menace pas Louise.... Qu'ai-je au monde qu'elle? la fille de ma Thérèse, le fruit de ses entrailles!... Et si, après avoir vu périr l'une, je devais voir s'éteindre l'autre, quel sort m'aurait donc fait la Providence, et sur quoi m'appuierais-je ensuite, pour comprendre ses décrets et pour les bénir encore? En chargerais-je mes lèvres? Non; je serai impie avant que j'apprenne à discorder mon langage, d'avec les sentimens du dedans.

Mais il n'en sera point ainsi, mon cher Monsieur Prévère. Je compte sur l'innocence de cette vertueuse enfant. Je compte sur les prières que vous faites à Dieu, de votre bouche digne qu'il l'écoute. Je compte sur les miennes, qui ne lui manquent pas, faites avec ferveur, et non pour moi... Ce n'est pas moi que j'aime dans cette enfant. Je ne suis rien à mes yeux. La vie, je commence à la trouver un bien amer et douteux, même avec elle; la vie sans elle?... ce seraient quelques momens avant de rejoindre, momens de séparation plus courts, que si, mourant avant Louise, j'avais à l'attendre là-haut... Toutefois, quand je vous vois douter que nous la conservions, l'épouvante me secoue, et comme un flot d'amertume bouillonne au dedans de moi, s'il est vrai que cette créature jeune, vertueuse, mienne enfin, et à qui j'ai droit de souhaiter toutes les bénédictions du ciel, porte déjà le trait funeste, entrevoit sa tombe, savoure qu'elle me délaisse, que, de trois que nous étions, un seul, et le plus vieux, va demeurer, jusqu'à ce qu'aussi le chagrin le ploie, le brise, et le couche dans sa fosse! Mon Dieu, préservez-nous! Ayez compassion de cette enfant! Ne soyez point hâtif à la reprendre! Mon Dieu! ne frappez point de faibles créatures, que vos coups mettraient en danger de vous offenser! Sauvez, sauvez-nous! ou bien, retirez-nous ensemble, et que notre trace s'efface de dessus cette terre misérable!

Ah! mon pauvre Monsieur, où sont les jours passés, lorsque nous vivions sans cette alarme? Où sont, même ces jours tout proches de nous, où j'écrivais ce billet qu'il a retenu, où je pouvais l'écrire, où, donnant ma fille à contre-cœur, encore la voyais-je sauvée? Champin en voulant me rendre service, ne m'a-t-il point perdu! Toutefois, si son action est fatale, elle n'est pas perverse, M. Prévère; il a cru me servir en me faisant savoir, comme vous-même en me voulant cacher, ce dont je ne vous garde pas rancune, certain que je suis de votre intention charitable.

Néanmoins je vous blâme, dans mon idée, de n'avoir pas éloigné Charles à temps; pour demeurer libre de me cacher quelque chose, vous deviez ne point laisser s'engager l'affection de ma fille. Si, dès les premiers signes, ils eussent été séparés, à l'âge où l'impression est légère, et l'affection flexible, n'est-ce pas que tous ces malheurs qui ont suivi, auraient été épargnés, à vous, mon bon Monsieur, autant qu'à moi? Ainsi, soyez indulgent envers Champin, puisque l'imprudence est le sort de l'homme; la confiance dans son idée, commune à tous; et la faute, aussi bien du ressort des meilleurs, comme vous, que des médiocres comme Champin.

J'ai eu loisir de réfléchir à ce que vous me dites des pronostics; et j'imagine que, mieux à même de tout peser, vous devez avoir raison. Toutefois, je ne suis pas convaincu; ne saisissant pas pourquoi, lorsque les lumières manquent, faute d'éducation ou d'entendement, et dans les cas où la loi ne dit rien d'applicable à la chose, le bon Dieu n'emploierait pas ce genre d'avertissement, plus à la portée des simples, que ne peut l'être une résolution qu'il faut tirer d'entre tant de raisons qui s'opposent, se balancent, se rangent en bataille les unes contre les autres, bien plus pour faire une mêlée qu'une victoire. De cette mêlée, comment me tirerai-je, si je ne regarde au signe qui m'apparaît? si je n'accompagne cette lumière qui brille de ce côté, si je n'écoute cette voix qui vibre confuse, mais forte dans mon âme, disant : Fais ainsi, et n'aie crainte? Froissé, avide de calme et de décision, je l'écoute, je me range ; et, si je puis penser que ce soit une voix d'en haut, quand je sais déjà que ce n'est pas une voix de la terre, pourquoi me hâterais-je de la méconnaître?

D'ailleurs, si je ne puis nier ces raisons que vous alléguez, et auxquelles je veux bien désormais donner plus d'empire, puis-je également chasser de mon idée, tant de fois où le malheur a suivi de près le pronostic que j'avais ressenti sans le rechercher. J'en sais d'éclatans dans ma vie ; et, aujourd'hui, un récent, un tout semblable à celui qui, il y a dix-huit ans, au départ pour Montreux, m'annonça la perte de ma Thérèse, m'agite, me trouble, se cramponne à moi pour m'ôter tout repos, quand bien même, à la vue de Louise, qui est calme, j'y serais enclin. C'est le jour où nous avons quitté la Cure. Toute la journée j'avais eu crainte de quelque sinistre ; aucun ne s'était réalisé : la bête n'avait point butté, le ciel était clair et comme ouvert à l'espoir, je reprenais confiance, lorsque, arrivés ici, au port, sur le seuil, et comme pour que le pronostic fût plus éclatant, la pauvre enfant tombe et se blesse, en descendant du char qui l'avait apportée ! Bientôt après m'arrivait l'affreuse nouvelle. Encore, est-ce bien à cette nouvelle que le pronostic s'appliquait ? et ici, comme autréfois pour Thérèse, n'est-ce point un signe de choses bien plus funèbres ?

Vous me demandez des nouvelles de Louise. Que vous dirai-je ? Les jours s'écoulent, c'est tout. Elle ignore ce secrét funeste, en telle sorte que, malheureuse, elle n'a néanmoins pas l'effroi de cette livide tache, empreinte au front de cet infortuné. Elle a reçu sa lettre dernière qui, je l'ai bien vu, l'a remuée jusqu'au fond. Par cette même lettre, il me faisait tenir sa renonciation, conçue en des termes plus posés que je ne m'y étais attendu. Le billet où je lui pardonnais en lui rendant Louise, était déjà parti ; j'aurais pu parler, j'en avais le mouvement, mais, je ne sais quel scrupule, sans compter un mot de Champin[1], me retint d'apprendre à Louise ma résolution. C'est ainsi que Dieu m'a préservé. Car si, cédant alors au besoin de lui dire que je lui rendais Charles, elle eût bu à cette coupe de bonheur,

[1] Ce même mot : *Tu ne sais pas sur ce jeune homme tout ce que je sais.*

que fussé-je devenu, alors que, peu de jours après, m'arriva l'épouvantable nouvelle?

Louise s'est remise à vivre à son ordinaire, au moins d'apparence; si bien que, parfois, la voyant faire les mêmes choses qu'auparavant, je me surprends à oublier que les temps soient si changés. Seulement ne la vois-je point lire; d'où je pronostique qu'elle est trop à ses pensées, pour se complaire à celles des autres. Elle se lève plus tard; levée, elle me rejoint; nous causons; elle se met à quelque ouvrage d'aiguille, puis se retire dans sa chambre, pour se promener ensuite, quand vient le soir. Des dames qui sont par là, ont recherché sa compagnie, et, reçues par elle, se sont retirées emportant cette affection qu'elle répand autour d'elle; toutefois, si à la vérité elle ne les écarte pas, elle évite plutôt de les rencontrer. Au lieu de se complaire, comme autrefois, à passer la veillée dehors, elle se retire de bonne heure, parfois seule, parfois avec Marthe. Je demeure alors avec moi-même, et les idées noires ne me manquent pas.

Ce qui me donne le plus de déplaisir, c'est à voir combien, malgré l'air qui est vif, et la promenade qui exerce, elle prend peu de nourriture. La preuve s'en montre moins sur son visage, que par le cou et les épaules, où je la trouve amoindrie. Sans être rondelette, elle n'avait rien de pauvre; et aujourd'hui, sans paraître changée, elle a l'air plus frêle. Marthe, qui la déshabille, m'assure que je ne me trompe pas, et que telle robe qui lui serrait la taille, aujourd'hui lui est ample. Tout ceci m'est cruel, M. Prévère, mais toutefois moins encore que certains signes que je remarque à l'entour des yeux, bien que je répugne à les y considérer. C'est au coin de l'œil, une peau plus tirée, et si fine et tendue, que, la veine se voyant au travers, forme comme des nuances bleuâtres, qui signalent à mon idée la peine de l'esprit, et l'amoindrissement du corps. Thérèse avait ce signe. Est-ce ressemblance de figure avec sa mère? est-ce ressemblance de venue fragile?...... Toutes ces choses me poussent à prendre conseil de quelque habile médecin, si encore on en rencontre, parmi ces beaux diseurs, dont le langage m'a l'air d'être paré et complet, à raison de ce que le savoir est mince et borné.

Vous me dites de lui parler de Charles. Je l'ai fait; mais, pour bien dire, non sans m'y contraindre moi-même à grand renfort de volonté, et sans penchant à y revenir. Avec ce que je sais maintenant, ce nom me fait effroi. Pour en parler d'une façon aisée et commode, il faudrait que j'ignorasse ces affreuses taches, quand déjà j'aurais peine à faire que, sous tel propos que je pourrais tenir, la petite ne devinât pas cette rancune ancienne, cette répugnance d'instinct, que jamais je n'ai pu dompter, et qui, à présent encore, résiste à la compassion, pourtant vraie, que me fait ce malheureux. Je suis roide, M. Prévère; j'ai une nature lente et obstinée, l'instinct vivace, l'idée droite, mais sans plus de souplesse que la barre du pressoir. Que si je raisonne, que si même je me blâme, que si je veux changer, je sens néanmoins, au-dessous de cette surface, des poids, des lourdeurs que rien ne remue, qui ne bougent, qui me retiennent à elles, eussé-je envie de m'en éloigner. Aussi serai-je, au jour du jugement, de ceux qui auront combattu, mais qui n'auront rien avancé; c'est pourquoi je compte sur les mérites de notre Seigneur, les miens n'étant qu'en germe, et dans le vouloir, plus que dans le fait.

C'est l'autre jour que je lui en parlai, à l'occasion de votre lettre. Nous étions à promener par ces ravins, et vers ce même côté où toujours elle me mène, en delà d'Eseri, à une plaine qu'ils appellent la *Plaine des Rocailles*. Elle est bien nommée : un immense pays, fermé de bois et de monts, où pas un arbre n'ombrage le terrain, mais seulement des roches éparses gisent çà et là sur une herbe sauvage. Louise affectionne cet endroit, apparemment parce qu'on n'y rencontre âme vivante. En nous y rendant, j'avais sur les lèvres de lui parler de Charles ; il me fallut bien deux heures, avant que de m'y mettre ; et elle en ressentit assez de trouble, pour que je ne fusse pas tenté de m'y arrêter longtemps. Néanmoins elle apprit avec douceur qu'il pourra continuer à sa profession de ministre, et qu'il est assez bien pour partir. Quand j'eus dit cela, j'étais soulagé, et disposé à parler d'autre chose ; mais c'est elle qui, troublée à son tour, est demeurée silencieuse. Le retour a été triste, et la nuit mauvaise, m'a dit Marthe.

Mais je ne m'étonne point trop de ces choses, au sortir d'une si forte secousse. C'est le temps qui, après Dieu, est un grand médecin pour les âmes ; et le temps, nul n'en peut hâter le cours. Louise est là, affligée, mais pas souffrante ; et si l'esprit venait à se calmer, le corps se referait à sa suite. C'est sur cet espoir que je vis, et que je veux rester ; ou bien, que deviendrais-je? Quant à mon humeur, n'ayez crainte ; le malheur et l'angoisse l'ont adoucie, et je n'ai à me roidir que contre moi-même, pour ne pas fléchir sous le chagrin qui me travaille.

Votre affectionné,
REYBAZ.

LETTRE LXVII.

CHAMPIN AU CHANTRE.

De Genève.

Eh bien, mon vieux ! te voici en sûreté. Avec un peu d'aide, on t'a sorti de ce gouffre au fond duquel tu étais près de tomber ; maintenant, pose la crainte, chasse la défiance, oublie ces misères, bois un coup, et engraisse-moi cette fillette. Un peu les sapins, un peu le temps, un peu l'humaine nature, vont chasser ses petits chagrins, et te la remettre à neuf ; sans compter qu'on boit à la sienne tous les jours.

Vois-tu bien, mon pauvre ami, retiré que tu es dans ta sacristie, tu as perdu les traditions ; pour nous, frotté au monde, beau cavalier, il n'y a pas longtemps encore, nous connaissons le bois dont sont faites ces petites, et nous ne nous prenons pas au son qu'il rend. Plus d'une a fait la désespérée, qui, trois mois après, guérie de tout mal, ne songeait que noces et amourettes à nouveau. Te souvient-il de Rose, que je demandai en premières? Son père refusa, à raison du bien que je n'avais pas, et la pauvre fille jura que la vie ne lui allant plus, elle ferait un malheur; mêmement que plus de huit jours on la garda à vue..... C'est cette même Rose qui, six mois après, épousait Berthoud le charpentier, et encore *d'urgence,* comme on dit. Qu'on meure de chagrin, possible; mais qu'on meure d'amour, ça ne s'est vu. On pleure un galant, c'est trop juste, mais jusqu'à ce qu'il en vienne un autre. Chez toutes, le cœur est volage, l'idée changeante, et la chanson a raison, qui dit :

> Belle souvent gémit et pleure....
> Mais c'est pour l'amant qui demeure,
> Ou qui bien vite est de retour.

Ta Louise veut être comme les autres.

Toutefois, Reybaz, c'est à toi de veiller, pour qu'échappée de ce filet, elle ne s'embrouille plus qu'à bonnes enseignes; et m'est avis que, faite comme elle est, il faut qu'en père sensé et affectionné, tu y regardes de près. L'éducation change notre être, raffine nos manières ; la sienne lui a fait des sentimens et des idées auxquelles un de notre condition ne répondrait pas. Si les fillettes sont volages, et, plutôt que de mourir, changent d'amoureux, encore est-il qu'on n'en voit guère de gentilles prendre un malotru, de raffinées se choisir un rustaud. Que si une le fait, c'est bon pour un temps ; mais quand l'amour n'aveugle plus, on y voit clair, alors viennent les discordances : ce sont deux ennemis que, pendant leur sommeil, on a attachés ensemble ; réveillés, ils vont se reconnaître, puis se chamailler jusqu'à tant que la chaîne rompe. On t'a fait de la tienne une délicate, une fille à sentimens, une demoiselle enfin, c'est donc un monsieur qu'il lui faut; non un monsieur de contrebande, comme l'autre, et dont la tare est plus visible à raison de ce qu'il contrefait les honnêtes, mais un monsieur de bon lieu, un notable, sûr de ses parens, de joli air, de manières conformes, et ayant des espèces de quoi. Ce dernier point, les fillettes n'y tiennent pas : deux cœurs et une chaumière, dit la chanson; mais c'est aux anciens d'y tenir pour elles. Sans l'argent, pas de marmite.

Aussi, pour te bien dire, Reybaz, c'est ici la crainte qui me reste : à savoir que tu aies peine à rencontrer l'homme qu'il te faut; car encore est-il que les étrangers ne viennent pas d'ordinaire prendre femme au village, et que ta fille ne serait guère d'humeur à quitter vous tous et son endroit, quand bien même un monsieur de la ville se présenterait. Là est donc le nœud de l'affaire maintenant. Heureusement il n'y a pas d'urgence, et le temps porte conseil ; sans compter le bon Dieu qui veille sur les braves gens, comme tu l'as pu voir sans t'y fatiguer les yeux. Seulement, ne t'abandonne plus au Pasteur; méfie-toi de ses façons de voir, si ce n'est de ses intentions. Souviens-toi que, tout charitablement, il te menait perdre, et non pas si innocemment que tu pourrais bien croire, puisque je me doute qu'il en savait, sur ce garçon, plus qu'il n'en voulait dire ; auquel cas, son intention, toute bonne qu'elle était, ne valait guère. Souviens-toi que ces gens, par état, se croient des petits bon Dieu qu'il faut satisfaire, contenter, adorer, ou bien on n'est pas bon à donner aux chiens ; que toujours faisant au nom du ciel, ils disposent à leur guise de nos petites affaires; et que, à leurs yeux, le bien et le mal, c'est ce qui nuit ou complaît à l'Eglise. Souviens-toi que, par état aussi, ils redoutent la jeunesse comme inconsidérée, la richesse comme source de tous vices, le renom comme vanité; en telle sorte que, si tu prends celui-ci pour conseil, il t'éloignera de tel gendre qui ferait un beau sort à ta fille, pour t'approcher de quelque affamé qui vivra sur ton bien. N'est-ce pas, même à prendre ce Charles pour un légitime, ce à quoi il visait ?

Méfie-toi, Reybaz, il y va de ta fille ; crois-moi, moi qui t'ai sauvé, moi qui suis un ancien, un obscur comme toi, de même bord, fortune et condition, et, à ces titres, mieux à même de juger ton affaire à droit fil, et de te donner un conseil sûr et affectionné. Méfie-toi, d'autant plus que ton Prévère est un prêcheur habile, et que le lustre des paroles fait briller ses mauvaises raisons, tandis que la rudesse des miennes leur ôte de leur bonté. Méfie-toi de ce que, honoré que tu te trouves, comme de juste, de l'amitié d'un pasteur, tu en es plus près d'acquiescer à son dire ; et que la parole d'un gros, sans valoir mieux, pèse plus que celle d'un petit. Méfie-toi surtout, puisque je tiens entre mes mains une lettre de lui où il me maudit, où il m'excommunie, où il me donne au diable, pour t'avoir éclairé. Est-ce là la lettre d'un homme qui n'aurait eu à cœur que tes intérêts, ou bien est-ce celle d'un homme qui ne me pardonne pas d'avoir contrecarré les siens ? Qui t'aime donc mieux, de celui qui te sauve, ou de celui qui te mène à ta perte? de celui qui s'enquiert de ce qu'il t'importe de connaître, ou de celui qui, pouvant s'enquérir tout comme moi, et bien mieux que moi, n'en fait rien, et laisse s'engager l'affection de ces deux enfans ; bien certain pourtant que ta fille ne peut qu'y perdre, et son bâtard qu'y gagner? Ouvre les yeux, Reybaz. Et si tu crois qu'il n'y a là qu'erreur, encore était-elle fatale. Méfie-toi.

Par cette lettre, il m'enjoint de lui remettre les pièces relatives au jeune homme : c'est un cadeau que je lui aurais fait sans qu'il m'en priât; puis il me demande de n'en souffler mot, comme si on était pour nuire à un malheureux. Je lui ai répondu sans contester sur rien, et en termes respectueux, sachant bien qu'autrement je t'aurais fait peine. D'ailleurs, que voulais-je? te sauver. C'est fait, sans nuire à personne qu'à moi; qu'ai-je à m'inquiéter en sus?

Il a fait partir son jeune homme vendredi. C'est sage à lui. Qu'avait-il à faire ici que de végéter, une fois qu'ils l'écartent de ses études? Ce que j'en regrette, c'est que je l'avais mieux sous ma main, pour le surveiller à l'occasion. Assure-toi que, de là-bas, il ne travaille pas par-dessous; et qu'aucune lettre n'arrive à ta Louise, par l'entremise de cette Marthe. Les Dervey lui ont fait la conduite jusqu'à la voiture, on aurait dit le beau Dunois « partant pour la Syrie. » Note bien que j'étais sur le pas de ma porte quand ils ont passé, m'attendant au petit pourboire qui fait ma rente, et d'autant mieux que sa maladie ne m'avait pas diminué l'ouvrage : j'en ai été pour ma peine. De monnaie, point; d'adieu, pas davantage. Il a filé comme un grossier qu'il est, et un peu ladre. Mais ce qu'on n'a pas d'une façon, on l'attrape d'une autre. Il recevra un petit compte dont on n'avait pas l'intention de l'ennuyer. Qu'en dis-tu? Reybaz. Pendant que cet orgueilleux me refuse mon légitime salaire, pas un gueux ne montait l'escalier qu'il ne lui donnât, ou de son argent qu'il me devait, ou de ses nippes qui, en bonne règle, me reviennent de droit. C'est égal ; le voilà déguerpi : bon voyage !

CHAMPIN.

LETTRE LXVIII.

LE CHANTRE A CHAMPIN.

De Mornex.

Tu es de mon bord, Champin, et de ma condition, mais tu n'es pas de ma nature. Dans cette infortune, tu trouves à sourire, et quand il faut serrer les rangs, tu t'efforces de me désunir d'avec celui qui, de ce fardeau, porte avec moi la plus lourde part?

Je te l'ai déjà dit, n'attaque pas ce pasteur. Je te l'ai dit : je te croirai malicieux, avant que je le croie intéressé ou perfide, ou que je lui ôte, dans mon idée, cette charité que je lui sais. Je te l'ai dit, Champin, épargne-toi de m'écrire, ou bien respecte ce pasteur, dans l'affection duquel je veux demeurer et mourir. Qu'il ne m'ait rien découvert à temps, c'est son tort, dont il s'accuse ; que tu aies recherché, trouvé, mis en lumière, la tache de ce jeune homme, c'est où tu triomphes ; mais le Juge souverain, c'est le Seigneur, de qui les voies ne sont pas nos voies, et en face de ses jugemens, qui nous atteindront un jour, l'humilité est seule de mise, quand déjà la joie et la vanterie ne doivent point être mêlées à des choses sinistres et funèbres.

Je ne trouve pas, moi, Champin, que le lustre des paroles fasse briller les mauvaises raisons ; et plus je vois de mots employés à soutenir un dire, plus je le soupçonne équivoque, ambigu. Tu parles de la rudesse du tien ? Je le trouve, pour ma part, point assez simple et discret. S'il est rude, c'est d'apparence ; et le langage du pasteur, moins fautif sans doute, présente aussi moins d'artifice. Que si c'est l'abondance des raisons, l'instance des mots, qui donnent du poids aux paroles, tu me sembles l'emporter ; que si c'est l'habitude du cœur et le poids du caractère, c'est M. Prévère. Cet homme est plus haut que tes coups. Quand tu les diriges sur lui, sans l'atteindre, tu me blesses, et me désaffectionnes de toi.

Ces choses, Champin, je te les dis d'amitié.,

froissé que je suis par ta lettre, et néanmoins reconnaissant pour tes services. J'ai l'âme remplie d'angoisse : que l'aigreur et la méfiance n'y aillent pas trouver place à côté ; et quand tu vois qu'à grand effort je m'équilibre entre tant de maux accomplis, ou de maux qui menacent, ne heurte pas, mais bien plutôt appuie.

Tu parles à l'aise de ma Louise, Champin ; je t'en dispenserais. Tu te sers à son sujet de propos comme il s'en tient entre anciens qui devisent autour de la table, et tu te méprends. Ce n'est ici ni Rose, ni aucune ; tes traditions ne vont pas à l'endroit. Si le cœur de cette enfant est volage, et son idée changeante, j'entrerai dans ton dire ; mais si elle est blessée à l'aile, si peut-être elle saigne déjà de sa blessure dernière, sois certain que ce qui se dit de mille, ne se peut dire d'elle ; que ce qui va aux vulgaires, ne lui va pas à elle ; et qu'ainsi qu'il est criminel de parler légèrement des choses sacrées, il est mal séant de ne pas se revêtir de gravité et de respect, quand on cause à l'entour de cette créature.

Mais où pareillement tu t'abuses, c'est quand tu chantes triomphe, te flattant de m'avoir sauvé. Tu m'as sauvé de la honte, non du désastre. Louise est aussi misérable qu'auparavant, et moi, bien davantage. Avec la même angoisse, je n'ai plus ce dernier remède de lui rendre Charles. Tu m'as sorti d'un gouffre pour me poser sur la pente d'un autre, où je demeure pour m'y débattre, sans autre espoir, cette fois, qu'un miracle du bon Dieu. As-tu bien fait? Sans doute, d'intention; mais de fait, tu as soulevé un voile qui ne se peut plus baisser, quand mon salut était peut-être qu'on ne le levât jamais. Ceci, Dieu seul le sait. Toutefois, au milieu de ce doute sinistre, épargne-toi le triomphe, et à moi ces propos de gaîté, qui font outrage à ma misère.

Toute ta lettre, et tes conseils aussi, m'ont été à rebours Non qu'ici je n'accède en bien des points; mais quand c'est la conservation de mon enfant qui fait ma seule prière du soir comme du matin, qu'ai-je à faire de raisonner du choix d'un mari, et, en face de cette alarme, comment me soucierais-je du reste? Viennent des temps meilleurs, alors je songerai à ces choses. Encore sera-ce tôt; car si, à vrai dire, ce serait pour moi une mort d'angoisse, que de laisser cette enfant sans homme qui l'abrite et la protége, comment présager qu'elle fléchisse jamais vers d'autres affections, et se donne une seconde fois, si cruellement frustrée une première? Que le ciel l'y incline! C'est mon envie; mais pour lors, que me viens-tu parler de l'homme qu'il lui faut, de choix, de directions, de menées? Que seulement cet homme qu'elle aura préféré soit sans tare, et n'imagine pas qu'alors je l'écarterai pour être pauvre, comme pour être citadin, ou étranger. L'adversité nous ploie, le temps change nos esprits, le malheur et l'angoisse nous amènent où nous ne voulions point être. Ce Charles lui-même, sans cette barrière d'opprobre, n'imagine pas que ce fussent aujourd'hui ni sa pauvreté, ni ma rancune, ni mes instincts, ni ton dire, qui m'empêcheraient de lui commettre ma Louise. Je le faisais de mauvais vouloir dans ce billet que tu as gardé; à cette heure je le ferais avec félicité: j'y verrais mon salut, autant que mon obligation.

Du reste, je devine où tend ta lettre; mais sans goûter ce détour que tu prends pour m'incliner vers M. de la Cour. A parler droit, tu t'épargnais du papier, et je ne t'entendais que plus volontiers. M. de la Cour, je l'ai répudié dans le temps, sans que M. Prévère s'en soit mêlé, comme tu veux le faire accroire; mais par cette seule raison, que je voulais pour ma fille du moins dissipé et du plus bourgeois. Que si jamais revenu au pays, et rangé par l'âge, il regardait à ma Louise; l'obstacle, sois certain, viendrait d'elle, avant que de venir de moi. Pour l'heure il court l'Italie avec sa mère, et ce n'est pas le chemin de la Cure ; quand déjà la constance ne fut guère sa vertu d'habitude, ni son affection pour Louise au goût de sa famille. Tranquillise-toi donc sur l'article, et emploie ta plume en d'autres soins que de me pousser ou de me prémunir à son sujet.

Aie soin surtout, Champin, de contenir ta langue, quant à cette funeste histoire. Tu es enclin à parler, et, de ceux qui t'entourent, notamment la Jaquemay, plusieurs ont l'éveil, qui, sur un signe, devineraient au pire, sans que plus rien les retînt d'accabler ce malheureux. Ce serait lui créer un second mal, moins réparable encore que le premier. Le voici transplanté à Lausanne, où ils l'ont admis à étudier; si un mot seulement était prononcé du sang dont il est issu, c'en serait fait; et quelle ressource lui resterait-il ensuite que de mal tourner comme ses pères, et sur meilleur prétexte qu'eux, puisqu'on l'aurait de force chassé de la bonne voie? N'y touche donc pas à ce jeune homme, ni pour peu ni pour beaucoup ; n'en dis rien, abstiens-toi de m'en entretenir, que sa mémoire s'efface, que sa trace se perde ! Et pour ce qui est de ton salaire légitime, dont il t'a frustré, je te l'adresse ci-avec; aux fins que, sur nul prétexte, tu ne t'ingères plus dans ce qui le concerne, et que tu vives comme ne l'ayant jamais connu. Quant à la bonne grâce dont en partant il t'a frustré aussi, m'est avis que tu ne devais guère t'y attendre : lui ayant été adverse dès l'entrée, et ayant couronné l'œuvre par cette sinistre découverte qui le perd. Tu me diras que, ceci, il l'ignore ; mais le cœur se doute, Champin ; sans savoir, il pressent ; ainsi qu'un chien, encore qu'il ne voie pas le loup, flaire qu'il est alentour. C'était mieux à toi de ne pas te trouver sur son passage, qu'à lui de te témoigner amitié. Ainsi, trêve encore à ce point ; efforçons-nous d'oublier que ce malheureux soit jamais venu au monde, pour nous troubler comme pour y souffrir.

Reybaz.

LETTRE LXIX.

MONSIEUR PRÉVÈRE A LOUISE.

De la Cure.

Les jours s'écoulent, ma chère enfant, votre absence se prolonge ; je veux, en vous écrivant, tromper l'impatience que j'ai de vous revoir ; je veux aussi vous provoquer à m'écrire. Ce long silence de votre part m'est encore plus cruel, en ce qu'il trahit votre découragement, qu'en ce qu'il me prive de la douceur de votre commerce.

J'ai eu de vos nouvelles par votre père. Il n'est point trop mécontent : l'espoir se fait jour dans son cœur, le calme semble y renaître. Mais si je reconnais à ces choses le fruit de votre filiale tendresse, celui que vous attendiez de vos efforts et de vos sacrifices, je n'en suis que plus inquiet à votre sujet, que plus avide de savoir si ce bien que vous lui faites est acheté à trop haut prix; ou bien si, comme je l'espère, vous commencez à partager ce calme que vous lui avez rendu, et à savourer, à côté de vos chagrins qui s'adoucissent, cette sorte de courage consolateur, qui accompagne toujours l'accomplissement des plus pénibles devoirs. Ecrivez-moi, ma chère enfant; ne me cachez ni vos souffrances, ni vos déchiremens; ne me privez pas de l'infinie douceur d'apporter, si je puis, quelque baume à vos blessures.

J'ai lu la lettre de Charles que vous m'avez fait passer. Je vous remercie, Louise, pour cette communication. Vous m'avez procuré l'occasion de confondre mes larmes avec les vôtres, et celle de contempler dans mon Charles cette élévation et cette droiture de sentimens que je lui ai connues, mais qui eussent pu, dans de pareilles circonstances, fléchir sous l'atteinte du désespoir. Il n'en a point été, il n'en sera point ainsi. Chez les belles âmes, l'épreuve met en lumière ce que le bonheur laissait enfoui; elle fait appel aux vertus difficiles, et ces vertus répondent à l'appel. Charles s'est montré digne de vous, ma chère enfant, et je ne doute pas qu'il ne suive tous les exemples de courage et de résignation que vous ne manquerez pas de lui donner. Combien j'aimerais à revenir ici sur sa lettre! mais c'est une contrainte que je m'impose, que de ne pas réveiller des émotions dont il faudrait pouvoir tarir la source.

Mais, Louise, vous vous faites de bien injustes reproches, quand vous vous accusez de délaisser cet ami, complice que vous vous dites d'un monde cruel, de préjugés détestables. Ces reproches recouvrent un sentiment triste pour vous; l'amertume en rejaillit sur votre père, sur moi-même, qui m'associe maintenant à ses vues, sans que je voulusse certes accepter cette complicité dont vous parlez. Votre cœur vous abuse, votre générosité, vos regrets, votre modestie même conspirent contre vous, mon enfant. Vous êtes soumise à votre père, ainsi que c'est votre devoir de l'être; vous immolez à sa sollicitude pour votre bonheur, tout ce qui faisait le vôtre. Bien loin que vous soyez complice, vous seriez victime, si ce n'était librement, et par obéissance volontaire aux suggestions du devoir et de la tendresse filiale, que vous renoncez à de chères espérances. Reste votre père qui est seul en cause. Prendrai-je le soin de le justifier auprès de vous? A Dieu ne plaise! S'il est complice de quelque chose, c'est, vous le savez comme moi, de sa seule tendresse pour vous, des alarmes que lui cause votre avenir, de certaines impressions qui sont dans sa nature, et qu'ont fortifiées les défauts de Charles, ou ses imprudences. Mais complice de ces préjugés détestables? Non, non, Louise. Longtemps il les partagea avec tous ceux du hameau; mais de ce jour où naguère il entendit à l'église l'appel de la charité, de ce jour-là, il secoua leur empire, il se tint en garde contre eux, et d'autres motifs dès lors ont dirigé sa conduite. Et pensez-vous, Louise, ma chère enfant, pensez-vous que moi, son ami, le vôtre, le protecteur de Charles, j'eusse reculé devant l'obstacle d'un simple préjugé? que j'eusse consenti à vous en voir devenir la victime? que je n'eusse pas, à mes périls et risques, combattu jusqu'au dernier instant une barbare maxime? qu'enfin j'eusse acheté l'amitié de votre père, quelque chère qu'elle me soit, au prix d'une condescendance lâche et criminelle à mes yeux?

Chassez donc, chère enfant, ces pensées amères; n'envenimez pas une blessure déjà si cruelle; écoutez plutôt ce qui peut l'adoucir, sinon la fermer. Notre jeune ami est ce qu'il vous a promis d'être : il ne se laisse point abattre. Encouragé par vous à suivre la carrière du saint ministère, il s'y achemine avec ardeur, il s'aide à lever les obstacles, et, par ses soins, autant que par les miens, le voici admis depuis hier à suivre à Lausanne ses études de théologie. C'est un grand bonheur, sur lequel je n'osais compter, et qui lui assure désormais une existence honorable et sûre. Plus tard, nous saurons mieux s'il convient qu'il soit consacré à Lausanne ou ici : ces deux voies lui sont ouvertes. En attendant, il s'y fait déjà apprécier, aimer; je reçois de quelques-uns de mes confrères de Lausanne, des lettres où perce un sentiment d'intérêt et d'estime pour cet aimable jeune homme. Je lui reconnais comme vous des talens naturels, sur lesquels je fonde beaucoup d'espoir : à côté de cette fougue de sentimens, et de cette imprudence du cœur, qui, réglées et tempérées par l'âge, se tourneront en douce et vivifiante chaleur, il a du mouvement et de la noblesse dans la pensée; son style, incorrect encore, mais point faussé, ne manque ni de ces traits qui captivent, ni de cette abondance féconde qui convient à la prédication. Mais surtout, quelle naissance, quelle vie, quelles infortunes mieux que les siennes sont faites pour lui valoir, et de bien bonne heure, cette expérience, ce jugement, cette connaissance du monde, de ses injustices, de ses chocs, de ses misères, et aussi, Louise, de ses plus célestes joies, sans lesquelles le ministre de Christ est inhabile à sa tâche ; sans lesquelles il ne sent pas, il parle à faux ; sans lesquelles, plus asservi qu'un autre aux préjugés qui lui sont propres, il prêche de tradition, il est l'homme de l'Eglise, plus que l'homme de Christ ; le juge en titre de son prochain, bien plus que son frère ! Pauvre enfant ! dans cette lettre même qu'il vous écrit, je ne pouvais m'empêcher de remarquer, avec une satisfaction bien mêlée d'amertume, cette précoce science des hommes, cette lutte d'humiliation et de fierté, ce flot de sentimens et d'émotions, qui, tempérés par l'élévation du cœur, me semblent être comme les prémices d'une future éloquence, persuasive, entraînante, mais, hélas, bien chèrement achetée !

Que la perspective de cet avenir qui attend notre ami dans cette sainte carrière où le voici engagé, vous soit un sujet de consolation, Louise ; qu'elle allége ce sentiment de pitié qui se mêle à vos regrets. Et si vous portez vos regards sur sa situation présente, sachez voir qu'elle n'est pas aussi à plaindre qu'il paraît. Les sentimens qu'il vous exprime sont sincères, j'en retrouve l'expression dans les lettres qu'il m'écrit ; n'y voyez donc point un masque dont il recouvre le découragement ou le désespoir. Sa plus grande infortune, ce n'est pas de vous avoir perdue, c'est d'avoir troublé votre destinée. Votre lettre est pour lui une source de biens : il s'y anime et s'y console tour à tour, il y trouve tracée de votre main la règle qu'il veut suivre religieusement, et à cause de vous. Les témoignages de votre estime, de votre affection, le soutiennent, le font vivre, le font jouir. Si je pouvais lui transmettre l'annonce que vos jours sont plus sereins, que vous recouvrez vos forces, votre santé; le bonheur, Louise, oui, le bonheur, je vous le jure, luirait encore pour lui. Que vous dirai-je enfin? ou plutôt, dois-je vous dire ces choses? Cette assurance, que votre cœur ne se sera donné qu'une fois, le transporte, l'enivre,... c'est assez pour charmer son malheur, pour donner à sa résignation la chaleur de la vie, et le mouvement du courage.

Louise, mon enfant, ma chère enfant, que ces témoignages agissent sur votre cœur, et qu'ils en chassent le trouble et l'amertume. Revenez, revenez à la paix; qu'ici se montre dans tout son éclat cette raison élevée qui vous distingue, cette religieuse et douce soumission, seul remède à de cuisantes morsures. Considérez les biens qui vous demeurent, les coups qui vous sont épargnés ; considérez que, pour tous, et je n'ai garde d'en excepter Charles, il nous reste encore mille biens à goûter, si seulement quelque paix vous est rendue ; si seulement votre affliction se décharge de ce qu'elle a de trop lourd pour vos forces ; si seulement, après tant de secousses, un calme, même ingrat, renaît en vous, de qui dépendent notre joie et notre bonheur à tous..... Confiez-vous en moi, écoutez mes conseils. L'épreuve, vous le savez, ne m'est point étrangère ; j'ai connu de cruels déchiremens ;.... eh bien, Louise, la volonté, l'effort, la prière, l'espérance, le devoir, des affections qui demeuraient, d'autres qui devaient naître, ont cicatrisé la plaie ; et, plus que jamais, je bénirai l'existence si, comme je l'entrevois, Dieu permet qu'il en soit de même pour vous et pour mon Charles.

J'ai à vous annoncer, ma chère enfant, une triste nouvelle. Le pauvre Brachoz, qui avait semblé se remettre de sa chute, après avoir traîné ces derniers mois une misérable vie, vient de succomber à ses souffrances. Cet homme était, malgré son penchant à l'ivrognerie, aimé à juste titre dans le hameau. Il était serviable, plus généreux que ne le sont d'ordinaire nos gens, et capable de beaux dévouemens. Ce fut lui, vous vous en souvenez, qui, au péril de ses jours, pénétra dans l'étable de la pauvre Crozat, au travers des flammes, et parvint à lui sauver son unique vache. Ce fut lui qui, seul, se présenta pour descendre dans le puits où gisait Paul Rouget, et qui le retira de dessous l'éboulement. Il a supporté son mal avec résignation, et, en plusieurs occasions, lorsque je l'ai visité, il a de lui-même manifesté du repentir de ses excès, et reconnu ses faiblesses avec une humiliation touchante. Ces derniers jours, il m'a chargé de vous remercier de vos bontés pour lui et pour sa famille, et, en regrettant que vous vous trouvassiez absente de la Cure dans ce moment, il m'a prié de vous parler en faveur de sa femme, qu'il laisse effectivement dans une grande misère.

J'ai tâché, Louise, de suivre toutes vos recommandations à l'égard de vos pauvres. L'abondance des récoltes, et le haut prix des journées, ont rendu ma tâche facile, et les secours peu nécessaires. Mais, chez plusieurs, je m'aperçois qu'on tient plus encore à vos visites qu'à vos libéralités; et ce sont questions sur questions, pour savoir à quand votre retour. J'ai remis, de votre part, à Pauline Roset son voile de communion et le petit psaume; cette pauvre enfant ne se sentait pas de joie, et ses père et mère, la voyant si bien parée, en avaient l'œil tout rempli de larmes. Elle a été reçue avec les sept autres, et, l'après-midi je les ai toutes réunies à la Cure, comme j'avais fait pour les garçons. Mais cette fois j'ai senti plus durement votre absence, et, en vérité, j'étais emprunté de savoir comment traiter cette compagnie de petites filles. Elles ont joué dans le jardin, où je leur ai fait servir un petit goûter; puis, sur le soir, on s'est promenés en causant, et j'ai été content des dispositions que m'ont manifestées ces chères enfans. L'une d'entre elles, Charlotte Combat, aurait quelque penchant à l'exaltation, mais comme il n'y a rien ici qui puisse alimenter ce penchant, il sera, j'espère, passager. Au retour, nous avons rencontré votre petite orpheline, qui regardait Pauline Roset de tous ses yeux. Je lui ai promis de votre part qu'il lui en était réservé tout autant, si elle continue d'être sage, et de contenter ses patrons. Cette petite est attrayante. Elle est remplie de candeur et de gaîté. C'est un de ces naturels heureux et faciles, qui se développent également bien dans toute condition, parce qu'ils plaisent à tout le monde. Ce qui me fait éprouver un sentiment bien doux, c'est de voir que, dans le village, loin d'être jaloux de ce qu'elle est votre protégée en titre, ils l'accueillent tous avec affection, et lui font, dans l'occasion, partager leurs plaisirs. L'autre jour, on mangeait des merveilles chez les Redard, à l'occasion d'un anniversaire : la petite vint à passer avec ses deux chèvres; ils l'appelèrent, comme elle était, et lui donnèrent sa petite part qu'elle mangea au milieu d'eux. Ces façons de faire me réjouissent, et surtout ceci, qu'ils ne lui donnaient pas les merveilles comme on fait à une mendiante, pour aller les manger plus loin, mais qu'ils l'associaient en quelque sorte à leur repas de famille. Qu'il y a de goût, de tact, de bien, Louise, dans tout ce qui part du cœur!

Faites, je vous prie, mes amitiés à M. Reybaz et à Marthe. Dites à celle-ci qu'on a donné tout son chanvre à filer à la veuve Crozat, selon son intention, et que cette pauvre femme a reparu hier à l'église. Elle m'en avait prévenu jeudi, en fondant en larmes, et en me disant avec une naïveté touchante, qu'elle ne pouvait plus supporter d'être en *brouille* avec le bon Dieu. Je l'ai félicitée de ce retour à des sentimens dans lesquels seulement elle trouvera de la consolation; et elle s'est retirée comme soulagée d'un grand chagrin, en me remerciant de l'avoir toujours visitée malgré ses erreurs. Dites à votre père que son remplaçant me satisfait, et que son chant s'est réglé d'une façon suffisante pour que je n'aie plus d'inquiétude. Enfin, recevez, ma chère enfant, les plus tendres amitiés de votre affectionné

PRÉVÈRE.

LETTRE LXX.

CHARLES A MONSIEUR PRÉVÈRE.

De Lausanne.

Nos cours ont recommencé, Monsieur Prévère. Je tâche à les suivre ; j'y vais, j'y assiste, je reviens, je m'enferme dans ma demeure.... Ah! mon maître, mon digne maître ! si je vais vous paraître ingrat, sans courage, ne me repoussez pas néanmoins ; plutôt tendez-moi la main, retenez-moi sur cette pente où je me sens entraîner !

Les premiers jours, j'étais plus agité, mais moins malheureux. Je mettais du prix à vaincre les obstacles qui m'empêchaient d'accomplir le vœu de Louise.... L'obstacle est franchi, la carrière m'est ouverte, je n'ai plus qu'à y marcher;... mais je ne puis, Monsieur Prévère. Point de but, aucun espoir, un dégoût profond ; rien qui fixe, qui attire, ou qui seulement distraie mon esprit. Que puis-je étudier, durant que le regret, la douleur, gonflent mon cœur ou le rongent? J'écoute, j'écris, je veux penser à ces sujets qu'on m'expose; quelquefois j'y réussis, alors que, sous les yeux des autres, ma peine est comprimée, ma plainte retenue ; puis, je me retrouve avec moi-même... C'était temps! la tristesse déborde, des torrens de larmes coulent de mes yeux; cette chambre où je m'enferme est le morne asile où, loin de vous, loin de tout ce qui m'est cher, mes journées se consument en stériles gémissemens.

Que ferai-je ? Monsieur Prévère. Qu'ai-je promis! L'épouvante aussi me saisit.... Il faut que je suive cette carrière; Louise, vous, vous comptez sur moi,... et déjà je trompe vos vœux, votre espérance! Je veux pourtant, je veux, je vous le jure, mon digne maître; mais je ne puis! Cette coupe est trop amère, ce poids, trop lourd pour mes forces ; mon cœur brisé n'a plus de ressort que pour la douleur....

Mais ai-je pu promettre de suivre une carrière à laquelle il est mal de se vouer, si une vocation particulière ne vous y appelle? Suis-je fait pour percer jamais ce voile d'humiliation et d'avilissement qui m'enveloppe, qui m'étouffe? Suis-je fait pour faire luire quelques vertus, quand tout ce que j'ai de forces, suffit à peine à combattre l'outrage de ma destinée? Je pourrais apprendre, mais qu'est donc le savoir dans cette sainte profession ; et la première condition n'est-elle pas le talent, qui me manque, ou, à défaut, cette position dans la société que je n'aurai jamais? Moi, misérable, à qui puis-je être utile? Qui ne dédaignera pas mes soins, mes conseils, mon dévouement? moi, moi, enfant trouvé! marqué d'une tache ineffaçable ; moi sur qui pèse le mystère de l'infamie ; moi qui suis l'enfant... l'enfant de qui?... de qui? M. Prévère.... Tout est-il connu du moins? N'ai-je plus à craindre? N'y a-t-il rien encore derrière ce berceau que vous relevâtes?... plus de nouvelle tache?... plus de livide ulcère?... Ah! que je m'abreuve de sanglots! que l'angoisse et la terreur s'emparent de mon cœur! qu'elles le percent, qu'elles le tordent! c'est mon partage.

Vous dire ces choses, c'est déchirer le vôtre, mon bien-aimé maître.... mais vous les taire toujours!.... Elles me rongent, elles me livrent en proie à la violence de la haine, de l'orgueil, du murmure, de mille passions mauvaises.... elles me font bondir sur ma couche, et accuser le ciel et les hommes.... Je fus si heureux! J'ai goûté sous votre aile tant de sécurité! je savais si peu craindre, prévoir, m'alarmer! Et frappé ainsi! et précipité, de cette félicité suprême, dans ce sombre abîme!... saisi par la mort, au sein des transports et dans toute l'ivresse du bonheur!... Ah! M. Prévère, il est donc vrai, j'ai perdu Louise! Louise, la plus céleste des créatures, et néanmoins la seule qui daignât m'aimer! Je vivais de son affection, je vivais de ses paroles, de sa vue; je n'étais que par elle et pour elle; cette union promise, c'était mon bouclier, mon soutien, mon courage!... Non! ce n'est pas le bonheur seulement, que j'ai échangé contre une affreuse infortune.... j'ai encore perdu ma force, mes ressources, le souffle qui me faisait vivre, tout ce que les autres hommes puisent à mille sources où ne s'abreuvent point des misérables tels que moi!

Que deviendrai-je? Monsieur Prévère. La honte seule me retient à ces travaux. J'ai promis; mais au dedans, je sens que je suis parjure déjà! Je prie, je demande des forces à Dieu, j'attends; mais les jours s'écoulent, et chacun ajoute à mes dégoûts. Je voudrais m'enfuir, aller au loin cacher ma vie, vous débarrasser de moi qui ne sus que troubler la vôtre, qui ne saurai jamais rien vous rendre, pour les bienfaits que vous m'avez prodigués, comme pour les chagrins dont j'ai abreuvé votre âme tendre et compatissante. C'est là, mon maître bien-aimé, le comble à ma misère; un dernier espoir m'aurait soutenu, je ne l'ai plus! Voué à l'infortune et à l'opprobre, toujours mes douleurs pèseront sur ceux qui m'aiment; et, d'entre les hommes, le seul à qui je dois tout, c'est celui-là seul dont j'aurai empoisonné les jours, et abrégé la vieillesse!

Ces idées m'obsèdent. Je rougis de moi, de mon ingratitude, de mon néant. En ces orages, mon cœur se dégraderait-il? Me reconnaîtrez-vous? Vous fuir! Monsieur Prévère. Hélas! que suis-je donc devenu? Vous fuir!... C'est la première fois que cette horrible pensée m'est venue. Le pourrais-je? Non, mille fois non. Et cependant elle me domine, elle m'apparaît comme une nécessité, comme un devoir.... Je vous avoue ces choses en tremblant, avec honte... le cœur serré d'une poignante tristesse.... mais je vous les avoue, puisqu'elles sont et que vous êtes mon père, mon maître vénéré et chéri; je vous les avoue, puisqu'en vous les avouant elles me maîtrisent moins, puisqu'en cherchant à saisir votre main dans cette obscurité où me voici plongé, je fais la seule chose qui puisse encore me préserver du mal, et me défendre contre moi-même!..

Je ne sais rien de Louise, rien, plus rien!.... Et cependant!... Ah! Monsieur Prévère, si ses jours sont calmes, si ses forces reviennent, si vous êtes à son sujet sans alarme, plein d'espoir; faites-moi mystère, j'y consens, de tout ce qui se passe sur ce mont Salève, dont les bleuâtres sommités enchaînent d'ici mes regards. Mais s'il en était autrement!.... Me le cacheriez-vous? m'empêcheriez-vous de courir, de voler auprès d'elle? de me jeter aux pieds de M. Reybaz, d'obtenir de ses larmes, de son effroi ou de ses remords, ce qu'il refusa à mes prières et à mon désespoir? Dites, dites, mon bien-aimé maître. Ce dernier et triste recours m'est-il laissé, ou bien dois-je, même alors, et sans rien tenter, voir Louise se briser contre l'inflexible volonté d'un père sans entrailles?....

Le tremblement me saisit, la douleur m'égare.... Pardonnez, mon cher maître.... Je me dompterai, je me rangerai à vos conseils,.... à vos exemples.... ayez pitié de votre

CHARLES.

LETTRE LXXI.

MONSIEUR PRÉVÈRE A CHARLES.

De la Cure.

Oui, votre lettre me chagrine, elle me perce l'âme; je blâme cette faiblesse mêlée d'emportemens, ce prompt abandon de résolutions qui devaient vous être sacrées; oui, je déplore ce lâche découragement, ces insensés projets. Ce ne sont là ni les expressions, ni les sentimens, ni les vœux de mon Charles, de celui que j'estime et que je porte dans mon cœur. Relevez-vous, Charles; arrière cette mollesse, cette violence, ces indignes transports! Apprenez que vous ne pouvez être ingrat à mon égard, qu'en trompant le compte que j'ai pu faire sur vos vertus. Apprenez que c'est dans l'épreuve que se montre l'homme, le chrétien ; et que si votre infortune est grande, le premier remède à y apporter, le seul, c'est de vous y résigner avec dignité, en marchant à l'accomplissement des devoirs qui vous demeurent, ou qu'elle engendre.

Mais vous êtes mon enfant : je compatis à vos souffrances, j'excuse ces momens de délire ; et pour vous parler un autre langage que celui de la plus tendre affection, il faudrait me faire une trop pénible violence. Charles, mon enfant ! revenez à vous-même... Je ne vous reconnaissais point dans ces lignes ; mes larmes coulaient en les lisant, non point celles qu'il m'est consolant de verser en commun avec vous, mais des larmes telles que votre infortune même ne m'en arracha point d'aussi amères. En effet, il y a quelque chose de bien plus triste, de bien plus à craindre que l'infortune : c'est lorsque les tempêtes du cœur et le désordre des passions amènent la déraison ; c'est lorsqu'un caractère bon, droit, aimable, se manque à lui-même, récrimine, s'aigrit, devient injuste, et se livre en proie à des mouvemens dont il ne sait plus être maître, ou dont il ne s'efforce pas de modérer la violence. Revenez à vous-même, mon bon ami. Reprenez ce gouvernail de votre âme, que vous laissez flotter à l'abandon. Effacez, jusqu'à la trace, ce premier chagrin que vous m'avez causé; oui, Charles, ce premier : car ce qui est douleur, je m'y associe; ce qui est imprudence, irréflexion, je l'excuse; mais ce qui dément le caractère et trompe l'estime, je le ressens avec une peine vive et profonde.

Je ne m'étonne ni de vos souffrances, ni de vos dégoûts, ni de cette torpeur que vous ressentez à l'étude; mais je vous demande, mon ami, de poursuivre et de vaincre. Je vous demande de rechercher cette société qui vous comprime, et non cette solitude où vous vous livrez sans témoin à de honteux transports. Je vous demande de songer que, tandis que vous vous comportez ainsi que vous faites, moi, je console Louise en lui parlant de votre courage et de votre avenir maintenant assuré. Je vous demande de ne démentir ni mon langage, ni le vôtre, ni l'attente de cette angélique amie. Je vous demande de n'aggraver rien d'une situation déjà si misérable, si difficile, et dont l'issue fatale ne saurait être douteuse, si vous veniez à faillir. Je vous demande enfin, Charles, de vous souvenir des commandemens d'en haut, de me montrer que vous les avez compris, que vous les respectez, et que cette religion qui est en vous n'est pas une semence stérile, qui, sans racines dans le sol, est dispersée par le vent des premiers orages; mais qu'elle est un germe fécond, qui a crû pendant les jours sereins, pour fleurir dans les jours d'épreuve.

Voilà, mon ami, mes avis, mes conseils. Ils vont, j'en suis certain, pénétrer jusqu'à votre cœur, pour le fortifier et pour le changer. Après cela, discuterai-je l'un après l'autre ces sophismes que contient votre lettre? Non, Charles; ce serait mettre en doute votre jugement, qui n'aura pas attendu ces lignes pour reprendre sa droiture; ou votre filiale docilité sur laquelle mes vœux auront, je le sais, plus d'empire que mes raisonnemens.

Mais si je ne veux pas discuter ces sophismes, je veux vous faire connaître mon opinion sur tel point où jusqu'ici j'ai été moins libre de le faire. Il était difficile en effet que je vous parlasse du choix de votre carrière, sans porter à cette occasion vos réflexions sur votre naissance, et, ce dernier sujet, je répugnais à en entretenir votre pensée, avant que l'âge eût formé votre jugement, et la religion préparé votre cœur. Aujourd'hui, mon cher enfant, il est temps de renoncer à ces ménagemens; les circonstances le demandent, votre âge le permet, et la religion habite en vous.

Charles, de tout temps, dès vos plus jeunes ans, en considérant quelle est votre situation dans ce monde, j'ai désiré de vous voir engagé dans la carrière du saint ministère. Quand l'âge a développé votre caractère, je l'ai désiré encore plus; quand j'ai vu, et la nature de vos facultés, et celle des talens que Dieu vous a départis, ce qui était espoir s'est changé en un vif désir : je me suis applaudi mille fois d'avoir dirigé de ce côté vos idées et votre instruction. Je ne me suis jamais entretenu avec Louise sur ces sujets, mais un sens fin et précoce des choses, et une sollicitude envers vous aussi tendre qu'éclairée, devaient la porter plus tard à former le même vœu que le mien. Eh bien, si par ces motifs que je vous expose, et indépendamment de la beauté de cette carrière, indépendamment du vœu de Louise, j'ai jugé de tout temps que cette carrière vous convenait entre plusieurs; aujourd'hui je juge qu'elle vous convient seule entre toutes!

Et ici, je n'ai pas à cœur rien que votre avenir matériel, Charles; je n'ai pas en vue rien que le salut de votre âme, ce salut, à mon sens, bien plus difficile à atteindre pour le pasteur que pour les brebis du troupeau; j'ai à cœur, j'ai en vue votre repos, mon enfant, votre situation honorable et heureuse dès ce monde. Oui, je ressens de toute l'amertume de mon âme ces angoisses de votre fierté blessée, cette légitime révolte contre les préjugés qui vous atteignent, ce malheur d'être sans parens, sans famille; et je veux que ces aiguillons s'émoussent, que cette misère se tourne en paix, en vertu, en doux éclat. Si je ne partage pas cette irritation que je rencontre et que j'excuse en vous, si je regarde ce monde, contre lequel vous vous emportez, comme plus léger encore que barbare, comme plus vaniteux qu'inhumain; je sais, je sais, mon pauvre enfant, qu'il vous a été rude, qu'il vous le sera encore, et je veux vous soustraire à ses coups. Pour cela, allez à Christ; ne relevez que de lui. Pour lui, aimez, servez vos semblables; allez faire en son nom la douce et sûre conquête de leur estime et de leur affection.... Ce maître, c'est le mien : je le connais, je sais avant vous comment il tient ses promesses; et je vous répète, avec conviction, avec autorité, avec tendresse : Allez à lui !

Et, en effet, Charles, portez vos regards autour de vous, examinez ces carrières diverses offertes à votre ambition, et dites-moi celle où vous trouverez plus aisément ce refuge qu'il faut à vos misères; montrez-moi celle où vous ne serez pas exposé à consumer vos forces, sans atteindre à ce tranquille sommet au-dessus duquel luiront pour vous le bonheur et la paix. Dépouillé des biens les plus généralement répandus, qu'auriez-vous pour réussir dans le monde, que les avantages que vous lui demanderiez à lui-même, et qu'il vous accorderait dédaigneusement, s'il ne vous les refusait avec dureté? Qu'auriez-vous pour appui que sa fragile faveur, que sa capricieuse bienveillance ; tandis que sa vanité toujours la même, son orgueil toujours prêt à blesser, ses préjugés toujours aveugles et cruels, vous opposeraient à chaque pas d'infranchissables obstacles ? Ah ! ne vous engagez point à ce maître, mon enfant ; et bien plutôt allez au Seigneur des humbles, des petits, des déshérités. Soyez son serviteur fidèle ; et alors, plus vous êtes bas placé dans l'opinion des hommes, plus le ciel vous a départi de privations, d'épreuves, de flétrissures non méritées, plus aussi votre âme sera dégagée d'entraves mondaines, libre dans son ministère, vraie dans son humilité, et sincèrement charitable. Votre lumière luira devant Dieu, qui vous donnera le contentement véritable, le bonheur indépendant du monde ; votre lumière luira devant les hommes, qui ne vous refuseront ni leur cœur, ni leur estime, ni leur hommage, soyez-en bien sûr,

Charles : car non-seulement tous les hommes aiment, estiment, honorent le dévouement, la charité, la vertu, mais, en outre, tous, et les puissans eux-mêmes, sont bienveillans, justes, respectueux, envers celui qui ne leur demande rien de leurs biens frivoles, qui ne jalouse pas leurs avantages, ni ne menace leurs intérêts. Belle carrière, mon enfant, pour les âmes haut placées ! Situation digne d'envie, digne d'effort, pour les cœurs noblement ambitieux ! car, tout obscure qu'elle puisse et qu'elle doive être, elle n'en domine pas moins, en indépendance et en élévation, celle des monarques eux-mêmes ; et le seul écueil que j'y sache, mais réel, mais perfide, c'est cet orgueil qui naît si vite de toute condition élevée, et de tout devoir rempli.

Que si j'examine maintenant votre caractère, je m'applaudis, mon enfant, de vous voir engagé dans une carrière où vos bonnes qualités pourront se développer au profit de vos frères et de vous-même ; tandis que vos défauts s'y corrigeront, s'y tempéreront, et se tourneront, pour la plupart du moins, en germes bienfaisans. Cette fougue, Charles, cette véhémence imprudente, source de presque toutes vos fautes passées ; ces transports qui vous égarent, cet abattement aussi violent en vous que pourrait l'être chez tel autre la colère elle-même, que leur manque-t-il pour vous précipiter, et nous avec vous, dans un abîme, sinon de désordres, du moins de maux, de démarches funestes et irréparables, si ce n'est de ne pas rencontrer de frein assez fort, et assez doux en même temps, pour les vaincre en les réglant? Et que leur manque-t-il aussi pour devenir chaleur féconde, passion généreuse, vigueur, vaillance, bravoure de charité, que d'être mis sous le drapeau de la religion, et au service de Christ notre glorieux Sauveur? que d'être employés sur sa trace, et d'après ses exemples? Ce sont là aujourd'hui vos défauts, mais ce peuvent être vos vertus! Car, heureux, Charles, ceux dont l'âme, au lieu d'une stérile torpeur, offre le bouillonnement d'une surabondante sève! heureux ceux qui sentent vivement, ceux dont le cœur est susceptible de bouleversement et d'angoisse, de transports véhémens et de tendresse brûlante! heureux s'ils se vouent au Seigneur! Ils seront des soldats agissans, habiles, victorieux : car la force est en eux, l'amour est en eux, pour aider, pour corriger, pour relever, pour secourir, pour combattre; et, ce qu'il faut déplorer, c'est bien moins si cette noble flamme, attisée ou détournée par le souffle des vents orageux de la terre, marque son passage de quelques dégâts, que si elle n'existait pas, ou si elle venait à s'éteindre. Dieu, vous le savez, Dieu lui-même, rejette les tièdes : il pardonne mieux l'égarement que la torpeur.

Vous avez lu, mon ami, la Vie de notre Sauveur. N'y avez-vous point reconnu, au-dessous de ce calme austère et céleste qui n'appartient qu'à une âme divine, en qui tout est beauté et harmonie morale, cette chaleur vivifiante, ce feu d'ardente passion, si j'ose dire ainsi, sans lequel nous comprendrions moins encore sa charité infinie? Ne la sentez-vous point, cette chaleur, qui prête à toutes ses paroles, à ses consolations comme à ses reproches, à ses préceptes comme à ses prophéties, à ses plus simples paraboles comme à ses plus vives apostrophes, un charme insinuant et secret, une autorité menaçante aux endurcis, douce aux affligés, secourable aux tombés, pleine de douceur et d'attrait aux serviteurs humbles et fidèles? Eh bien! nous, ministres de ce divin Maître, sans doute nous ne saurions avoir quelques-unes de ses qualités, qu'elles ne soient sujettes, par l'effet de notre faiblesse, de notre corruption, ou seulement de leur manque d'accord et d'harmonie, à mille imperfections; mais, est-ce à dire que, sans elles, nous puissions le servir efficacement? est-ce à dire que, parce que en nous le mal se mêle toujours au bien, nous devions n'estimer pas ce bien? que, parce que nous abusons de la force, nous devions préférer l'engourdissement? que, parce que la passion peut nous égarer par instans, elle doive être rejetée, mise au-dessous de l'inaction passive, de la stérile oisiveté, de cette sorte d'harmonie morale qui n'est pas l'accord, mais l'absence, mais le vide des qualités du cœur comme de celles de l'âme?

Ainsi, connaissez-vous vous-même, mon enfant, et au lieu de laisser ces forces qui sont en vous se consumer, se dévorer elles-mêmes, secouer votre âme jusqu'à ce qu'elles l'aient accablée ou pervertie; sanctifiez-les bien plutôt, par l'objet auquel vous les appliquerez, et donnez-leur carrière. Vous y trouverez une source de vertus, et un aliment de bonheur; car c'est beau, Charles, c'est honorable et plein d'attrait, que de porter la vigueur et la véhémence dans la charité. Jeune, on peut dans cette voie faillir par excès, mais on ne se tempère que trop dans l'âge mûr, et, de cette opulence, on conserve du moins quelque chose pour la vieillesse; puisque enfin c'est une imperfection de notre pauvre nature, qu'il lui faille l'excès dans un temps, pour avoir le nécessaire dans un autre ; pour que les glaces de l'âge, qui envahissent le corps, ne recouvrent pas l'âme tout entière sous leur inerte et stérile froidure. Elancez-vous donc dans cette mêlée de maux, de douleurs, de catastrophes, où se débattent vos frères ; et soyez-y, sous l'œil de Dieu, l'homme de tous ! Alors vous aurez trouvé votre place, rencontré votre vocation, assuré votre bonheur ; alors vous vivrez de votre vie propre ; et ce monde, ce monde égoïste, léger, dédaigneux, qui vous repousse aujourd'hui... mon pauvre ami ! ce monde, vous le plaindrez, vous l'aimerez comme faible, misérable, digne de compassion ; bien plus que vous ne le haïrez comme dur, ou que vous ne le craindrez comme puissant. Ce monde.... vous reconnaîtrez bientôt que ses hommages sont presque aussi vains que ses mépris ; que, triompher de lui, c'est une gloire médiocre, une récompense sans saveur ; que sans l'âme, qui se sent sur le chemin de la vie, et surtout sans Jésus qui nous voit et qui nous aime, ce serait peu, ce serait rien, que d'avoir amené la terre entière aux pieds de sa vertu !

Vous parlez de talens qui vous sont refusés, et vous entendez sûrement parler de ces talens qui ornent la prédication, et qui la font briller d'un flatteur éclat. Même sur ce point, mon cher enfant, je pourrais vous rassurer, en vous disant ce que j'augure des vôtres ; mais je craindrais de blesser votre modestie, et non moins de vous abuser sur le compte que l'on doit faire de cette parure extérieure, de cette enveloppe éclatante sous laquelle se produit la pensée de quelques hommes privilégiés. Que je vous dise plutôt que c'est se tromper que d'y aspirer comme à la chose essentielle ; et que c'est s'en éloigner que d'y tendre... Le vrai talent, le véritable éclat, l'éloquence, en un mot, Charles, elle n'est point dans l'enveloppe, mais dans ce que l'enveloppe recouvre ; elle n'est pas dans cette forme extérieure, dont les rhéteurs se flattent de nous enseigner la coupe et les proportions ; elle est dans la pensée elle-même, dans le cœur : c'est de lui qu'elle procède, c'est de lui, et par lui, qu'elle trouve ses formes, non pas toujours éclatantes, mais toujours propres à l'objet, colorées, touchantes, heurtant au bon endroit du cœur des autres. Or le cœur, mon ami, c'est par une absurde erreur que, même sous le rapport de l'art, on le croit peu susceptible de culture et de développement. Le cœur, comme la parole, se développe, se réchauffe, grandit, se fortifie par l'exercice : l'action lui donne du tact et de l'expérience ; l'accomplissement des devoirs lui donne de la dignité et du sérieux ; la lutte exalte ses sentimens et ses forces ; l'infortune, si elle ne l'aigrit pas, l'épure : elle l'enrichit de mélancolie, de pitié, de profondeur, de sensibilité chaude, pénétrante, irrésistible.... Celui qui a dit que les grandes pensées viennent du cœur; celui qui a dit qu'il faut avoir de l'âme pour avoir du goût, énonçait, dans ces deux adages, toute la théorie de l'éloquence ; et s'il eût ajouté : cultivez donc ce cœur par la pratique des vertus difficiles ; cultivez donc cette âme, non par de vaines études, par de stériles préceptes, par de précoces essais de prose ou de poésie ; non par la connaissance, mais par la pratique du beau; il eût donné la plus complète et la plus brève, la plus lumineuse et la plus féconde des poétiques.

Je pourrais vous faire toucher au doigt ces choses, en vous montrant tant de ministres de Christ dont la prédication est sans solidité, sans action, sans puissance, non pas parce qu'elle manque de formes élégantes ou heureuses, mais bien au contraire parce qu'elle n'a que cela; parce qu'elle est molle, creuse, vide comme leur vie. Mais j'aime mieux mettre sous vos yeux d'autres exemples. Vous connaissez M. Laurent, ce jeune homme dont déjà s'honore l'Eglise, comme elle fait de ses plus vieux et de ses meilleurs soldats; vous savez ses succès de prédication, et comment il s'empare de ceux qui l'écoutent, comment il les saisit à la ceinture et les amène à lui. Eh bien, ses études furent médiocres, ses débuts ne donnaient aucun espoir : sa composition était froide, son organe sourd, vulgaire. Nommé ministre, il végéta quelques années, occupé seulement de polir ses discours, et de chercher du talent dans l'étude des auteurs, et dans les secrets de la rhétorique ; il devint un prédicateur fleuri, et on le citait comme un exemple de l'impuissance des règles pour former celui à qui le ciel n'a pas départi le génie de l'orateur, lorsqu'il fut nommé à une cure du Canton. Là, il entra pour la première fois dans la pratique de ces devoirs et de ces sentimens qu'il avait prêchés sur ouï-dire; pour la première fois il ferma ses livres, et, soutenu par une volonté forte, il se fit simple soldat de Christ : il se mit à la brèche, il se porta, prodigue de ses forces et de son courage, partout où était l'ennemi, dans cette mêlée de douleurs, de maux, de vices, de plaies, dont je vous parlais tout à l'heure, et qui assiégent l'humanité en quelques lieux qu'elle soit. Il soutint, il adoucit, il consola, il combattit, il terrassa, et, de ce champ de bataille, il sortit autre et transformé. Il avait oublié, désappris, ces pompes du langage, ces artifices de la composition, auxquels il demandait autrefois l'honneur d'un succès frivole. Il n'était plus un rhéteur, mais un homme ; plus un écrivain, mais un ministre du Seigneur ; plus un soldat de parade, mais un guerrier venu du champ d'honneur, hâlé aux feux du soleil, beau des haillons de la guerre et des cicatrices de la bataille. Dans ces hommes, dans ces femmes, dans ces jeunes filles, auxquels il s'apprêtait à parler au nom du Dieu vivant, il ne voyait plus, comme autrefois, un cercle d'auditeurs, une société d'esprits dont il briguait les suffrages ; mais des pères honorables ou vicieux, des épouses chastes ou égarées ; des filles pures et des filles exposées, dans tous, des frères, qu'il connaissait, qu'il avait visités, dont il avait ressenti les joies, partagé les douleurs, et qu'il embrassait tous dans une commune et vive affection.... Alors, riche de pensée, d'expérience, de raison, de charité.... alors ! s'attaquant à de vivans adversaires, il commença cette série de simples prônes si solides, si justes d'application, si pressans de motifs, si animés de tour et d'expression, où les formes du discours, après lesquelles il ne courait plus, arrivaient à la file, variées, nettes, chaleureuses, appelées chacune par l'idée, et réchauffées chacune par le sentiment. Ses modestes sermons firent refleurir la vie religieuse dans un troupeau jusqu'alors remarqué par son engourdissement; ils attirèrent les fidèles des paroisses voisines, ceux même de la ville; et ils firent à leur auteur ce renom d'éloquence mâle, vraie, remarquable par ses traits originaux, et non moins remarquable pas sa vigueur à frapper, à manier, à réchauffer les âmes.

C'est là la vraie route, Charles, celle qui, bien que par une voie détournée, mène seule à ces résultats bienfaisans et glorieux. Mais ceux qui aspirent à conquérir la forme sans avoir le fond, poursuivent une ombre vaine : c'est en ce sens que je vous disais, que c'est s'en éloigner que d'y tendre. Toutefois, si peu parviennent à ces résultats, c'est que peu s'engagent dans le chemin qui y conduit. M. Laurent, dès avant ses succès, s'il paraissait médiocre, se montrait persévérant du moins; et s'il était sur une fausse route, il y marchait avec constance. Lorsque cette force de volonté a rencontré des objets dignes d'elle, elle a vivifié aussitôt des efforts mieux dirigés. Mais qu'attendre de ceux qui ne l'ont pas? Que peut-il sortir de cœurs qui végètent, d'âmes qui sommeillent, de pasteurs qui se mêlent au troupeau plutôt qu'ils ne le paissent, qui occupent leur place plutôt qu'ils ne la remplissent, et qui ne sauraient trouver, au sortir de devoirs languissamment remplis, que de languissantes pensées, et de somnolens discours? La pensée! mais d'où leur viendrait-elle? La connaissance du monde, l'amour de leurs ouailles, l'indignation, la pitié, la joie vive et sainte, toutes ces affections qui donnent du mouvement au discours, des couleurs aux paroles, de la vie au geste et à la figure, d'où leur viendraient elles? Ah! c'est à ceux-là qu'il appartient de parer leurs discours de tout ce qu'a pu leur apprendre l'art des rhéteurs, afin de cacher sous l'éclat d'une brillante enveloppe le vide honteux de leur esprit; afin d'ensevelir le cadavre dans des linceuls de pourpre! C'est à ceux-là qu'il convient de proclamer que l'on naît orateur, pour s'excuser de n'avoir rien fait pour le devenir; de dire que l'éloquence ne se conquiert pas, pour n'avoir pas la peine de la conquérir!

Mais vous, mon bon ami, vous n'imiterez pas ces serviteurs négligens ou infidèles. Aux forces que vous avez, vous imposerez à la fois le joug et l'éperon de la volonté; et, les mettant au service de notre divin Maître, vous remplirez votre vocation, et vous remplirez le plus cher de mes vœux, le seul dont l'accomplissement fera la joie de ma vieillesse, et le repos de ma mort. Puissé-je, avant qu'elle arrive, vous avoir vu entrer dans ce port! Puissé-je avoir vu mon Charles, après tant de maux et de traverses, arrivé enfin dans cette haute région de la foi et de la charité, où s'émoussent les traits de l'infortune, où se dissipent l'amertume et l'aigreur, où l'âme n'est pas insensible aux biens terrestres, mais d'où elle les domine, d'où elle les voit s'approcher ou fuir sans enivrement comme sans désespoir; et d'où, au moment suprême, elle s'élève vers les cieux, remplie d'espoir, légère de regrets, et chargée d'œuvres!

Votre tendrement affectionné,

PRÉVÈRE.

LETTRE LXXII.

MARTHE A MONSIEUR PRÉVÈRE.

De Mornex.

Monsieur le Pasteur m'a fait promettre de lui donner des nouvelles, et si elles avaient été plus plaisantes à sa bonté, j'aurais été moins tardive à le contenter. Ma dernière, bien ancienne déjà, puisque j'y contais notre arrivée ici, annonçait des biens qui ne sont pas venus, sans que j'en devine la raison. Dans le char, M. Reybaz m'avait parlé comme décidé à revenir de sa résolution, et à vous *hâter sa réponse*, et il vous a écrit dès le lendemain. Je croyais donc la joie près d'éclater, quand, au silence qu'il a gardé, s'est ajoutée dès ce même jour une tristesse plus sombre qu'auparavant, et si misérable que, bien que j'en eusse le motif, je n'ai pas hasardé de questionner, et encore moins d'user d'instance. Monsieur le Pasteur lui-même l'aurait osé avec peine : tant était grande la douleur de ce pauvre père, et visible qu'enchaîné par une nécessité secrète, ainsi que l'habitude de se concentrer l'y rend sujet, des questions eussent été malséantes, et des instances cruelles. Je n'en fis donc point, et je pris garde de n'aller pas donner à mamselle Louise des espérances que je voyais bien s'être envolées.

On s'est donc établis ici au milieu de ce nuage sombre, si bien que, les premiers jours, faute de se parler, chacun tirait de son côté, sans que l'habitude se prît d'une façon de vivre ordrée et domestique; jusqu'à ce que, petit à petit, elle est venue, en telle sorte que nos journées d'aujourd'hui, sans être plus récréatives, se ressemblent mieux l'une à l'autre.

C'est de notre demoiselle que Monsieur le Pasteur veut que je lui parle. Mais que lui en dirai-je? craignant également de la lui peindre plus malade qu'il n'y paraît, ou moins attaquée que je ne crois. Bien des gens, à la voir en certains momens, l'estimeraient plutôt délicate de tempérament qu'amoindrie par un mal. Si jolie qu'elle est, et si bien ajustée, sa bonne grâce pare à tout, son air déguise, ses yeux trompent; et jusqu'à la contrainte qu'elle se fait en causant aux gens, ou en craignant un propos qui toucherait à ses chagrins, lui colore les joues d'une rougeur vive, qu'ils prennent pour santé des montagnes. Mais pour moi, pauvre servante de cette angélique demoiselle, je vois d'autres signes qui me rendent ceux-là menteurs. J'assiste à ses solitudes, j'assiste à ses abattemens et à ses pâleurs, j'assiste à ces momens où elle se délivre de cette contrainte, comme d'un lourd fardeau que décharge à terre un malheureux; où elle pose cet air, comme un masque qui lui blesse la face, où ses yeux s'éteignent et se mouillent, où, de tout cet artifice, il ne reste que cette bonne grâce dont elle ne saurait se dépouiller plus que de sa bonté du ciel.

Ah! Monsieur Prévère, j'assiste à ses veillées, à ses nuits, je la déshabille.... Que je pleure avec vous, mon digne Pasteur; elle s'est amaigrie! J'ai voulu, tant que j'ai pu, n'y point croire; mais ses robes lui sont amples! ce m'est à chaque matin une terreur de les lui boucler, croyant voir, à chaque fois, que le crochet joue plus gaîment. L'autre jour, qu'elle m'a surprise émue à cet office, elle a deviné mon idée, et elle-même s'est prise à pleurer sans m'en dire la cause, ni moi la lui demander, de crainte de fondre en larmes, et d'aggraver le présage qui nous venait à toutes deux. Pauvre chère ange! pauvre créature! qui à l'âge d'embonpoint s'aperçoit flétrir par le chagrin, et qui en devine, j'en suis certaine, plus de douleur pour autrui que pour elle-même! J'ai déjà rétréci à la taille une de ses robes, non pas sans tremblement et sans larmes, car j'étais seule; mais tant que je n'aurai pas défait cet ouvrage funèbre, l'angoisse, bien plus que l'espérance, me serrera le cœur.

Pour ce qui est de sa peine intérieure, j'en vois bien les effets dans ces choses, et les signes chaque jour, mais plus en devinant que, comme autrefois, en apprenant d'elle-même. A raison de sa soumission fidèle à son père, et de l'envie de ne rien aggraver pour se mieux refaire, comme aussi de n'y pas consumer les forces dont elle n'a pas de reste pour se maintenir en état aux yeux de M. Reybaz, elle se contraint aussi avec moi de parler de ses affections et de ses misères; aimant mieux souffrir en silence, que de risquer des discours qui la mèneraient, de l'un à l'autre, à un comble de douleur qu'elle serait moins maîtresse de suspendre ou de cacher. Deux ou trois fois je lui ai causé de M. Charles, pour lui en donner de bonnes nouvelles : elle a écouté, et vivement ressenti mon dire, mais sans s'y arrêter, sans le relever, et comme en fuyant. Et si peu que c'était, il y en avait assez pour lui troubler son calme durant toute la journée, comme il arrive après un mot qui, si court soit-il, bouleverse.

Cet endroit où l'on s'est établis est des meilleurs pour la liberté et l'agrément, si ce n'est que c'est tout montagné, et que les villageois y sont plutôt bonnes gens, que plaisans à voir ou à rencontrer. Il y a, sur le derrière de la maison, une galerie ouverte sur ces grandes neiges, du côté du Mont-Blanc, et, au-dessous, un jardinet à notre usage ; pas bien loin, un bois qui finit au torrent, d'où l'on remonte sur l'autre revers, où se trouve un désert qu'ils appellent la *Plaine des Rocailles*. C'est là que nous allons presque tous les jours avec mademoiselle. Le matin, on déjeune sur la galerie, où, pour bien dire, l'on cause de choses et d'autres, tout exprès pour ne pas causer de celle qui est sur les lèvres ; après quoi on se réunit au jardin, ou bien l'on promène jusqu'à la grande chaleur, alors que M. Reybaz, d'habitude, fait un somme sous les arbres. C'est à ce moment que, passant le Viaison, nous allons par delà Eseri, Regny, jusqu'à la Plaine des Rocailles, y portant quelque ouvrage, qui est, pour notre demoiselle, une contenance plus qu'un labeur; car elle est à sa tristesse, se contraignant bien de m'en parler, mais non pas de demeurer pensive, ou angoissée, et bien souvent des larmes dans les yeux, qui tombent contre son gré, et que j'essuie de sa collerette, où, venant à être aperçues de M. Reybaz, elles lui donneraient de la défiance. Je ne dis pas à notre demoiselle : Pourquoi pleurez-vous? ne le sachant que trop. Je ne l'invite pas non plus à se contraindre ; sachant que ces larmes lui sont un soulagement, et me trouvant d'ailleurs reconnaissante de ce qu'à moi seule elle n'en refuse pas la vue.

Ainsi nous ne causons plus, si ce n'est moi, pour l'avertir du retour, et qu'il faut se contraindre, afin que ses yeux ne témoignent pas qu'elle a pleuré. Alors, sortant comme d'un rêve, elle se réveille par un effort, et sa figure prend, jusqu'au lendemain, un air qui trompe encore plus qu'il ne réjouit. On dîne au retour : M. Reybaz la regardant sans cesse au visage, et y surprenant, selon les jours, tel signe qui fomente en lui le trouble intérieur; au point que, cessant de manger, il se maintient à peine, et cache son tremblement derrière sa tristesse. Ces jours-là, le dîner fini, il se retire dans le bois, où, plus tard, mamselle m'envoie à lui la première, comme pour le remettre et l'adoucir; puis, rôdant alentour, elle nous retrouve, et les momens sont plus calmes. Que si, un autre jour, il voit sa fille plus à son idée, et si, se prenant à ses discours, à son air qu'elle compose à tant d'effort, il méconnaît sa tristesse, et se fait espoir avec peu, comme il y est enclin aujourd'hui au rebours d'autrefois, alors il se maintient plus mal encore : rougissant de contentement, et gauche à montrer autant qu'à cacher sa joie de père. Mais ses yeux caressent à défaut de sa main; et, ne sachant mieux faire, c'est à moi qu'il adresse ses gaîtés, comme pour les faire luire devant sa fille, sans qu'elles lui soient importunes. Ces jours-là, le soir lui est riant au dehors comme au logis, et il trouve le sommeil sur sa couche; tandis que mamselle Louise, rentrée dans sa chambre, s'y assied, abattue sous l'effort qu'elle vient de faire, et veille jusque par delà minuit; agitée de tout ce qui s'est accumulé d'amer durant ces heures, dont la contrainte lui devient de jour en jour plus lourde à porter. L'abattement alors lui tient lieu de repos, jusqu'à ce que sa peine lui revienne dans toute sa force, y mêlant la douleur de ne pouvoir donner à son père quelques heures d'illusion, qu'en lui servant ces fruits de mensonge. Je la presse de se mettre au lit, où elle n'entre qu'avec répugnance, après avoir fait à genoux sa prière, qui est son seul moment de repos véritable. Couchée, elle veille longtemps encore, bien que s'attachant à retenir jusqu'à ses soupirs, afin que, la croyant endormie, je m'endorme moi-même. Mais je ne m'y prends plus, depuis qu'ayant rallumé deux ou trois fois pour m'assurer qu'elle sommeillait, je l'ai trouvée le front brûlant, les larmes ruisselant sur son oreiller, et, dans sa couche, le désordre de la fièvre et de la veille. Que si elle repose enfin, bien souvent des paroles échappées de son rêve en montrent la tristesse, comme aussi l'angélique bonté de son âme, même au sein du sommeil.

Voilà, mon digne maître, et ses jours et ses nuits, dont je vous fais le portrait, ne sachant mieux m'y prendre pour vous instruire ; quand d'ailleurs, il n'appartient pas à votre servante d'arrêter votre idée sur ce qu'elle pense à l'égard de sa chère maîtresse. Pour moi, c'est fait. Encore que bien souvent, et tout le temps que je suis auprès d'elle, je me fasse des illusions, et un plein espoir, ne pouvant concevoir qu'une si charmante créature puisse courir un danger de la part du ciel ; néanmoins, je la crois atteinte bien fort, et comme saignante d'une blessure que la contrainte avive, et que le temps ne guérit pas. J'ai, de plus, souvenance des temps passés, que M. Reybaz a oubliés apparemment, et où de bien moindres secousses, en arrêtant sa venue ou en troublant son être, l'ont mise à deux et trois fois au bord de sa tombe. Cette alarme me ronge : car, cette demoiselle, si je ne l'ai pas portée dans mes entrailles et allaitée de mon lait, c'est bien comme ; sans compter son pauvre père, qui, pour s'être aveuglé, se prépare peut-être une affliction d'une grandeur à le briser comme un jonc des marais, tout fort et robuste qu'il soit !

Il est lui-même bien changé, M. Prévère. D'actif et soucieux des ouvrages de campagne, il est devenu nonchalant de corps, mais turbulent du dedans, et toujours jeté de l'espérance de temps meilleurs à l'épouvante de malheurs prochains : restant assis des heures entières, ou se promenant alentour, non pas à l'aventure, mais comme craintif de s'éloigner ; sauvage d'accès, hormis lorsque ce sont gens qui peuvent retenir sa fille ou la distraire, et ne s'inquiétant pas plus du chantre qui le remplace, ou de ses soins qui se coupent à la Cure, que de ces roches grises que d'ici nous voyons au penchant du mont. Comme sa fille, il a ses souffrances solitaires, dont nul n'est témoin, mais dont les signes se font voir, ou dont les traits se surprennent ; et m'est avis que ce somme qui le visitait quotidiennement autrefois, vers le milieu du jour, s'est changé en lourdes angoisses et en aiguës atteintes. Sa nature sobre et discrète lui refuse les larmes, bien plus qu'elle ne lui épargne les douleurs, qui, ne pouvant le ployer, le secouent. Soit cette vie oisive, où ses membres et son visage se sont alanguis, soit ces tourmens où il se débat sans aide ni secours, sa figure s'est amaigrie, et son front comme plissé de rides, qui, moins brûlées par le soleil, en sont plus en vue. Pour moi, jusqu'à notre départ de la Cure, et encore dans ce char qui nous a amenés ici, j'ai compris qu'il fût rude à M. Charles, à sa fille et à lui-même ; mais, l'ayant vu si près de revenir de sa résolution, et avec bien moins de motifs qu'aujourd'hui, je ne sais que m'imaginer des chaînes qui l'y retiennent. Il a un ami qui est contraire à M. Charles ; mais M. le Pasteur sait, le tout premier, que M. Reybaz, homme secret et volontaire, n'est pas pour se laisser conduire ; quand déjà l'affection pour sa fille prévaudrait sur toute autre pour le gouverner. Est-ce donc que cette affection l'aveugle pour le perdre? Que le bon Dieu l'éclaire donc, et lui fasse voir où peut mener le chemin où nous sommes! C'est ce que je lui demande à chaque prière.

Je remercie bien M. le Pasteur pour les amitiés qu'il m'adresse par l'entremise de cette chère demoiselle, et pour le soin qu'il a pris de remettre mon chanvre à la Crozat. J'ai toujours dit que cette pauvre femme reviendrait à Dieu, et qu'elle serait repentante de son erreur, trop folle pour être de durée. C'était l'idée de M. Reybaz aussi. Que si M. le Pasteur veut bien lui payer pour moi le montant de ce que je lui dois, j'en serai reconnaissante; et en même temps lui dire mes amitiés, et mon plaisir à la savoir revenue au bon Dieu, hors duquel il n'est que ténèbres et angoisses, sans terme ni répit.

Recevez, mon digne maître, les respects de votre bien affectionnée servante,

MARTHE COMBAZ.

LETTRE LXXIII.

LE CHANTRE A CHAMPIN.

De Mornex.

Depuis ta dernière, dont je t'ai grondé en son temps, voici bien le mois et plus qui s'est écoulé, sans amener de changement visible en mal comme en bien ; si encore j'en suis juge ! car, vivant avec ma fille à toutes les heures, l'accoutumance peut me tromper, et des signes, qui d'un jour à l'autre prennent place insensiblement, m'être dérobés, lesquels ne le seraient point à un survenant qui ne l'aurait vue ce mois durant. Ce qui me fait dire ainsi, et m'incline à croire que je n'y vois plus juste, me laissant séduire par des signes vacillans et mensongers, c'est que

Louise étant bien certainement pareille, ou à peu près, aujourd'hui que hier, il m'arrive néanmoins de la voir toute différente ; en telle sorte qu'un jour je vis d'effroi, un autre d'espoir, ou pour mieux dire d'allégresse. Dans ces jours-là, ta lettre me revient à l'esprit, et je recombine en moi-même ces idées que tu insinues au sujet de M. de La Cour, arrivant jusqu'à voir dans ce jeune homme une planche de salut pour l'avenir, si Dieu permettait que ma Louise, en se refaisant de santé, renouât avec la pensée d'un appui pour quand je ne serai plus. Je t'ai dit les rapports que j'ai eus dans le temps avec ce notable, et qui étaient pour l'éconduire ; depuis, je n'en ai eu d'aucune sorte avec lui ou les siens, ni n'en veux avoir : soit parce qu'il ne peut être question de rien avant que les années aient guéri et changé l'état présent, soit parce qu'il n'appartient qu'à l'homme de s'avancer, et surtout à un notable, vis-à-vis de paysans. Toutefois, il m'est aussi revenu de la Cure, où les parens de Jaques, instruits par lui, en ont causé plus qu'il n'est séant, qu'à partir de ce duel, le jeune homme ne s'est pas tenu pour guéri de son attachement ; et que c'est à cause du chagrin qu'il en conserve, que sa mère est partie pour aller le consoler. A ce propos, je me suis souvenu qu'au sujet d'une maisonnette que tu lui voulais acheter, lors de son passage à Genève (une maisonnette à la rue du Temple), tu eus loisir de parler à cette dame. Si donc à ce moment-là, ou depuis, tu en as appris davantage sur ce jeune homme, et sur l'idée où serait à cette heure sa mère, de tout temps contraire à ce mariage, aie soin de m'en instruire à l'occasion, sans que, d'ailleurs, rien ne presse.

Pour en revenir à ma Louise, c'est à son propos que je t'écris aujourd'hui pour que tu m'aides d'un conseil; trouvant que l'heure est venue, où, sous peine d'abuser de mon penchant qui est contraire à la médecine, je ne dois tarder davantage à prendre l'avis d'un médecin. J'aurais fait venir celui de la Cure, qui nous a envoyés ici; mais, y ayant réfléchi, je me décide pour un de la ville, à raison de ce qu'étant autre, il y a chance qu'il soit meilleur en même temps; à raison aussi de ce que je crois qu'un de la ville, outre qu'il a vu plus de maladies, a l'idée autant que la main plus légère; tandis que le nôtre, accoutumé à des villageoises fortes et durcies, pourrait ne savoir pas tempérer sa médecine en regard d'une délicate. Et en effet, ce qui restaure un robuste, emmène un débile, que l'âge ou le mal a déjà sourdement fracassé.

Je veux du conseil plus que des drogues, et du sens plus que du savoir. Les drogues, Champin, me jettent dans la méfiance, hormis lorsque, les ayant composées moi-même, j'ai l'intelligence du but comme du moyen; et encore les employé-je telles que, si elles ne font le bien, ce qui est incertain dans chaque cas, elles ne puissent du moins faire le mal, et troubler cette habitude du corps qui, si elle n'est toujours la santé et le bien-être, est du moins un équilibre fait par un plus savant que nous. Je me le figure, cet équilibre, comme celui d'un homme qui, mal assis et mal assujetti au bord d'un abîme, néanmoins, en ne bougeant, n'y tombe pas; et qu'un présomptueux, en le voulant affermir, y précipite. Que si j'étais cet homme-là (et je le suis quand la maladie me tient), je dirais au plus sûr de me sauver : Retirez-vous! Mais si j'entrevoyais dans la foule un timide et compatissant à la fois, je le laisserais s'approcher, voir où je tiens, par où j'appuie; et, quand il serait assuré qu'il ne peut compromettre la motte qui me soutient, le caillou qui me cote, je lui permettrais de tenter doucement quelque étai incertain, mais non périlleux. C'est à cela que je réduis l'office de la médecine.

Mais ces drogues inconnues, à qui ils se

croient en droit de donner passage au travers de notre corps, j'en ai défiance, les sachant actives, et que, par cette cause, si elles ne guérissent pas, elles aggravent. Maniées par un ignorant, elles seraient un poison; maniées par un savant, que sont-elles? Ce savant ne l'est que d'une moitié de ce qu'il lui faudrait connaître. Il sait sa drogue et son pouvoir; il sait ce qui y entre : trois ou quatre ingrédiens, dont chacun déjà, associé aux autres, change de nature; et quand je dis qu'il sait ce qui y entre, je m'exprimerais plus juste en disant qu'il sait ce qu'il veut qui y entre : car il ne livre qu'un papier de logogriphes, déchiffrable au pharmacien seulement, ou à son apprenti, lequel opère hardiment le mélange, avec des ingrédiens pour lesquels lui-même s'en est remis à ceux-là qui les lui vendent, ou qui les lui préparent..... Ne voilà-t-il pas de belles causes de sécurité! Et quand, de ce logogriphe muet, sera issu ce breuvage fait au poids et à la balance, par gens qui n'en connaissent ni la raison ni le but, le pourrez-vous donner sans tremblement à votre malade? Pour moi, non. Aussi aimé-je les remèdes de tradition, comme il en court de bouche en bouche, éprouvés d'un chacun, et se composant de matières dont l'usage est familier, et la connaissance à tous. A défaut encore, préféré-je l'avis du médecin qui tient lui-même la pharmacie, comme c'était à la Cure, avant que Nicolet eût joint la drogue à son épicerie ; ou bien celui du pharmacien-médecin, comme on en voit qui, en cachette des docteurs, vous font causer dans l'arrière-boutique ; et, sachant votre mal, vous tirent d'un flacon la chose qui s'y applique. Là, du moins, je n'ai qu'une main, qu'une tête, qu'un vouloir agissant de concert, en face des causes, et en vue du terme ; et non pas un clairvoyant qui se fait servir par des aveugles, et moi entre eux, qui puis mourir de leur concert comme de leur désaccord, sans qu'au moins j'aie à qui m'en prendre.

Et c'est pourtant là, Champin, cette moitié de savoir que je ne leur conteste pas. Mais l'autre, la science du corps humain, tissu de tant de veines, de nerfs, d'os, de filets qui s'entrecroisent, de tant de liquides qui se balancent, se mêlent, s'éparpillent, et font leur travail hors de la vue, dans cette nuit intérieure du corps ; comment puis-je croire qu'ils l'aient en mesure convenable et certaine ? Et je la leur accorderais, que ce n'est rien encore, s'ils n'ont en outre la science du corps humain de chaque homme, en chaque temps de sa vie, à chaque moment de son mal ; et celle-là, peuvent-ils dire qu'ils l'ont, ou qu'ils puissent l'avoir? ils ne la cherchent pas même. Sortis de l'école, ils me traitent en vertu de leur diplôme, non en vertu de ce qu'ils me connaissent mieux que hier qu'ils ne l'avaient pas ; et ils sont plus pressés de m'administrer leur remède, que d'apprendre ce qui en est de mon corps à qui ils l'adressent. Ainsi vont-ils remédiant sans connaître, au lieu de tenter de connaître avant de remédier. Tout au plus quelques-uns, rendus plus réfléchis par l'expérience, deviennent craintifs ; et le progrès qu'ils ont fait, c'est de douter de ce savoir qui les rendait si audacieux, et de s'abstenir d'en faire usage, le sentant si boiteux, et si près d'être nuisible. Ceux-là droguent peu, et regardent beaucoup ; ils sont sobres d'action, timides de conseil : quittant peu à peu ces hauteurs de la médecine, pour redescendre à cette science de pratique, qui n'est véritable que parce qu'elle se sait bornée, et que, au rebours de ce qui se fait, on devrait priser plus encore pour ce qu'elle avoue ignorer, que pour ce qu'elle dit savoir. C'est un de ces médecins-là que je te prie de me trouver, te prévenant, ainsi que je t'ai dit, que je veux du conseil plus que des drogues, auxquelles d'ailleurs Louise répugne plus fort encore que je ne les redoute. Que si tu peux me le choisir qui ne soit pas bavard, et qui sache voir avant de dire, s'enquérir avant de prononcer, tu m'obligeras d'autant mieux que, m'en tenant à celui-là, je ne te donnerai pas le soin de m'en fournir un autre.

Et puis, Champin, quelle drogue donner à cette enfant qui aille à son mal? et est-ce avec des breuvages que se dissipe la douleur de l'âme? Tout au plus peut-on aider d'un régime prudent, et de choses appropriées, les remèdes du temps et de la volonté. Pour ce dernier, la chère enfant ne se l'épargne pas, faisant un effort de tous les momens, vers un état qui me satisfasse; et s'y usant, je crains. Son visage m'est doux à voir, et sa parole me tempère: mais c'est qu'à la place des pleurs, elle y met le sourire, quand elle le tourne de mon côté; et qu'à la place du gémissement, ses lèvres ne laissent passer pour moi qu'un paisible et consolant parler, auquel je me séduis temporairement, mais sans y puiser une durable confiance. Les semaines, les mois s'écoulent, sans que je voie tomber ce trait qui l'a blessée, ou se fermer la plaie qu'il a ouverte. Sa frêle vie s'emploie toute à souffrir et à cacher; et voici que j'en suis réduit, faute du remède véritable, qui m'est désormais interdit, à recourir aux dires équivoques d'un médecin. Ah! Champin, je te pardonne, à raison de l'intention ; mais je crains, je pressens que tu m'as perdu en levant ce voile! J'en ai des pronostics, et, si le cœur se pouvait déployer à la lumière, sous ces tempêtes qui bouleversent le mien, sous ces vagues qui le battent, tu y découvrirais, tout au fond, des craintes fixes, des lourdeurs qui pèsent sur place, et qui ne sont que la prescience encore secrète d'un terme fatal vers lequel on s'avance, bien qu'on ne l'aperçoive pas, bien qu'on en détourne les yeux!

Quand c'est à ces idées que j'incline, Champin, et que, ne détournant pas les yeux, je cherche à regarder dans l'avenir, et comme du côté de ma tombe, je m'imagine voir en avant d'elle une fosse!... Cette vue m'égarant, c'est à grand'peine si je me maintiens ; et une frayeur profonde que Louise ne surgisse alentour, peut seule, en m'envahissant, me commander le silence des sanglots que jusqu'ici je n'ai pas connus. Cette fosse, glaçante à contempler, ce n'est qu'une image, ou, pour bien dire, qu'un ressouvenir; mais pourquoi sort-il à cette heure des profondeurs de la mémoire, où s'enfouissent tant de choses, pour flotter à la surface de mon esprit? pourquoi donc cette fosse, quand je l'exècre, quand mon âme s'en détourne avec frémissement, lui apparaît-elle en quelque sens qu'elle fuie, et derrière quelque abri qu'elle s'aille blottir?

Quand nous étions à la Cure, j'affectionnais, pour y sommeiller, une herbe fraîche, ombragée d'arbustes, et surombragée de ces grands hêtres qui sont du côté du portail de l'église. Ce lieu sans culture en est plus paisible, quand d'ailleurs les chariots ne s'en approchent qu'au temps des récoltes, pour dépouiller les champs voisins, la route étant éloignée. Auprès, est le cimetière, où le silence, qui déjà est la voix des morts, est de règle pour les vivans. De loin en loin, il s'y ouvre une fosse pour un de la commune rejoignant ses pères. L'an passé, on y descendit la fille de Piombet le bouvier. C'était une belle créature, saisie dans ses dix-huit ans, et fiancée déjà, pour être entraînée sous terre. Je n'eus cure de sa mort, plus que de tant d'autres qu'à mon âge on a vues; et, chaque jour, après mon somme, revenant à la Cure pour vaquer aux ouvrages, je foulais, sans m'y attrister, cette tombe, fraîche d'abord, puis bientôt recouverte par cette herbe vivace qui s'engraisse de nos os, enfin par ces fleurs qui croissent là comme une insulte à notre misère, faisant d'un lieu de deuil un lieu de fête. C'est cette fosse, Champin, si peu remarquée alors, qui m'obsède à cette heure : distincte, fumante au premier soleil, fanée à l'heure de midi, avec ses herbages, avec ses feuilles sèches tombées des hêtres, et notamment, à l'angle du levant, deux reines-marguerites se balançant à l'envi sous le souffle de l'air! Quand pareillement, ici, je vais à l'heure chaude chercher le sommeil dans le bois qui est à deux pas, quand je m'y assieds, quand je m'y lève, cette fosse vient reluire à ma vue, et se cramponner à ma mémoire, jusqu'à me rendre hideux l'aspect d'une fleur, l'attouchement de cette terre que je foule, et glacer toute mon âme d'une froide sueur!

C'est donc ainsi ballotté, et comme tremblant, que je coule les semaines; demandant à chacune ce que chacune jusqu'ici n'a pas apporté. Et peu pourtant me serait à richesse, à trésor; si bien que, parfois, voyant ma Louise moins travaillée, ou seulement se livrant à un entretien, voilà aussitôt que je renoue le bonheur à venir au bonheur d'autrefois, et que cette fosse s'abîme et disparaît sous les plus vraies fleurs de la joie : d'une joie de fête, pleine, nouvelle, retrouvée, quand je la croyais perdue à tout jamais!

Adieu, Champin; et te préserve le Ciel de ces joies achetées à si grand prix de douleurs, pour n'être que comme une ombre impossible à lier et à retenir !

Ton affectionné,

Reybaz.

LETTRE LXXIV.

CHAMPIN AU CHANTRE.

De Genève.

Tu fais bien, l'ancien, de t'adresser à moi. J'ai vu cette dame, et j'en sais des nouvelles de différens côtés, des nouvelles qui te veulent réjouir. Tu me grondes dans ta précédente de ce que j'insinue au sujet de son fils, au lieu de t'en parler sans ambages ; mais, mon vieux, tu oublies qu'en face de ton chagrin, on est craintif de le heurter par des ouvertures hors de saison, et encore, à propos d'un damoiseau que, dans le temps, tu n'aimais pas. De là ce langage couvert, qui, s'il t'était peu à gré, ne m'allait guère. Aujourd'hui tu en demandes, on t'en dira.

Mais qu'auparavant je te reconforte, mon pauvre Reybaz, car ta misère, et cette fosse, bien que lubie de tête sombre, tout ça m'a fendu le cœur. A te manger ainsi les entrailles, je ne te donne pas deux ans de vie ; et, transposant les fosses, je vois la tienne en avant de l'autre, de toute la longueur de cette verte vieillesse qui te reste à consommer. Qu'auras-tu avancé là, en te leurrant de pronostics, de lourdeurs et de gabegies, que tu inventes aussi aisément qu'un autre des bonjour et des bonsoir? Je ne te reconnais plus, Reybaz. Autrefois, tu étais ferme comme roc : jasant solide, obstiné à ne croire qu'où tu voyais de tes yeux, et, par suite, homme de droit faire et de bon conseil, la pierre angulaire de nous tous. Et aujourd'hui ! te voici fluctuant comme une onde molle : jasant fantômes, t'accrochant à des berlues, et te creusant la tête pour des reines-marguerites ! Frotte-toi les yeux, Reybaz, reviens à la chose ; et crois bien que l'affliction, si on la caresse, s'en prévaut ; si on l'épouse, est une folle femme qui vous empoisonne la vie de son ramage, de ses caprices et de ses extravagances, tant qu'on ne l'a pas réduite à sa légitime.

Non que je ne sache et ne partage la tienne qui est juste, mon vieux, mais dans une cer-

taine mesure, et combattue encore du fait de ce
péril d'où le ciel t'a tiré par ma main ; ce dont,
un jour, au lieu de m'en faire des apostrophes,
tu me béniras. Qu'est-ce donc? ta pauvrette est fâ-
chée, désolée ; ses joues sont plus pâles, et l'appétit moindre? Reybaz, est-ce donc là de quoi rêver
fosses et enterremens? Aux trois quarts des demoiselles cela arrive ; et bien peu vont à l'hyménée autrement que par cette route, j'entends les
sages. J'en sais plus de dix, plus de vingt, par
ici, et des frêles, et des grêles, qui ont dû marquer le pas, leur amant ayant filé sur la gauche,
qui ont perdu la fleur des joues, la flamme de
l'œil, le goût du plaisir, l'appétit des mets, et
qui, après le temps voulu, ont repris tout cela,
et un mari avec! J'en sais une qu'on mit à Mornex : Mornex n'y fit rien ; qu'on traita aux drogues et boissons : drogues et boissons n'y firent
rien ; elle maigrissait à vue d'œil, et s'en allait
crevotant, au dire des caillettes, et du médecin
aussi. C'est que son amoureux lui avait été emporté dans l'autre monde, par la petite vérole.
Son père, ne sachant plus qu'en faire, la mène
aux bains de Saint-Gervais, où un jeune ministre, qui était là à boire soufré, la prit en pitié,
lui fit des lectures, et lui plut tant, et la consola
si bien, que le mariage était conclu entre eux

et les parens qu'ils buvaient encore soufré. De ce moment, la morte ressuscita, ce qui fit honneur aux bains; et le maître en attribue la vertu à ses eaux, « puantes, avoue-t-il, mais souveraines pour les filles en déclin. » Cette ressuscitée, c'est aujourd'hui une grosse maman, c'est Madame Dervey, où était ce Charles! Et voilà, Reybaz, le monde et le train du monde! Le vouloir mieux fait, c'est permis; mais s'y apitoyer, et s'en faire de la bile à potées, c'est pleurer de ce que la terre est ronde, et la lune au-dessus des reverbères.

Ta Louise est plus remuée que d'autres, elle a le cœur percé plus avant? J'en suis certain (et aussi que tu m'as mal compris, en me reprochant de n'être pas révérencieux à l'entour d'elle); mais qu'est-ce à dire, sinon qu'il faudra un peu plus de temps, quand d'ailleurs tu as tout loisir, et aussi les moyens de la dorloter à ton gré? Qu'est-ce à dire, quand déjà, et d'ici, on te sait un époux pour elle, au besoin, et pour le temps qu'il sera opportun : fût-ce dans deux ans, dans trois ans, dans dix ans; un époux tout placé là-bas à ta porte : monsieur, et pourtant campagnard, riche, et par bonheur ton voisin; de telle façon qu'ils se pourront lier sans que personne s'en mêle, se rencontrer sans autre peine que de ne se pas fuir, et se conjoindre au temps seulement qu'ils l'auront désiré? Allons, Reybaz, relève-toi! change-moi cette fosse en nuptiale couche, ces reines-marguerites en couronne d'épouse; et, au lieu de te dépenser en tortures, garde-toi pour les joies de la noce, et pour les couplets du festin!

Tu vois que j'en sais plus que tu n'en demandais. Seulement ne t'en aurais-je rien dit, sans cette avance que tu me fais, te sachant contraire à l'article, et que d'ailleurs ce n'est pas le moment. Et ce que j'en sais, c'est de première main, ayant eu, comme tu le rappelles, occasion de jaser avec cette dame, lors de son passage à Genève, et lui ayant écrit depuis à propos de cette maisonnette, sans négliger de ci, de là, de lui demander des nouvelles de son garçon qu'elle m'avait dit si malade. Sache, Reybaz, qu'il se mourait d'amour pour la tienne; et que, quand Mme de la Cour a quitté la Cure, c'était pour le rejoindre promptement : les nouvelles lui annonçant que son jeune homme, de peine et de désespoir, s'en allait grand train dans l'autre monde. Elle y courut donc, et sachant qu'on est ton ami ancien et éprouvé, en passant par la ville, elle me tâta, ainsi que tu me tâtes, sur quoi je lui dis : « Il n'y a rien à faire. Passe encore pour Reybaz, qui, peut-être, par affection pour sa fille, se déferait, pour la donner, de ses idées à lui, qui sont contraires à votre jeune homme ; mais pour sa fille, elle est à même, si on lui en levait la langue, d'en prendre occasion de jurer célibat, plutôt que d'entendre parler si contrairement à son affection d'à présent. Oh ! oh ! Madame, que je lui dis, vous ne savez pas quelle fille c'est ! Sage, fidèle, éduquée de sentiment comme d'esprit, un cœur comme on n'en fait pas faire, et qu'a élevée M. Prévère, dans les lettres comme dans les vertus. — Je le sais, qu'elle me répondit en pleurant, c'est une personne qui honorerait de plus dignes que mon fils. » Et je voyais dans ses yeux briller l'envie d'avoir ta Louise pour bru ; car c'est une bonne dame, et qui, pour avoir prétendu plus haut, et parmi son monde, n'en sait pas moins la valeur de ta fille, que d'ailleurs elle aime et chérit pour l'avoir vue enfant, et, tout récemment, après le duel, qu'elle en reçut une visite qui l'a touchée au coin sensible.

Voilà ce qu'on a dit dans le temps. Et depuis, dans ses lettres, revenant parfois sur l'objet, on lui a répété toujours la même chose. Bien plus, m'est avis que, dans la situation, tout en tenant secret ce que nous causons ici, c'est la même chose encore qu'on devra lui répéter ; en évitant seulement de la brusquer ou de l'éconduire trop fort, et en laissant entendre que, s'il n'y a rien à faire pour l'heure, du reste Dieu seul sait l'avenir. Ainsi je ne bouge, Reybaz, que tu ne m'en donnes l'ordre; t'instruisant seulement que, aussitôt les temps venus, tu trouves de mon côté une voie toute ménagée, et la seule que tu aies à employer. Tu connaîtras alors si on sait te servir dans la bonne, comme dans la mauvaise. Et la seule chose que je t'impose pour le succès, s'il advenait qu'il se dût réaliser, c'est de tenir tout secret entre toi et moi; pour que tu n'aies, en cette chose délicate, et pourtant chose de salut peut-être, à gouverner que moi, qui, dès ce jour, me mets sous ta main, pour être réglé et éperonné par toi seul, en tant que tu sais mieux le bien de ta fille, et que tu la sauveras par mon aide amicale et docile.

Nous voici donc bien d'accord. Toi, tu ne bouges, tu ne parles; et moi, je laisse tremper la ligne dans l'eau, sans l'agiter, sans la retirer, laissant le poisson guetter l'appât jusqu'à ce que tu dises : Champin, il me faut ce poisson. Mais au moment où tu bouges, au moment où tu parles, et ne t'en remets plus à moi seul de cette œuvre, je plante tout là, ligne et amorce, et je vous laisse pêcher en eau trouble.

Reste à te répondre sur l'article du médecin. Pardieu! je t'ai reconnu, mon vieux, dans ton plaidoyer contre les drogues et les drogueurs; c'est là parler en homme qui ne s'embrouille pas. Tu n'as pas la foi, ni moi non plus. Ce sont des Cagliostro, comme dit Ramus : inventeurs de maladies, entreteneurs de misères ; à qui il faut des malingres, comme aux avocats des procès. S'ils n'en ont, ils s'en font. Tu en veux un qui ne soit pas bavard, je t'entends : c'est le cas d'allumer la lanterne de Diogène. Leur art est de mots, leur science de phrases ; comment ne seraient-ils pas opulens en paroles ? Ils ne connaissent ni le mal ni la drogue, mais ils nomment le mal, et ils logogriphent la drogue, s'entendant, au moyen de cet argot, avec le pharmacien, comme larrons en foire : c'est là tout le métier. Le malingre meurt, ou réchappe : c'est la faute de la nature, jamais du médecin ; ou c'est l'honneur de la médecine, jamais de la nature, et de cette façon l'argent est toujours bien gagné. Leur métier étant ainsi affaire de langue, ils y deviennent bavards, intarissables de babil, habiles aussi envers chacun à lui servir, outre les drogues de la médecine, les drogues du langage. J'en connais un, qui, rien que dans cette maison à quatre étages, a pour chacun sa façon d'entretien : mômier au second, avec deux vieilles dames qui s'enrouent à chanter des cantiques ; Compagnie au premier, avec M. Dervey qui n'aime pas les mômiers ; fesant du nonante-deux avec un vieux représentant qui tousse au troisième, et des capellades d'englué à un ancien Premier qui trône au quatrième. Au moyen de quoi, tous avalent ses pilules ainsi dorées, à preuve qu'une des deux vieilles vient d'y rester ; et la survivante, crainte d'en faire autant, s'est jetée aux mains des oméopates, qui lui affirment que, rien qu'avec un dix-millionnième de poudre de perlimpinpin, ils lui auraient sauvé sa sœur.

Et note bien, Reybaz, que ces deux bonnes dames, fortes mômières, et lancées avant dans la secte, ne parlent de l'autre monde qu'en soupirant après ses biens invisibles : notamment qu'elles méprisent, comme impies, tous ceux qui trouvant celui-ci déjà bien joli, sont peu empressés à le quitter ; et puis, quand le médecin les aide à se rendre dans leurs biens invisibles, voici l'une qui n'y va qu'en rechignant, et la survivante qui, irritée contre ce bon docteur, vrai conducteur des âmes, se cramponne aux oméopates, rien que parce qu'ils lui promettent de la retenir dans celui-ci avec leurs poussières ! Preuve, ce me semble, que les bonnes dames aiment ce mauvais monde-ci comme la prunelle de leurs yeux, et que leur affection pour l'autre ressemble à celle du chien de Jean de Nivelle,

Qui s'enfuit quand on l'appelle.

Mômières donc; le nom est bien trouvé, car, ces parades de sentiment, qu'est-ce, sinon mômeries pures, quand le cœur ni la conduite n'y répondent? Combien as-tu vu de gens, Reybaz, qui allaient en paradis comme à la noce, parmi ceux qui sont toujours à en chanter merveilles? Combien en as-tu vu qui s'ôtent la bonne chère de dessous la dent, la plume de dessous leur corps, les domestiques, les équipages, les commodités de la ville, et les plaisirs de la campagne, parmi ces gros qui nous chantent si haut *la seule chose nécessaire?* Si bien que je suis toujours tenté de leur dire, le dimanche, qu'ils viennent en bonne calèche, de leur château d'été, à leur église ici voisine : Eh! l'ami, si ta croix te fatigue, pose-la un peu; bien volontiers la prendrais-je!

Pour en revenir aux médecins, j'approuve d'ailleurs que tu en consultes un de bon sens; non pour lui donner empire, mais pour adjoindre son expérience à la tienne. A ces fins j'en ai choisi un qui a de l'âge, et néanmoins se déplace encore, et je lui ai conté de l'histoire de ta fille ce qu'il en doit savoir; vu que c'est critique que de leur laisser deviner, et qu'ils pourraient vous traiter pour le feu sacré, tel qui aurait la fièvre quarte. Il m'a laissé dire, puis il a ajouté : « Il faudra que je la voie. » Ainsi tu n'as qu'à me faire dire, et je te l'envoie. C'est un monsieur Maigrat, rue du Soleil-Levant. Quant au prix, que j'ai demandé, il a fait le délicat; disant qu'il n'a point de prix, que celui qu'on juge à propos de lui faire. On verra bien si c'est parade aussi : mômerie, comme je m'en doute; l'argent étant aussi chose dont on médit, mais qu'on empoche.

Sur ce, adieu Reybaz, et remonte-toi, sans oublier de donner de tes nouvelles à ton ami, dans la bonne et dans la mauvaise, à la vie et à la mort.

CHAMPIN.

LETTRE LXXV.

MADAME DE LA COUR A CHAMPIN.

De Turin.

A mon retour de Florence, je trouve ici votre lettre, Monsieur Champin. Elle détruit tous mes projets, elle me remplit d'épouvante. Quoi! cet infortuné est l'enfant des misérables dont vous me parlez?... la prison, l'infamie?... Et vos lignes ambiguës me donnent à entendre que c'est vous qui avez travaillé à soulever ce voile! Grand Dieu! quel homme êtes-vous? A qui ai-je à faire? Où suis-je descendue!

Mais votre audace, Monsieur, passe toute limite. Comment! vous osez m'écrire que *je vous ai dit d'agir, et que vous avez agi!*..... vous osez me faire ainsi la complice d'une action dont j'ignorais jusqu'à la possibilité même! d'une action odieuse, criminelle, et devant l'accomplissement de laquelle j'eusse certes reculé, au risque de compromettre sans retour et le sort et la vie même de mon fils!... Rétractez sur-le-champ ces indignes paroles. Hâtez-vous de reconnaître, dans les termes les plus clairs, et de la façon la plus péremptoire, que si je vous ai chargé de faire quelques démarches en faveur de mon fils, jamais, non jamais, la pensée d'ôter à M. Charles rien de ce qui pouvait lui être acquis, encore moins celle de nuire à cet infortuné, n'est entrée dans mes vues, et ne vous a été ouvertement suggérée, ni indirectement insinuée par moi. Hâtez-vous! Monsieur Champin, ou vous me verrez aussitôt, non-seulement rompre tout rapport avec vous, mais désavouer hautement vos services, dévoiler votre trame, et vous démasquer auprès de M. Reybaz, si vous ne lui avez pas tout dit; auprès de M. Prévère, qui sûrement ignore vos menées; auprès de tous ceux qui me connaissent, et qui s'intéressent à Charles, auprès de Charles lui-même!!

Et non-seulement vous m'avez épouvantée par vos audacieuses démarches, mais vous vous abuseriez grossièrement, si vous pensiez m'avoir servie en employant ces honteux moyens. Cette barrière que vous éleviez entre Charles et Louise, vous l'avez élevée en même temps entre elle et mon fils... Ne faudrait-il pas qu'il fût dépourvu de tout sentiment d'honneur, pour oser s'avancer dans les circonstances actuelles ; pour tirer avantage de l'affreuse situation où vos découvertes ont jeté un malheureux? En en tirant bénéfice, ne paraîtrait-il pas, ne serait-il pas le complice de vos manœuvres? Non, sachez-le, du même coup vous avez ruiné sans retour la destinée de M. Charles, et éteint cette lueur d'espoir que j'étais parvenue à reconquérir pour moi-même, et à faire briller aux yeux de mon fils!

Vous me recommandez la discrétion. Je ne vous reconnais aucun droit à me l'imposer, au sujet d'actes que je n'ai pas autorisés, que je maudis, et que vous avez la hardiesse de me confier en m'y impliquant autant qu'il est en vous. Par mon silence, ou en acceptant à quelque degré que ce soit cette obligation de garder votre secret, je tomberais dans le piége que vous me tendez, et je partagerais avec vous une responsabilité qui vous demeure, et qui vous demeurera entière. Je me considère donc comme libre de parler, et je parlerai, soyez-en sûr, je parlerai à mon fils lui-même, je lui ferai connaître toute votre trame, si vous ne vous hâtez pas de rétracter auprès de moi, de la façon la plus péremptoire, vos insolentes et perfides paroles. Car, alors, il y va de mon honneur qu'il sache ce qui s'est passé; et je ne courrai certes pas ce danger, qu'il m'impute un jour, fût-ce après ma mort, d'avoir pris la moindre part à ces criminelles machinations, qu'il flétrisse sa mère, qu'il maudisse sa mémoire, qu'il l'accuse d'avoir ajouté à sa misère l'opprobre et l'infamie!

Voilà, Monsieur Champin, où ont abouti vos odieux services. La situation de mon fils en est pire, la mienne est désespérée. Cet espoir auquel je l'avais rattaché, parce que je le partageais moi-même, vous me l'avez ôté. Que puis-je dire, que puis-je faire désormais? Cette alliance, à présent, j'en ai honte, effroi; et, dans mon désespoir, il ne me reste plus qu'à demander au Ciel de voir mon fils capable d'y renoncer sans succomber!

Dans cette situation, il devient inutile que vous continuiez d'agir auprès de M. Reybaz. Ainsi ne faites plus rien en vue de nous. Je verrai, après votre réponse, à récompenser vos services passés. Quant à celui dont vous ne craignez pas, dans votre dernière lettre, de vous vanter comme d'un succès, qu'il n'en soit, je vous l'ordonne, jamais question de vous à moi ; non plus que de ces odieuses écritures, de ces courses, que vous avez pris sur vous de faire, et que vous osez me présenter comme faites à mon intention. Sur toute chose, hâtez-vous de rétracter vos audacieux mensonges, et que ce soit là le seul objet de votre prochaine lettre que j'attends avec impatience.

JULIE DE LA COUR.

LETTRE LXXVI.

CHAMPIN A MADAME DE LA COUR.

De Genève.

Sous le respect que je dois à Madame, sa lettre m'a fait tomber des nues. J'y vois que Madame s'inquiète beaucoup aujourd'hui de ce monsieur Charles, de qui, tout à l'heure, elle ne se faisait pas grand souci, m'employant tout justement à lui souffler sa belle. J'y vois que Madame, après m'avoir lancé dans tout ce commerce où je n'avais que faire, me repousse du pied un peu vivement, oubliant que, si elle relit mes lignes, je relis les siennes qui ne sont pas ambiguës, notamment celles où elle me dit.... *Qu'ainsi rien ne vous arrête !....* et ailleurs : *Agissez, Mon-*

sieur Champin; j'ai honte de vous y porter, mais je suis si malheureuse! J'y vois que Madame, pour récompense du mal que je me suis donné à son intention, me menace en termes qui ne sont pas doux, oubliant aussi que, pour ce qui est de me démasquer aux yeux de Reybaz, je m'en suis déjà chargé; auprès de M. Prévère... je m'en suis chargé pareillement, puisque je lui ai moi-même envoyé les pièces. Reste M. Charles, auprès de qui je n'ai pas cru devoir me *démasquer*, au risque de lui apprendre ce qu'il est heureux qu'il ignore. Que si Madame veut prendre ce soin, elle en est libre; mais je lui dirai avec plus de justice qu'elle ne me le dit : *La responsabilité lui en demeure, et lui en demeurera entière.*

Du reste, pour ce qui est de la mienne, je ne la décline pas; et puisque Madame est si impatiente de me voir charger sur mon dos ce poids dont je lui avais réservé sa quote part, qu'à cela ne tienne! Je le prends, et qui plus est, je le soulève sans peine. Je rétracte tout ce qu'il plaira à Madame; je suis prêt à signer, pour lui rendre le repos, non pas que je la *désavoue*, ce qui pourrait l'offenser, mais que je ne l'ai pas connue, que je n'ai pas agi sur sa demande et pour son compte; que si je me suis mêlé de l'affaire de mamselle Louise, c'était pour mon amusette, et en façon de passe-temps. On signera tout cela, et plus encore, si Madame y gagne une heure de bon sommeil; et ce, sans réclamer d'elle autre faveur, que celle de ne pas lui rendre ses lettres, hormis la dernière, si elle y tenait. Mais Madame fera plus prudemment de ne pas se fâcher, et de se tenir en repos; sans obliger à la défense un pauvre diable qui est bon pour la servir, mais qui, attaqué un peu vivement, trouverait encore du coup d'œil pour parer, et des dents de quoi mordre.

M'est avis aussi que Madame fera bien de ne pas suivre à son projet de tout dire à son fils, bien que, pour ma part, je l'en laisse libre. Il pourrait prendre la chose vivement, et se voyant empêché, par cette infamie dont parle Madame, de jamais s'allier à mademoiselle Louise, retomber dans ces idées noires dont Madame l'a tiré, et qui mènent droit à l'autre monde. Que Madame donc, qui est si tendre pour lui, se garde d'en rien faire; je lui en donne le conseil d'autant plus librement, que c'est son intérêt qui me guide ici, et non pas le mien. Que peuvent me faire les apostrophes et les catastrophes de monsieur son fils? Fallait-il donc, pour le contenter, laisser Reybaz greffer sa race sur un rejeton véreux? et parce que le père de ce Charles se trouve avoir été un gredin, est-ce M. Ernest qui en peut mais, et qui doit s'en faire souci? Je dirai bien plus ; si Madame, au lieu de me faire tout ce vacarme de colère et d'injures dont sa lettre est venue m'étourdir, m'avait demandé en termes honnêtes de prendre tout sur mon bonnet : Qu'à cela ne tienne ! aurais-je répondu, car, ce qu'on a fait, on l'a fait pour empêcher Reybaz de s'enferrer, et on serait prêt à recommencer : n'étant ni un ami de Reybaz, ni un ancien de race, pour se tenir coi quand il faut remuer, et pour se clouer la langue quand c'est l'heure de parler. Et, après tout, si Madame tient tant à ce que je lui donne cette assurance, que j'ai *démasqué* ce Charles à cause de Reybaz, avant de le faire à cause d'elle, eh bien ! je la lui donne ici cette assurance, écrite et signée de ma main. Qu'elle soit donc contente, et qu'elle ne vienne plus me chicaner sur des mots ; encore moins me marchander sur quelques francs d'écritures, qui sont un lingot pour moi, un liard pour elle. Veut-elle donc que j'en envoie la note à Reybaz, à M. Prévère? ou bien entend-elle que, de mes deniers, j'alimente ces messieurs de la justice ; que, de mon nécessaire, je les engraisse? En vérité, j'aime mieux que ces cinquante francs me reviennent, afin que l'hiver, qui est là tout à l'heure, me trouve chaudement vêtu, et prêt à le recevoir dans ma loge, d'où ce n'est pas le bon feu qui l'éloigne.

Si donc Madame se refuse à solder, ce sur quoi je n'ai garde de la presser, qu'elle soit certaine que j'envoie mon mémoire à Reybaz ou au Pasteur ; quitte à ce qu'ils décident entre eux et elle à qui revient la dette, et me bornant à fournir sur ce sujet les petits documens que l'on réclamera de ma complaisance. J'ai peur qu'ils ne soient peu favorables à l'intention que manifeste Madame d'économiser ces cinquante francs ; car, pour bien dire, M. Prévère m'aurait détourné d'agir; M. Reybaz ne m'y a pas poussé ; reste au procès, seulement les lettres de Madame, suffisamment éclaircies par la position où elle était, et d'ailleurs sans énigme pour qui sait lire : *Que rien ne vous arrête !... Agissez, M. Champin ; j'ai honte de vous y porter, mais je suis si malheureuse !* De quoi donc Madame avait-elle honte ? Etait-ce d'avoir recours à l'assistance d'un portier ?

Tout ceci fera comprendre à Madame que je n'ai pas été à l'aventure, comme un niais ; et que le comment ni le pourquoi des choses ne me passe loin du nez. Je veux bien tirer les marrons du feu, pour que Madame les croque ; mais je demande au moins qu'elle me laisse ne m'y brûler la patte que le moins que je pourrai. Elle verra pareillement qu'elle n'a d'autre parti sage à prendre que de se tenir tranquille, de continuer, sans y rien gâter, une œuvre qui va bien, et de s'en remettre à moi du tout, sans plus bouger que par le passé, et sans se mettre en rebellion, comme dans sa dernière ; afin de ne pas apprendre à ses dépens, et à mon grand regret, que je ne suis pas de ceux qui se laissent tranquillement mettre le feu à la barbe, sans que celui qui tient la chandelle ne s'y brûle plus que les doigts, et ne crie bientôt merci.

Et puis, que Madame écoute, et qu'elle remercie le bon Dieu de ce qu'elle n'a rien gâté encore, ni soufflé mot à son fils de choses qui, à présent que les cailles lui tombent toutes rôties, lui tiendraient les dents serrées, et les lèvres cousues. Qu'elle écoute, et que sa colère tombe, que ses angoisses se dissipent. Qu'elle apprenne qu'aujourd'hui, comme je l'avais prévu, et comme j'y avais travaillé, c'est Reybaz lui-même qui s'approche, qui reluque son garçon, qui y voit une planche de salut pour sa fille, et un port après ces orages ! Qu'elle apprenne que, tandis qu'elle était en train de tout gâter, tant en divulguant à son fils, qu'en s'insurrectionnant contre moi, Reybaz, venant de lui-même se prendre aux rets que j'avais tendus, m'écrivait dans les mêmes termes, et par les mêmes motifs qui ont poussé Madame à m'écrire dans l'origine : m'invitant à tâter le terrain, pour l'avenir, bien entendu ; et à le tenir au fait de ce qu'on dit du jeune homme, et de l'idée où serait sa mère, qu'encore à présent il croit peu favorable à ce mariage. Et que si Madame doute de ces nouvelles si heureuses, si inespérées pour elle, je suis prêt à lui envoyer, sur l'heure, les lettres où Reybaz va tout juste au-devant de ce qu'elle désire le plus au monde.

Voilà où en étaient les choses, quand est venue la lettre où Madame me parle comme de Turc à More, me traitant de telle façon que, si l'on n'était dévoué à ses intérêts, le motif ni les moyens ne me manqueraient de lui faire plus de mal et de tort que je la défie de pouvoir m'en faire. Mais je ne me prends pas à ses gronderies dictées par le trouble, le scrupule, et par sa situation dont j'ai pitié ; voulant l'en retirer malgré elle, pour recevoir récompense en même temps que justice. Pareillement, elle ne se prendra pas aux propos de ci-dessus, que je lui tiens pour l'éclairer, et non pour me départir du respect dont je suis tout plein à son égard. Qu'elle ne bouge donc, sinon pour entretenir son fils, et m'en donner des nouvelles; et que, pour le reste, elle s'en fie à moi, se gardant par-dessus tout d'y mettre la main, ou seulement le bout du petit doigt. En continuant l'œuvre, dont tout le difficile est fait, et où il ne reste plus qu'à tirer le fil doucement, j'instruis Reybaz de ce qu'il doit connaître, et je ménage l'heure où, tout étant prêt, Madame n'aura plus qu'à paraître pour que l'affaire soit bouclée. Alors deux dignes parens seront tirés d'affliction, deux dignes enfans seront l'un à l'autre, et, de toute cette tempête, il ne demeurera qu'un souvenir bien propre à faire reluire encore mieux la sérénité des jours, sans rien gâter à la douceur des nuits. Que Madame se tranquillise donc, et compte sur les services dévoués de son respectueux serviteur,

CHAMPIN.

LETTRE LXXVII.

MADAME DE LA COUR A CHAMPIN.

De Turin.

Si votre lettre, Monsieur Champin, n'a pas été celle que j'attendais, et si je suis loin de souscrire aux insinuations et aux interprétations qu'elle contient, je n'en juge pas moins qu'il serait inutile et hors de propos de continuer des contestations sur le même sujet. Nous resterons donc en bon accord, en ce sens que, ne revenant pas sur le passé, c'est de l'avenir seul qu'il s'agit, et que, sur ce point, nous nous entendrons mieux.

Je veux bien travailler à ranimer les espérances de mon fils; les bonnes nouvelles que vous me transmettez m'y inviteraient, quand je n'en serais pas d'ailleurs à n'avoir, pour l'entretenir, pour le soutenir, d'autre ressource que celle-là. Mais son état est tel, il faut le ramener de si loin, que les avances de M. Reybaz elles-mêmes m'ont effrayée, comme étant prématurées. Il faut que le temps s'écoule, il faut que le sort de M. Charles se dessine, s'améliore, il faut enfin que les dispositions de Mlle Louise changent, avant qu'il puisse être question de rien; autrement, nos efforts tourneraient contre nous-mêmes. Telle est ma façon de voir bien arrêtée, que je vous transmets pour que vous vous y conformiez, en ne tentant pour le moment, et, dans tous les cas, sans mon approbation préalable, aucune espèce de démarche. Je ne reviens point, comme vous le voyez, sur le passé; mais j'entends, comme vous le voyez aussi, que rien à l'avenir ne soit fait qu'avec mon agrément. Si donc vous m'enjoignez de ne bouger pas, je vous l'enjoins pareillement; et j'ajoute, que c'est à cela que je distinguerai si le dévouement dont vous me parlez est sincère et sans arrière-pensée, si je puis continuer à me fier à vous, ou si j'ai affaire à un homme dont la moralité est suspecte, et l'assistance dangereuse.

Que ce langage ne vous étonne pas, Monsieur Champin; ce sont vos deux dernières lettres qui m'ont jetée dans le doute à cet égard. Qu'il ne vous irrite pas non plus, car je vous offre un moyen bien simple et bien facile de me prouver votre dévouement, en ne vous demandant d'autre service que celui de vous effacer tout à fait, et de ne rien faire sans ma participation. Sachez seulement bien que mon intention parfaitement positive est de ne vous récompenser, qu'après que vous aurez fait ces preuves que je vous demande ; et que, s'il vous arrivait de manquer à mes injonctions actuelles, en quelque degré que ce fût, vous auriez à vous passer de tout salaire de vos services. Car alors, en les payant, je donnerais l'unique preuve que je les eusse agréés. Puis donc que vous n'êtes pas un niais, comme vous le dites, et comme je le pense, employez votre intelligence à me comprendre, et votre habileté à ne rien faire : c'est le seul parti que vous ayez à prendre.

Julie de la Cour.

LETTRE LXXVIII.

MADAME DE LA COUR A REYBAZ.

De Turin.

Ces lignes, mon cher Monsieur Reybaz, vous surprendront ; mais j'ose espérer qu'elles se feront lire de vous, et qu'après avoir compris le sentiment qui me les dicte, vous accueillerez le vœu que j'y dépose. Hélas! vous avez vos douleurs, mon cher voisin ; j'ai les miennes : tous les deux nous sommes éprouvés dans ce que nous avons de plus cher au monde ; que déjà cette commune affliction nous rapproche, qu'elle nous fasse rencontrer l'un auprès de l'autre appui, consolation, et, s'il se peut, remède !

Mon cœur est déchiré d'angoisse, je verse des larmes en vous écrivant. Depuis que j'ai quitté la Cure, je ne connais plus de jours paisibles. Ni le temps, ni la raison, ni les obstacles, n'ont changé le cœur de mon Ernest, M. Reybaz. Uniquement épris des charmes de votre angélique fille, et de cette rare vertu dont l'empire, une fois senti, est irrésistible, il n'a cessé, il ne cesse pas un jour d'attacher sur elle sa pensée, alors même qu'il n'entrevoit aucune chance favorable à l'accomplissement de ses vœux. Après avoir tenté une lutte inutile contre cette ardente passion, il était tombé dans un sinistre abattement dont il me cachait les signes, lorsque Jaques m'écrivit quelles étaient ses journées, ses nuits, ses transports, et je volai auprès de lui. C'était le moment où l'on venait d'apprendre que vous aviez retiré à Charles la main de Mlle Louise. Consternée en voyant l'état de mon fils, je ne pus me défendre de faire briller à ses yeux une lueur d'espoir, qu'il ne voulut pas pendant longtemps accueillir, mais qu'aujourd'hui il ne repousse plus avec une incrédulité aussi absolue.

Telle a été, telle est encore ma situation, Monsieur Reybaz. Mère désolée, je m'efforce de rattacher mon enfant à la vie, en lui parlant du vôtre ; mais voici qu'à mesure que je parviens à lui rendre quelque courage, l'effroi me saisit d'autre part, et je me demande si cet espoir que je fais luire à ses yeux n'est pas un leurre, si cette unique ressource dont je fais usage, je suis destinée à me la voir ravir. C'est cet effroi qui me presse de vous écrire, mon bien cher voisin. Je viens à vous toute tremblante de désir et de crainte. Je me jette à vos genoux, comme devant celui dont une seule parole peut me rendre à la vie, ou me plonger dans un abîme de tourmens. Ah! Monsieur Reybaz, songez que vous êtes père; et que du moins cette parole ne sorte pas de vos lèvres, si elle doit m'être fatale!

Au surplus, ne vous hâtez pas de supposer d'impossibles demandes, des prétentions insensées. Je sais, mon bien cher voisin, quelle est votre situation et celle de Louise. Je sais que cette chère enfant, brisée par la douleur, et le cœur saignant de regrets, n'entendrait aujourd'hui prononcer le nom d'Ernest, ou de tout autre que Charles, qu'avec effroi et dégoût; je sais aussi que vous ne consentiriez jamais à disposer de l'avenir et de la main de votre fille, au risque de contrarier ses vœux ou de forcer sa volonté; aussi ne viens-je point faire auprès de vous une démarche dont l'importunité, dans les circonstances actuelles, vous serait odieuse à juste titre. Ma requête est plus humble, et si j'y attache toute la puissance de mon désir, c'est que le peu que je vous demande, que j'implore de vous, ce peu, c'est tout pour moi, c'est le salut peut-être de mon enfant. Apprenez-moi, Monsieur Reybaz, que vous, le père de Louise, et seulement en ce qui vous est personnel, vous ne repoussez pas à l'avance l'idée d'une union que le cours du temps pourrait rendre possible, et dans laquelle, en y concourant tous les deux, nous pourrions trouver tous les deux une planche de salut : c'est tout ce que je vous demande. Et si vous répugnez à vous unir dès aujourd'hui avec moi dans ce commun concours, alors je vous demande moins encore : c'est de ne pas ruiner, par des paroles formelles, par un refus sans appel, l'unique ressource qui me reste pour soutenir le courage de mon enfant ; c'est de me permettre, bien que vous lui ayez refusé une première fois la main de votre fille, de l'envisager comme digne encore d'obtenir cette main, aux mêmes titres que tout autre homme, si jamais les obstacles qui, longtemps encore, s'opposeront à ce que votre fille se choisisse un époux, venaient à s'aplanir. Voilà mon humble prière; au delà, je ne demande rien ; au delà, je n'ose pas même jeter un regard ; au delà, tout ce que je sais faire, c'est d'adresser à Dieu une continuelle et fervente prière, pour qu'il ne frappe ni sur vous ni sur moi, mais que plutôt, compatissant à nos souffrances, il nous sauve l'un par l'autre!

Je vous connais et je vous honore, mon cher voisin. Aussi me garderai-je bien de vous parler de la position et de l'opulence de mon Ernest : ces choses que le monde prise au-dessus de leur valeur, elles sont sans prestige pour votre esprit sage et fier au bon endroit. Mais ne vous dirai-je rien de tant de changemens qui se sont opérés en lui, depuis que, pour la première fois, il s'est vu sous le charme des vertus plus encore que de la beauté de votre angélique fille ? Ah! Monsieur Reybaz, vous qui l'avez vu léger, dissipé, que ne pouvez-vous l'avoir connu depuis que ce sentiment a épuré son cœur, et donné à ses pensées un tour grave et noble à la fois! Que n'avez-vous pu reconnaître comme moi, et mille fois, quelles sont les choses qu'il aime en Louise, et comment c'est aux rayons de sa sagesse, de sa dignité, de sa pureté, que s'est attisé le feu qui le consume, et non point à ces traits du visage, pourtant si éclatans de beauté, si attrayans de candeur et de grâce! Que ne pouvez-vous entendre comme moi, le jour et la nuit, ces rêves d'une ambition à la fois humble et passionnée, et qui n'ont pour unique objet que le vœu de rendre heureuse une créature adorée, que la gloire de s'élever par la vertu à la hauteur d'une créature céleste! Non, Monsieur Reybaz, Ernest n'est plus l'homme que vous avez connu, je vous le répète, et je vous conjure de ne pas l'oublier. Les dernières fumées de sa jeunesse se sont dissipées dans ce fatal duel; comme les traits les plus pénétrans de la passion se sont fixés profondément dans son cœur, alors que, peu de jours après, ayant rencontré votre Louise dans l'avenue, il reçut d'elle l'accueil de la douceur et du pardon, et quitta la Cure transporté d'amour et de désespoir.......

Tel est l'état de mon Ernest, Monsieur Reybaz. Et si ce tableau fidèle que je vous fais d'une passion qu'a inspirée votre fille n'avait rien qui dût vous toucher, ne puis-je au moins augurer que vous trouverez dans la considération de l'avenir de Louise, des motifs de m'être favorable? Vous commencez à approcher des confins de la vieillesse, mon cher Monsieur Reybaz; et tandis que le cours de la nature vous appelle à précéder dans la tombe votre fille bien-aimée, vous n'envisagez sûrement pas sans effroi l'idée qu'elle vous survive dans le délaissement et dans l'abandon. Eh bien, Monsieur Reybaz, après ce premier naufrage de ses affections, et aujourd'hui qu'elle est pour toujours séparée du jeune homme sur qui son choix s'était fixé, vers quel port tendrez-vous, où elle trouve l'abri qu'il lui faut? et ne devez-vous point, sinon la diriger vers celui qui est le plus voisin, vers celui où je l'accueillerai comme ma fille et comme mon ange sauveur, du moins ne lui fermer d'avance l'entrée d'aucun, et permettre qu'après tant d'orages elle retrouve peut-être le repos, l'abri, le bonheur sous notre aile commune, et, après nous, dans l'amour de mon Ernest? Oh! si c'était là que la Providence dût nous conduire au travers de tant d'angoisses, et après tant de souffrances, que ces maux qui m'accablent me sembleraient légers un jour! que de joie dans mon cœur! que de paix sur ma tombe et sur la vôtre!

Et vous feriez-vous illusion d'ailleurs sur tant de choses qui sont nécessaires au bonheur de votre fille, et qui rendent si difficile pour elle le choix d'un époux? Que de conditions à remplir, que de ménagemens à garder, que d'exigences qui découlent de sa situation particulière et presque exceptionnelle! Ne pas heurter cette délicatesse de sentimens et de goûts qu'elle doit aux directions de M. Prévère; ne pas l'entraîner loin d'une retraite dans laquelle elle a vécu toujours, et pour laquelle elle est née; ne pas l'arracher du milieu des êtres qu'elle chérit, de ceux dont elle est l'appui et la providence, de ces pauvres sur lesquels elle règne par l'empire des bienfaits... Que de choses à rencontrer dans le même homme, M. Reybaz, dont plusieurs, vous ne pouvez le nier, se rencontrent dans mon Ernest! Dépouillez-vous donc, je vous en conjure, des préventions que vous avez pu nourrir jusqu'ici contre lui, et que la tendresse même que vous portez à votre enfant, vous parle en faveur du mien. Ou plutôt, mon cher voisin, unissons-nous pour prendre ensemble le gouvernail de ces deux destinées; du sein de la tempête, efforçons-nous ensemble de cingler vers de fortunés rivages; et là où notre concours peut être si puissant, ne commettons pas nos intérêts les plus chers aux aveugles et durs caprices du hasard!

Je vous ai ouvert mon âme, M. Reybaz, vous y lisez comme moi-même. Le respect et l'amitié que je vous porte m'interdisent tout détour, toute feinte; la douleur et l'angoisse ne me laissent ni le loisir ni l'envie d'apprêter mes discours. J'aurais encore bien des choses à vous dire, bien des motifs à presser; mais ce que n'aura pas fait sur votre cœur la prière d'une mère désolée, ou le langage de votre propre raison, mes paroles ne sauraient le faire. Que si ma lettre vous trouve favorable à mes désirs, hâtez-vous de m'en donner l'annonce; que si elle vous trouve insensible à ma voix et contraire à mes vœux, ne vous hâtez pas de me répondre, demeurez en suspens jusqu'à ce que vous ayez eu le temps de réfléchir; ou plutôt, gardez le silence, laissez-moi me débattre dans les tourmens, et ne m'ôtez pas jusqu'à la dernière et misérable ressource de leurrer mon fils en m'abusant moi-même!

Votre dévouée,
Julie de la Cour.

LETTRE LXXIX.

REYBAZ A MADAME DE LA COUR.

De Mornex.

Ma réponse ne se fera pas longtemps désirer, Madame, et, bien qu'incertaine autant que l'avenir, et obscure non moins que les voies de Dieu, puisse-t-elle vous être de quelque reconfort! Je sais ce que sont entrailles déchirées, et qu'en toute position une mère est une mère; d'où j'ai compassion de vous, comme si vous étiez de ma condition, bien que vous n'en soyez pas, et encore que je n'aime pas votre fils.

Vous voyez par ce propos que vous ne me devancerez pas en franchise; mais, du reste, qu'il ne vous donne pas de crainte. Si je n'ai pas changé, les choses ont changé, et, dans le péril où je suis, je ferais bon-marché, pour m'en retirer, de mes rancunes comme de mes affections. Je vous dirai plus encore, cette idée que vous avez de marier nos enfans, je l'ai eue comme vous, et aux mêmes enseignes : à savoir pour y chercher un sort à ma fille, et un terme à tout ceci. Que le bon Dieu veuille que ma fille seulement ne refuse pas, et vous pouvez être certaine que ce n'est pas de Reybaz que viendra l'empêchement. Heureux ceux-là qui se peuvent choisir leur gendre! Le bon Dieu m'a seulement accordé d'en avoir écarté un, et trop d'infortune s'en est suivie pour que j'incline à recommencer.

Toutefois, ma chère Madame, que ces paroles ne vous abusent pas, et, si vous en faites usage pour redonner à votre fils un courage que j'estime qu'il ferait mieux de tirer de lui-même, ayant la force et le sexe en sa faveur, que ce soit à vos périls et risques. Vous me demandez si, le cas advenant, je vous serais contraire, et je vous donne l'assurance que non. Mais le cas adviendra-t-il, et peut-il advenir? Plût à Dieu! et ne doutez pas de la véhémence de mon souhait; plût à Dieu! car, pour qu'il advînt, j'aurais donc conservé mon enfant, ma Louise, le fruit de ma Thérèse! Et quand j'en suis à craindre pour le souffle de sa vie, je n'aurais donc plus qu'à tressaillir d'allégresse, en songeant que, quoi qu'il arrive, ma Louise ne me sera pas redemandée; qu'elle ne me précédera pas, flétrie dans sa fleur, vers ce sépulcre avide de jeune chair et d'âge tendre. Plût à Dieu! Et je vous le redis encore : plût à Dieu!!

Pauvre Madame! vous dites bien, quand vous dites que si vous avez vos douleurs, j'ai aussi les miennes; vous dites bien encore, quand vous avancez que l'épreuve rapproche. Je le sens d'une façon trop manifeste, quand je vois Madame de la Cour, riche, notable, et la première de nos campagnes bien loin à la ronde, aux pieds de Reybaz le chantre, et Reybaz le chantre, ni fier, ni honteux, ni surpris de l'y voir. Pourtant, j'aime les distances qui séparent le grand du petit, et que nul ne les franchisse; mais je ressens maintenant que si les hommes sont échelonnés par les choses qui viennent du monde, ils sont sur une rase plaine par les choses qui viennent d'en haut, qui ont leur source et leur issue en haut : par les affections et par les devoirs, ou, si vous voulez, par le cœur, qui renferme les unes, et qui a la garde des autres. Je ressens que si Dieu frappe un riche et un moins riche dans leur argent, la distance qui les séparait demeure; que s'il les frappe chacun dans leur enfant, elle s'efface ; et aussitôt se mettent à nu ces cordages d'affection primitivement tressés d'un cœur à l'autre par la main du Créateur, et toujours subsistans sous les nippes, tantôt haillons, tantôt broderies, qui nous recouvrent. Je ressens que tous les hommes sont frères en Adam, inégaux en fortune et en abondance, mais égaux par le sang, tenus de s'aimer comme membres de la même famille, et n'y manquant guère quand l'infortune les rapproche, au lieu qu'ils y manquent sans cesse quand Dieu les bénit et les comble de biens. Je ressens qu'en ceci notre nature est boiteuse, car c'est une corruption que de ne pouvoir pratiquer l'amour que sous le fouet de la calamité, au lieu de le goûter sous le soleil du bonheur. Enfin je ressens la nécessité du précepte : *Aimez-vous les uns les autres;* et je ne sais plus voir dans cette étrange et dure parole : *Dieu vous châtie pour votre bien,* que le signe de la tendresse du Créateur pour les enfans des hommes ! Pourquoi faut-il que l'épreuve, en même temps qu'elle est salutaire pour l'âme, soit plus âcre et plus amère que le plus odieux de ces breuvages qui servent à refaire la santé du corps !

En vous voyant donc à mes genoux, ma pauvre Dame, je ne m'en trouve pas fier, mais bien plutôt peiné. Je voudrais soulager votre misère, ne fût-ce que pour être trouvé digne que l'on soulage la mienne; mais que puis-je? Vous voyez que je doute déjà si je conserverai mon enfant; mais, à supposer que cette félicité m'advienne, comment l'inclinerai-je, à moins que je ne l'y ploie de force, à se vouloir marier, elle qui avait déjà donné son cœur bien plus qu'elle n'estimait avoir donné sa personne, et qu'une pudicité native pousse secrètement à demeurer vierge devant Dieu? Comment l'inclinerai-je à oublier Charles pour se donner à M. Ernest qu'elle estimait peu, qu'elle n'affectionnait guère, et à qui elle reproche au fond du cœur d'avoir été funeste à Charles? Que puis-je vous dire?... Plaise à Dieu! rien d'autre. Je ne nie pas la force de vos raisons: je cherche à appuyer cette jeune vigne sur quelque rejeton qui la soutienne, après que moi, vieux chêne fracassé, j'aurai péri; je verrais en vous au besoin la mère de ma Louise, après Thérèse qu'elle n'a pas connue; et dans votre fils, celui-là justement qu'il lui faut, et par les motifs que vous dites; mais que puis-je faire? Et quand vous me parlez d'unir notre concours, ne voyez-vous pas que vous demandez la chose qui est impossible? Le concours de mon envie, oui ; de mes vœux, encore ; mais de mon action, c'est ce qui ne se peut : et j'en ai de la douleur autant pour moi que pour vous, ma chère et pauvre Madame.

Voilà ce que j'avais à vous répondre. Comptez que mon envie serait prête à se rencontrer avec la vôtre ; comptez que ni rancune, ni préventions ne se feront écouter de moi ; comptez encore que j'ai compassion de vous, et que je suis certain que vous plaignez mon mal. Mais ne comptez sur rien autre, et, au delà, comme vous dites vous-même, priez Dieu, ainsi que fait de son côté votre bien respectueux,

REYBAZ.

LETTRE LXXX.

MADAME DE LA COUR A CHAMPIN.

De Turin.

Grâce au ciel, je puis me passer de vos services, Monsieur Champin. Me voici en relation directe avec M. Reybaz. A peine affranchie de vos manœuvres, mon premier mouvement est de faire éclater devant vous la joie que j'en éprouve, de braver vos insolentes menaces, et de vous marquer tout le mépris que vous m'inspirez.

Quand l'état de mon fils me porta à recourir à vos services, je vous croyais le digne ami de M. Reybaz; je fus bientôt désabusée lorsque je vous vis, vous-même, et d'entrée, mettre un prix à ces services. Néanmoins, bien que je vous regardasse dès lors comme dépourvu de toute élévation d'âme, je n'avais pas encore appris à voir en vous un de ces hommes dont les services sont empoisonnés. Mais ce que je ne savais pas, vous vous êtes chargé de me l'apprendre vous-même, dans cette lettre pleine d'artifice, où, tout en me laissant entrevoir la méchanceté de vos secrètes menées, vous essayiez de me prendre au piége de vos insinuations perfides, et de vous décharger sur moi de l'odieux de votre œuvre; plus tard, enfin, dans votre dernière lettre, lettre d'insolence, d'ironie, de menace, où vous avez compté m'effrayer, mais où vous n'avez abouti qu'à me faire sentir la nécessité de n'avoir plus ni à vous employer, ni à vous craindre.

Vous êtes méchant, pervers, Monsieur Champin; vous êtes hypocrite et perfide; vous méritez le mépris des âmes honnêtes, et ce mépris, croyez-m'en, vous atteindra tôt ou tard, et sans que j'y travaille comme je pourrais le faire. Vous n'aimez pas votre ami, et pour que cet homme droit et honnête vous estime, ou même pour qu'il vous parle encore, il faut que vous l'ayez trompé, comme vous me trompiez moi-même. Tout en vous vantant auprès de moi de travailler pour lui, vous ne songiez évidemment qu'à gagner un salaire, en satisfaisant quelque basse rancune contre cet infortuné jeune homme ; et tout en vous vantant auprès de M. Reybaz de l'avoir sauvé du déshonneur, sûrement vous n'aviez garde de lui dire que vous vous étiez d'avance assuré auprès de moi la récompense du service criminel que vous comptiez lui rendre à mon insu, en dévoilant la naissance de Charles. Mais c'est là ce qu'il pourra savoir quelque jour, s'il devient nécessaire qu'on lui fasse comparer entre elles, les lettres que vous lui avez écrites, et celles que je tiens de vous. Quant aux miennes, qui restent entre vos mains, libre à vous de les produire, et vous me verrez peut-être moi-même vous provoquer à le faire. Car apprenez, misérable, que la réputation des honnêtes gens n'est pas aux mains d'un pervers ; apprenez que, si dans les ténèbres ses coups peuvent être à craindre, ils ne le sont plus au grand jour ; apprenez que, de l'honnêteté au crime, la distance est trop grande pour que vos mensonges la puissent combler, et qu'entre madame de la Cour et vous, le procès est jugé avant d'être entendu !

Mais assez, Monsieur Champin, assez pour que vous sachiez qui je suis, qui vous êtes, et pour que je ne vous rencontre plus sur mon chemin. Il ne me reste qu'un mot à ajouter. Je vous crains assez peu, et je respecte trop ma parole, pour que je frustre votre cupidité du salaire qu'elle convoite, et que je lui ai laissé espérer dans le temps où je ne connaissais ni votre audace ni votre méchanceté. Vous trouverez inclus un billet de cent louis, dont je vous fais un don gratuit. Qu'après cela, Monsieur Champin, je n'entende jamais parler de vous ; que je ne vous aperçoive nulle part mêlé à quoi que ce soit de ce qui me concerne, moi ou mon fils ; ou bien je vous démasque à l'instant même, auprès de monsieur Reybaz que vous avez trompé, auprès de M. Prévère que vous avez joué, et auprès de M. Charles que vous avez perdu ! Rentrez, je vous le conseille, rentrez dans les ténèbres, pour y cacher à tous les yeux votre venin ; faites comme ces reptiles, qui, sûrs d'être écrasés par le premier passant qui les verra se glisser sous l'herbe, s'enfoncent dans la vase, et vivent dans la nuit !

JULIE DE LA COUR.

LETTRE LXXXI.

CHAMPIN A MADAME DE LA COUR.

De Genève.

La lettre de Madame m'a fait peine vraiment, tant j'y vois que Madame s'abuse sur mon compte, et me prend pour qui je ne suis pas. Sans doute, on est un pauvre homme, qui a plus d'envie d'obliger, que de prudence pour savoir faire ; et de besoin de gagner, que de temps ou d'argent à perdre pour le service des autres ; mais voilà tout. Si Madame y veut bien réfléchir, après que sa colère, qui vient de son angoisse, aura passé, elle sera d'accord que sa sévérité est bien dure, et que ses termes ne peuvent s'ajuster à un vieillard estimé dans le quartier, employé par M. le pasteur Dervey, ami d'ancienne date de Reybaz, ayant domicile, enfans, et n'ayant fait, que je sache, à personne tort d'un sou; bien que dans son état, où l'on manie de l'or, la défiance soit prompte, en cas de louche.

Je dis cela à Madame, bien plus pour lui montrer quel cas on fait de son estime, et que, si on l'a affligée, c'est par mégarde, que pour lui rien contester dans un moment où elle n'a pas besoin qu'on la peine en la contrariant. C'est sûr que si on avait prévu son affliction, et mieux compris ce qu'elle demandait, et jusqu'où elle voulait qu'on agît, on lui aurait épargné bien du mal, et à soi bien du tourment : celui, entre autres, d'être maltraité par une respectable dame, quand on a cru bien faire. Aussi, quoique on ne veuille plus bouger, à raison du désir de Madame, et à raison de ce qu'elle s'entend à présent avec Reybaz lui-même, comme j'y ai bien contribué pour ma quote part, elle peut être certaine que, s'il lui convenait d'employer encore son serviteur, il ne serait qu'un fil entre ses mains, immobile à moins qu'elle ne le secouât, et détendu dix fois, avant que d'être entortillé. Il serait bien aise que Madame lui en fournît l'occasion, rien que pour avoir celle de lui montrer que si, pour avoir du pain, on accepte un salaire auquel on ne s'attendait plus, et qu'on n'aurait pas eu la vergogne de réclamer, on sait aussi travailler pour rien, et servir les honnêtes gens, seulement pour l'honneur de leur être en aide. Au surplus, Madame n'est pas encore au bout, et ainsi, il ne tiendra qu'à son bon vouloir que je lui fasse la preuve qu'elle s'est trompée sur le compte d'un brave homme qui se recommande à ses bontés, sachant bien qu'il ne peut rien contre un fort qui voudrait lui nuire.

Puisqu'il paraît que Madame est en rapport de lettres avec ceux de la Cure, et peut-être avec M. Prévère, je lui demanderai seulement une grâce qui me sera agréable, en même temps que Madame y verra la preuve que, plein de confiance en elle, je ne crains pas de lui livrer des moyens de me nuire, pour le cas où elle aurait désormais à se plaindre de moi, ce dont Dieu me préserve à tout jamais ! Cette grâce, c'est que Madame ne laisse pas voir à ce digne pasteur, qu'elle ait rien appris *par moi* sur les parens de M. Charles ; vu qu'il pourrait m'en vouloir d'en avoir levé la langue, bien que ce ne soit qu'à couvert, et auprès de Madame seulement, qui n'est pas pour vouloir nuire à ce jeune homme. Mais pour que M. Prévère ne se puisse douter de la chose, le plus sûr, c'est que Madame se taise auprès de Reybaz, sur ce que j'ai pu lui dire, à ce même sujet, dans les lettres qu'elle a reçues de moi, et en échange desquelles je serai prêt à lui rendre les siennes. Pour bien dire, c'est ce qui serait le plus à propos, tant pour la sécurité de Madame, que pour clore tout ceci à la satisfaction des parties ; puisque, les paroles, autant en emporte le vent, tandis que les écritures demeurent, et, mal interprétées, peuvent nuire tant à soi qu'aux autres. Bien sûr que Madame n'a rien à redouter de moi ; mais je suis vieux et infirme, et qui l'assure qu'après mon décès, ces lignes que je lui citais dans ma dernière, moi n'étant plus là pour expliquer ou contredire, ne seraient pas interprétées contre elle ? Qui peut l'assurer que, si elle parvient à marier son fils à mamselle Louise, ces lignes, venues à la connaissance de M. Charles, éconduit et victimé, ne lui seraient pas comme une révélation que son sort lui vient de Madame autant que de moi ? Qui peut l'assurer, enfin, que cette lettre dernière, où Madame, bien qu'en me maltraitant, ne laisse pas de m'envoyer cent louis pour mes services, ne pourrait, en aucun cas, se redresser contre elle, tout au moins venir à la connaissance de M. Ernest, et lui donner à penser, à lui déjà si délicat sur l'article, que sa mère, pour peu ou pour beaucoup, a trempé dans la trame à laquelle il aura dû sa femme? Que madame veuille bien peser ces raisons, et se souvenir que je tiens là le paquet de ses lettres, prêt à être remis à quiconque me remettra de sa part le paquet des miennes.

Au surplus, quoi que Madame fasse, elle peut compter sur mon soin à lui complaire en toute chose, et en particulier à ne la traverser en rien; aussi bien qu'à ne m'ingérer en quoi que ce soit de ce qui concerne elle ou son fils. Je n'aurais pas quitté ma lime pour me mêler de ses affaires, si elle ne m'en eût prié; c'est, je pense, de quoi elle est convaincue autant que moi. Il ne faut donc pas que malheur m'advienne de ce que Madame m'ait prié de lui donner aide; c'est déjà assez qu'en retour je sois traité par elle, comme bien souvent on ne traite pas les malfaiteurs. La leçon est bonne pour m'apprendre à ne plus me mêler que du petit labeur qui me fait vivre, bien qu'à grand'peine. Je vais donc m'y restreindre; et si c'est là ce que Madame appelle s'enfoncer dans son trou, et vivre dans la nuit, plutôt que de se faire écraser par un gros, son ordre sera ponctuellement accompli par celui qui a l'honneur d'être

Son très-humble et très-obéissant serviteur,

CHAMPIN.

LETTRE LXXXII.

LE CHANTRE A MONSIEUR PRÉVÈRE.

De Mornex.

Voici l'automne, mon bien cher Monsieur, et je ne puis dire qu'éloigné de vous, et livré à l'angoisse, cette saison d'été, belle qu'elle fût, m'ait paru courte. Depuis ces jours-ci, le brouillard du matin nous recouvre jusque vers le midi, et il me semble comme si ce voile gris était un vêtement qui s'assortisse au deuil de mon âme. Encore quelques semaines, et les froidures nous vont atteindre : déjà hier quelques frimas brillaient sur la pointe du Môle, qui pourtant disparurent avant le soir. Ces préludes de l'hiver, m'ont provoqué à hâter la venue d'un médecin de la ville, tant parce que j'y ai vu mon devoir à l'égard de Louise, que parce qu'il me fallait un conseil pour la saison froide.

C'est lundi qu'il est venu, et par une pluie qui me contrariait, ayant désiré, vu les répugnances de Louise, que nous pussions la joindre dehors, comme en nous promenant ; et non pas la surprendre au gîte de sa chambre, pour l'y retenir honteuse et contrainte, en face d'un homme dont la profession permet un regard qui scrute la personne, et des questions qui épouvantent la pudicité. Prévoyant donc que l'entrevue n'aurait lieu que sous le couvert de la maison, je m'acheminai à la rencontre du médecin, afin de lui donner le mot sur la petite, et combien il devait se garder de la prendre à rebours. C'est bien là que j'ai connu que ces médecins de ville ont mieux le sens d'une discrète retenue, que nos guérisseurs de campagne. Du premier coup, celui-ci m'a semblé comprendre que son affaire serait de deviner, encore plus que de heurter par des questions ; car, de lui-même, il s'est pris à me dire : « Je viens, Monsieur, déjeuner avec vous et mademoiselle votre fille ; rien d'autre. » Ce propos m'a réjoui en m'ôtant une épine.

Ce médecin, c'est un grand, qui, à vrai dire, ne paie pas de mine ; mêmement que je n'échangerais pas ma tenue contre la sienne, où se trouvent des négligences, et notamment sa cravate, qui était à l'envers. Au premier aspect, le voyant de loin grimper sur la route, à côté du char, je l'ai pris pour le conducteur, lui trouvant toutefois trop de figure et trop peu de mise pour un cocher. Mais aussitôt qu'il a eu ouvert la bouche, son parler m'a plu, et ses manières m'ont remué, par une sorte d'affection simple et ouverte, au lieu du beau langage que j'attendais. On a monté la côte ensemble, et, au rebours de plus d'un docteur que j'ai vu, il m'a laissé deviser tant que j'ai voulu sur la petite, se bornant à m'écouter dire, et comme s'attachant déjà à cette enfant qu'il n'avait pas encore vue. Et comme je lui signalais à mots couverts un chagrin de cœur, il m'a interrompu pour me prier de tout dire, crainte d'obscurité, son métier n'étant déjà que trop sujet à erreur. Alors, je lui ai conté nos traverses; lui, devenant grave à mesure que ma crainte et ma misère se répandaient dans mon discours. Quand j'ai eu fini : « Le temps, m'a-t-il dit, et la prudence, sont ici les vrais médecins; mais s'il en faut un troisième, comptez, M. Reybaz, sur mon dévouement. » Ainsi devisant, nous sommes arrivés à la maison, d'où Louise nous ayant aperçus, s'est retirée de la galerie où elle était à considérer la campagne.

Bien que l'ayant avertie de mon envie de consulter un médecin, je n'avais pas voulu lui annoncer d'avance cette visite; en telle sorte que je cherchais à la prendre à part, pour l'y préparer, lorsque, du seuil, nous l'avons vue qui disposait le déjeuner dans la salle. Aussitôt, sans me laisser le temps de rien dire, le médecin est allé vers elle, et lui ayant familièrement pris la main, comme à une enfant, il lui a abrégé l'angoisse, en disant : « Je suis médecin, mais comme je vois bien à votre figure que vous n'avez que faire de mes drogues, je vous demande seulement la permission de déjeuner avec vous. » La rougeur de Louise alors est tombée, mais son trouble s'est changé en une tristesse où se mouillait sa paupière. Quand ensuite le médecin qui la suivait, sans avoir l'air, a eu causé de choses et d'autres, elle s'est remise, prenant peu à peu part au discours, sans toutefois se livrer à l'entretien.

Après le déjeuner, elle s'est retirée; et comme le temps se remettait au beau, j'ai attiré le médecin au jardin, où, nous promenant en long et en large, c'était à mon tour de l'écouter dire. Comme tous ceux qui approchent de cette enfant, il s'est pris à louer tant de bonne grâce, et à me tenir de ces propos dont je redoute aujourd'hui l'orgueil qu'ils peuvent me donner, comme étant un présage de ruine et de sépulcre, puisque l'orgueil marche devant l'écrasement, et que la mort, pour mieux montrer les vanités du monde, fauche les belles fleurs de préférence aux herbes communes. Puis, venant à l'objet, il ne m'a pas caché que l'état de Louise est fâcheux, à cause de son âge et de sa constitution, laquelle est plus frêle, dit-il, en raison de l'âme qui s'y agite et la secoue, qu'elle ne l'est de nature : le corps étant sain, et la venue belle de tout point. Après quoi, et comme pour m'en dire ensuite davantage, il a demandé à voir Marthe, avec qui je l'ai laissé. Ils ont causé longtemps ensemble, durant que j'attendais debout sous le porche, veillant à ce que Louise n'entrevît rien de ces entretiens. Quand ils se sont quittés, j'ai connu aux yeux de Marthe qu'elle avait pleuré.

Ici l'angoisse, qui s'était dissipée au milieu de l'attente et du mouvement de cette visite, m'a ressaisi aux entrailles, en telle sorte que, voyant Marthe se retirer l'œil humide, et le médecin s'avancer d'un air sinistre, j'ai eu cette sueur du moment suprême, où le corps tremble et l'âme se glace. Le médecin m'y laissait en proie, pour dire à son homme d'atteler, après quoi il m'a proposé de prendre avec lui les devans, aux fins de causer de Louise. A grand'peine alors me suis-je contenu d'éclater en sanglots véhémens, voyant mon enfant comme perdue, et sa destinée écrite dans le visage du médecin, dans le silence du mont, dans la pâleur du ciel, jusque dans le repos de cette bête immobile, qu'attelait cet homme sans rien dire. Ah! Monsieur Prévère, si jamais je perds cette fille, avec vérité pourrai-je dire, que, de pensée, de tourment et de déchirure, vingt fois je l'aurai perdue, avant qu'une dernière elle me soit arrachée ; en telle façon que je me demande si ce ne sont point là les secousses de Dieu, pour rompre, pour déchirer, pour détacher par degrés ce jeune lierre de cet arbre fracassé, mais noueux et profond en racines !

Toutefois, je m'étais frappé plus qu'il n'était séant. Les paroles du médecin ont été d'espoir, encore plus que de découragement. Il envisage le mal comme une crise, qui, arrêtée à ce point, irait décroissant devant l'active sève d'un corps exempt de mal et tout fécond de jeunesse. Sur ce que lui a dit Marthe, il s'est tû; et, par respect pour mon enfant, comme aussi contenu par le jour du ciel, et la vue des passans, je n'ai ni voulu, ni osé le presser. J'ai, m'a-t-il dit, donné à cette bonne femme quelques directions, dont elle fera un usage salutaire à l'insu même de votre fille ; pour des drogues, il n'en peut être question : le mal est dans les affections. Et comme, à ce propos, je lui ai parlé de vous : « C'est là, a-t-il ajouté, le vrai médecin pour votre fille. » Ainsi m'a-t-il dit, mon cher Monsieur, ainsi je vous rapporte. Après quoi, il m'a annoncé la nécessité de passer à Mornex la saison froide : tant parce que ce revers, protégé contre la bise, est plus doux aux débiles ; qu'à cause surtout de ce qu'une rentrée à la Cure serait pour Louise une secousse nouvelle, et une occasion de ressouvenirs trop récens, pour ne lui pas être funestes, à chaque jour, et à chaque heure du jour. J'avais déjà auparavant pressenti ces nécessités, en sorte que, m'y soumettant sans contradiction, il ne me reste plus qu'à y accommoder les choses de la Cure.

C'est à cet effet, mon cher Monsieur, que je viens recourir à votre amitié. Il s'agit que je puisse aller là-bas vaquer à tant de choses que réclame cet arrangement, et je ne voudrais pas que, cette absence durant, Louise se trouvât délaissée dans cette solitude. Je vous demande donc, bien que sachant à qui vous vous devez en premier, de leur détourner ces quelques jours, pour en venir apporter le profit et le baume à ma fille. M'est avis qu'à cette condition mon absence lui sera un soulagement plus qu'une peine, en ce qu'elle se contraint devant moi, et que, de mon côté, mal appris à feindre, je ne sais lui dérober ces tristesses du visage, signes de l'infortune du dedans. Votre amitié est tendre autant que la mienne, et mieux tempérée; vous avez le parler qui console, la chaleur qui amollit et pénètre.... d'ailleurs, en ces temps d'alarme et de tempête, à qui confierais-je qu'à vous cette possession si chère, autour de laquelle, même présent, je vis craintif et misérable? Sûr de votre assentiment à ma respectueuse prière, j'attendrai donc, mon bon Monsieur, que par votre réponse vous me fixiez le jour où vous viendrez prendre ma place; ce sera pour une semaine ou un peu plus.

Je n'ai rien à ajouter au sujet de la petite, puisque vous allez la revoir. Tantôt je m'effraie de la crainte que vous ne la trouviez changée, tantôt je me reconforte de l'espoir qu'elle vous apparaîtra plutôt souffrante que malade, et triste encore plus que troublée. A vrai dire, le gros de la secousse a porté, et si le coup devait la blesser à mort, les ravages auraient suivi aux ravages, et non pas cette habitude lente et insensible, assez douteuse pour que l'espoir s'y ajuste, et que la terreur s'y émousse. Inclinons donc à ces lointaines joies que Dieu nous réserve peut-être, et gardons-nous de tenter sa bonté par nos prévisions sinistres. Voudra-t-il faire retomber en catastrophes sur nos têtes, tant de ferventes prières? Et si, par mes péchés, ou par ces lenteurs de charité et d'amour que je sens en moi, je l'ai irrité, voudra-t-il pour m'en punir frapper sur cette enfant qui n'a su qu'aimer, et qui ne souffre aujourd'hui que pour avoir aimé celui-là que moi seul j'ai rebuté?

Votre affectionné, REYBAZ.

LETTRE LXXXIII.

LOUISE A MONSIEUR PRÉVÈRE.

De Mornex.

Il y a longtemps que j'aurais dû vous répondre, mon bien-aimé maître, ou plutôt, il y a longtemps que je ne sais plus ni ressentir, ni dire, rien qui puisse n'être pas pénible à ceux qui m'aiment. Mon cœur brisé a perdu son ressort; il est en proie à cet égoïsme de la douleur qui éteint la tendresse, et qui glace les affections les plus chères.

C'est aujourd'hui l'anniversaire de ce jour où, il y a un an, ayant porté mes pas vers les chênes de Chevron, Dourak retira de dessous un amas de feuilles flétries, ce petit volume de Paul et Virginie, que je retrouvai avec tant de plaisir. Comme aujourd'hui, le pâle soleil d'automne

versait sur les campagnes une tendre lumière;
comme aujourd'hui, les monts, vus au travers
d'une argentine vapeur, semblaient s'être reculés au loin; comme aujourd'hui, les champs, ayant
donné leurs moissons et leurs herbes, reposaient
au soleil, réjouis par cette fête des derniers
beaux jours... Je m'assis sous les chênes, je
contemplai ces paisibles spectacles, je voulus
lire, comme j'avais fait tant de fois, ces pages
de touchante innocence qui précèdent de si déchirans tableaux;... je ne pus. Ma pensée n'était
plus libre, mon cœur n'avait plus de place que
pour un seul; l'espoir avec la sécurité, la joie
avec la tendresse, venaient enfin d'y pénétrer, et,
en face de ce bonheur inconnu et nouveau, le
charme des choses d'autrefois s'effaçait et ne
pouvait renaître. Je songeais à Charles, à l'ami de
mon cœur, à l'époux choisi par vous, agréé par
mon père, à celui dont la tendresse m'était déjà
chère plus que la vie, à celui dont l'esprit m'instruisait, dont la gaîté triomphait de mes tristesses, dont le caractère me captivait, autant
par ses généreux écarts que par ses qualités aimables. J'arrangeais par la pensée notre avenir,
je le fixais au milieu de ces campagnes bénies,...
j'entrevis ce faisceau d'une famille dont mon
père était le chef, dont vous étiez l'âme, dont

Charles et moi nous étions l'espoir et la joie. Ces doux rêves, où je m'abreuvais sans les tarir, se prolongèrent jusqu'à ce que le soleil se fût couché derrière les cimes du Jura. Alors je me levai, je repris le chemin de la Cure ; et, tandis que Dourak jouait autour de moi, je reconnaissais devant Dieu, et avec actions de grâces, que l'inquiétude, les alarmes, ce vague souci auquel je suis sujette, sont de passagères nuées, mais que l'âme a ses beaux jours, que le calme est aussi de ce monde, et que le bonheur plein, sans tache, sans ver caché, a ses momens sur la terre !

Rêve d'un jour ! C'étaient là les pages d'enivrante félicité ; au delà devaient suivre les pages d'amère douleur. Que je n'insiste pas sur ce parallèle qui vous navre ainsi que moi, mon cher maître ; que je ne tourne pas un à un les feuillets de ce livre, pour voir ce qui est écrit au dernier. Que plutôt j'espère ! que plutôt je vous demande votre main amie pour la presser, et m'y soutenir, votre sourire pour m'y réchauffer ; ou bien que j'implore votre menace et votre colère, si, déjà indigne de vos leçons, ou trop épuisée par la lutte, vous jugez qu'il faut ces forts mais tristes étais à mon âme qui ploie, et à mon cœur qui s'abat !

Je le vois, et c'est la lie de ce calice, il faut aussi que je me contraigne avec vous, mon bien cher maître, et que je retienne au dedans ce flot bouillonnant de regrets, de souffrances, d'effrois sinistres. Si je lui donnais cours, je n'en serais plus maîtresse, et votre indulgence infinie serait mise à l'épreuve ; votre tendresse pour moi, honteuse peut-être d'elle-même. Que ces choses n'arrivent pas ! Que je vive, que je souffre sous votre aile sans la blesser, que je m'y réchauffe sans en ternir la blancheur ; que désormais, à charge aux autres, inutile aux souffrans et aux affligés, j'exerce au moins quelques-unes des vertus de l'infortune, et, si je ne puis atteindre à la résignation, que je montre quelque courage ! Dieu n'abandonne pas ses enfans. Je suis au fort de la lutte ; après cette crise, sans doute il m'accordera des jours moins odieux... ou bien il fortifiera mon âme, il pansera mes plaies, et il me donnera sa main pour marcher vers le moment suprême.

Cependant, mon bien-aimé maître, vous serez jusqu'au bout le dépositaire de mes intimes pensées, et, si c'est la volonté de Dieu, de mes désirs et de mes intentions ; jusqu'au bout, ma tête endolorie reposera sur votre sein, et vous laissera recueillir ces soupirs que je dois cacher à d'autres. Ainsi je vous dévoile ces pensées sinistres qui m'assiégent plutôt que je ne les aborde; et qui peuvent n'être que les caprices d'une imagination en tout temps inquiète, et maintenant égarée par la douleur. C'est mon vœu qu'il en soit ainsi, et vous n'en doutez pas.... bien que frappée si cruellement, je veux vivre, je le désire de toute la force de mon âme; je ne puis envisager sans épouvante et sans horreur, ce triste départ qui briserait mon père, qui m'arracherait d'auprès de vous, qui serait encore à cette heure, pour Charles, la ruine de sa destinée, et un crêpe sur sa vie. Enfin, que vous dirai-je?.... Je suis jeune.... j'avais compté vivre.... Encore aujourd'hui, je suis préparée à souffrir, mais non pas à descendre dans la tombe!

Toutefois, mon bien cher maître, je me vois, je me sens, et, quoique j'ignore et que je ne veuille point savoir les signes de maladie, je ne puis pas ne pas reconnaître que le sang coule de toutes mes blessures, que mes forces vont diminuant, que je me traîne, plutôt que je ne marche, dans ce sentier dont je ne vois pas l'issue. Sans que j'éprouve de mal, il me semble comme si la vie se retirait de mes membres, pour s'aller confondre dans le tumulte de mon cœur; et, en même temps que toute secousse, tout ressouvenir, m'ébranlent dans tout mon être, une paresseuse disposition me rend plus fatigantes de jour en jour ces courses où, récemment encore, je n'éprouvais d'autre lassitude que celle de ma tristesse. Avant-hier, le temps se découvrit dans l'après-midi, et je voulus gravir avec Marthe ce mont couronné de ruines, et tout voisin de nous, contre lequel est adossée notre habitation. Dès la moitié de cette courte montée, je sentis l'air me manquer, et mes forces défaillir. Marthe me pressait de redescendre; mais, effrayée, et comme pour ne pas m'avouer à moi-même ces signes d'affaiblissement et de déclin, je voulus poursuivre, et j'arrivai au sommet, anéantie sous l'effort que je venais de faire. Le repos et la vivacité de l'air me remirent de cette lassitude; mais alors, livrée à l'assaut de subites impressions qui ravivaient tous mes souvenirs, je ployai de nouveau sous le faix, et des torrens de larmes vinrent m'épuiser plus que me soulager.

De ce sommet, on découvre le lac. Je ne l'avais pas revu, depuis que nous sommes venus habiter sur le revers de cette montagne. A l'aspect de ces rives si connues, si aimées, ont surgi tout à coup mille doux ressouvenirs, toutes les pures joies de mes premières années, tous les rians projets de mon adolescence, tout ce bonheur passé, dont aujourd'hui je détourne avec tant de soin mes regards. Le coteau de la Cure m'était caché par les roches du petit Salève; mais, en face de moi, au delà de ces belles plages dont le calme et la sérénité m'étaient un spectacle à la fois doux et amer, je découvris ces rives de Lausanne, et pouvais-je empêcher mon cœur d'y voler aussitôt, de s'y rencontrer, de s'y confondre avec celui de Charles, de s'unir avec lui dans la douleur d'un accablant regret, d'une affreuse infortune! Telle fut la véhémence de ce mouvement, Monsieur Prévère; telle fut la réaction soudaine, de cette mortelle tristesse, vers un puissant besoin de joie et de bonheur, que la pensée me vint de descendre aussitôt, d'aller me jeter aux pieds de mon père, d'implorer sa pitié, de vaincre ses scrupules, d'effrayer sa tendresse, de reconquérir les débris au moins du bonheur passé, et de le sauver de lui-même, en osant prendre le gouvernail de ma destinée.... Pensée coupable, délire peut-être; mais, peut-être aussi, conseil d'en haut! Je l'aurais suivi, sans aucun doute, si la preuve récente du déclin de mes forces, si ces pensées sinistres d'une vie qui s'en va, d'une existence dont la moindre secousse, et celle du bonheur même, romprait inévitablement le fil, ne fussent venues jeter sur ces illusions le funèbre voile du découragement et du désespoir....

Il est trop tard! Mon corps est devenu faible pour la joie, comme pour la douleur; il succomberait à cette ivresse de félicité, à ces tardives étreintes du bonheur : c'est une mourante qui serait rendue à Charles, et cet ami, après m'avoir perdue une première fois, serait rappelé pour me voir périr entre ses bras!.... Entre ses bras! A moi, M. Prévère, à moi, cela me serait doux encore! Mourir auprès de lui, et pour lui; lui donner mes derniers jours, mes derniers regards, mes dernières paroles; recevoir ses adieux tendres, et la rosée de ses pleurs; lui donner rendez-vous dans le ciel!... Ah! que je détourne les yeux! ces douceurs, quelque funèbres qu'elles soient, me captivent et m'entraînent à elles! Mais lui! grand Dieu! lui, cette âme profonde et fougueuse, autant pour le désespoir que pour la tendresse; lui! témoin de ce déclin, de ces ravages, de ces pâleurs; lui! témoin de la mort de sa Louise!..... Devinez-moi, mon bien-aimé maître, je n'ose tout dire. En quelque temps que s'ébruite ma souffrance et mon péril, en quelque temps que Dieu éteigne le pâle flambeau de ma vie; que ce jeune homme se trouve auprès de vous, que de vous seul il reçoive, adoucies et émoussées par votre infinie charité, les paroles qui transperceront son cœur, qui feront bondir et délirer son âme !

Ah! que profonds sont mes maux! Monsieur Prévère. Au-dessous de ces souffrances, d'autres, secrètes d'abord, se sont remuées, se dégagent, grandissent et flottent jusqu'à la surface de mon âme, pour s'y étendre et y grandir encore. Il y a eu un jour, un seul jour, où, moins soumise à mon digne père, où, pour la première fois de ma vie, rebelle à sa volonté, je l'eusse sauvé, et moi avec lui! Ce jour-là, après avoir en vain demandé grâce pour Charles, j'eus la vue distincte de tout ce qui arrive, je pressentis une funèbre issue, je me jetai aux pieds de mon père : Grâce! m'écriai-je, grâce pour moi! Il tressaillit d'effroi, il fut saisi aux entrailles, il se retira, renonçant à me contraindre. A ce moment-là, tout était sauvé : ma vie, la destinée de Charles, votre propre bonheur, mon cher maître, et celui de mon père! Mais je ne pus supporter d'enfreindre la soumission filiale, je ne pus voir sans frémissement cette impie contrainte exercée par une enfant sur son père, je n'osai pas mettre mes lumières au-dessus des siennes, je présumai de mes forces, j'obéis!.... A mesure que les journées apportent leur tribut de douleurs, de déclin, de funestes présages, cette pensée me domine davantage, elle me ronge, elle pèse déjà sur mon cœur de tout le poids d'un remords; et je ne trouve de refuge contre ses perçantes atteintes, que dans la pensée qu'ayant sacrifié mon penchant et ma vie à mon devoir, ainsi que Dieu le commande, il était dans ses voies que j'en fusse la victime.

Je ne vous parlerai pas de mon père, Monsieur Prévère, vous allez le voir. Il faut que nous passions ici l'hiver : c'est l'avis d'un médecin; je ne sais ni m'en réjouir, ni m'en attrister. La visite de ce médecin, qui, autrefois, m'eût causé une bien vive répugnance, ne m'a été que triste, mortellement triste, Monsieur Prévère. J'ai ressenti en la présence même de cet étranger, et sans pouvoir en dérober les signes à mon pauvre père, un vif mouvement d'amertume; tant il est vrai que je suis peu résignée, et que tous ces liens qui m'attachent à ce monde, pour être froissés, ne sont pas rompus.

Mon père ira à la Cure dans peu de jours, pour y arranger ses affaires.... il reverra ces lieux. Les reverrai-je, moi?... Mon cœur se serre... je vous quitte, mon cher maître.... Mais vous, vous, ne vous reverrai-je plus?....

Votre Louise.

LETTRE LXXXIV.

CHARLES A MONSIEUR PRÉVÈRE.

De Lausanne.

J'ai eu honte de moi-même, Monsieur Prévère ; vous avez dessillé mes yeux, et rendu la règle à mon âme. Vos graves paroles et vos tendres reproches m'ont jeté, du délire où j'étais, dans un morne abattement ; j'ai douté si j'avais jamais été digne que vous m'aimassiez, digne que vous me nommassiez votre élève, que vous m'appelassiez votre enfant. J'ai eu honte, je n'ai plus osé vous écrire, j'ai voulu attendre d'être redevenu tel, que votre indulgence puisse encore m'accueillir, et votre bonté ne plus rougir de moi. J'ai dompté les transports, j'ai armé ma volonté, je me suis fait de vos conseils un appui, de vos vœux un but ; et aujourd'hui, moins indigne de me présenter devant vous, je viens vous exprimer mon repentir, ma douleur, et la résolution où je suis de reconquérir votre estime, et de n'aggraver plus vos chagrins.

J'ai lu vos belles pages, mon cher maître, je me suis pénétré du sens qu'elles renferment, j'ai tâché de vous suivre à cette hauteur où vous vous élevez : de mes faibles yeux, j'ai entrevu, comme au delà des nuées, dans le pur azur des cieux, cette céleste palme que vous avez déjà cueillie, et que vous proposez à ma jeune ambition. J'ai compris, et la misère où je puis descendre, et la grandeur où je puis monter, en me faisant, sous l'œil de Dieu, l'ami et le serviteur de mes semblables. J'ai senti que, sur la trace de Christ, mon cœur peut s'épurer, mes passions se sanctifier, le tronc brisé de ma destinée pousser de nouveaux rameaux, se couvrir de feuillage, et porter enfin des fruits. J'ai vu, sur ces sommités où vous m'avez guidé, la source de votre vertu que je vénère, de votre charité dont je suis le témoignage, de votre humilité devant Dieu et devant les hommes. J'ai lu et relu votre rhétorique chrétienne et sublime, et je me suis rendu raison de l'éloquence avec laquelle vous heurtez en maître à la porte des cœurs. Pénétré à la fois de confiance et de soumission, rassuré par vos paroles remplies de bonté, grandi à mes propres yeux, en vous voyant descendre jusqu'à moi, j'ai tenté de me relever, j'ai fait effort pour me tenir debout, et, si je marche encore avec la lenteur d'un convalescent, du moins je sens que les forces me reviennent, et que je suis à l'abri de ces chutes honteuses qui vous affligent. O mon cher maître ! mon cœur a saigné de douleur et d'opprobre. Votre bouche m'a pardonné; mais laverai-je jamais cette tache qu'a dû laisser sur la blancheur de votre âme, l'indignité de la mienne ? Avez-vous bien mis sur le compte d'un délire dont je n'étais pas le maître, et qu'excusaient le malheur, les mécomptes, un affreux isolement, ces paroles ingrates, ces violences impies, ces lâches transports dont le souvenir me couvre de rougeur? Jamais je n'en aurai l'assurance assez certaine, et ce doute sera ma dure punition longtemps encore.

Autant que je l'ai pu, je me suis fui moi-même, je me suis réfugié dans l'étude et le travail. Bientôt vont finir les cours de ce premier semestre; et si je ne puis vous promettre qu'ils m'auront profité comme si ma pensée était libre, je puis croire que je franchirai honorablement l'épreuve des examens. Je redoute cet intervalle d'inaction qui suivra, et je me propose d'augmenter, si je puis, le nombre des leçons que je donne, et dans lesquelles je trouve une ressource pour combattre mes préoccupations. Je ne puis encore supporter de rentrer dans le monde, mais j'ai recherché la compagnie de quelques-uns de mes condisciples ; enfin, quand je suis seul, je combats encore, je travaille, je lis,.. mais c'est ici, mon cher maître, que ma volonté succombe quelquefois, que des retours vers le passé viennent m'assaillir, et que, songeant à votre long silence, à cette ignorance où je suis des choses de la Cure et de Mornex, l'inquiétude me travaille et l'effroi me bouleverse.

C'est pourquoi, je vous conjure, mon cher maître, de me donner des nouvelles que, dans ma situation, je ne puis et je ne veux chercher qu'auprès de vous. Ne craignez point, en me parlant de Louise, d'ajouter à ma préoccupation, ou de nourrir des espérances auxquelles j'ai solennellement renoncé ; mais prenez pitié de mon isolement, et du vide que j'éprouve à ne rien savoir de celle qui, il n'y a pas bien longtemps, remplissait mon passé, mon présent et mon avenir. Croyez que la seule assurance qu'elle supporte l'épreuve, et que son état ne vous inspire aucune crainte, me comblerait de joie ; qu'elle me rendrait, non pas l'espoir, mais le courage et le calme dont j'ai besoin pour remplir vos intentions. Croyez surtout que rien ne peut m'être aussi funeste que votre silence, et la façon sinistre dont quelquefois je l'interprète. Car, à la seule idée que Louise ploie sous l'effort, que peut-être sa santé est atteinte, ou que ses forces déclinent, je ne suis plus maître de moi ; cet empire que j'ai ressaisi sur mon âme m'échappe, les sanglots gonflent ma poitrine, et à grand'-peine je puis me retenir sur la pente où m'entraîne une affliction sans mesure. Je vous implore donc, Monsieur Prévère, je vous conjure, au nom de vos bontés pour moi ; prenez en pitié ma faiblesse, ne me laissez pas sans lueur dans ces affreuses ténèbres.

Je vous ai dit plus haut que je donne quelques leçons, et que je me propose d'en augmenter le nombre ; aussi je vous demande la permission, Monsieur Prévère, de me laisser essayer dès cet hiver, à partir du mois de janvier, de me suffire à moi-même. Ce n'est pas tant, mon bien-aimé maître, pour vous soulager des sacrifices que vous faites pour moi, et pour les mettre à votre disposition en faveur d'autres malheureux, que pour m'imposer à moi-même des devoirs et des obligations dont j'éprouve le besoin. Je désire la gêne, je désire le joug, je désire tout ce qui peut faire diversion à ma peine, et m'aider à en dompter les atteintes. Je désire, après tant d'heureuses années où j'ai été, par vos bontés, défrayé de tout soin, de tout souci, de tout pénible labeur, entrer dans la vie réelle, et y rencontrer des obstacles, des luttes, des nécessités, jusqu'à ce que j'y trouve des intérêts et des sentimens. C'est le seul moyen que j'imagine pour me défendre contre moi-même; et tel est le besoin que je ressens de ces secours, qu'il me semble parfois que l'infortune même, que de nouveaux coups qui me frapperaient, sans partir de Louise ni l'atteindre, me seraient comme un appui pour ne pas succomber à ceux qui m'accablent; comme un fardeau nouveau, mais plus léger, qui se substituerait à celui sous lequel je ploie. Veuillez donc réfléchir à ma demande, et m'accorder sur ce point votre agrément. Je me suis lié avec un jeune étudiant, fort pauvre, qui subvient à son entretien, et qui élève un de ses frères. Nous aurions le projet d'unir nos petites ressources, en prenant un logement en commun. Je pense que ses exemples sont de ceux qui conviennent à ma situation, comme sa compagnie est celle où je trouve jusqu'ici le plus d'attrait. Il se nomme

Desforges. Nos professeurs l'estiment particulièrement.

En attendant, Monsieur Prévère, que vous m'ayez accordé ma demande, j'ai consacré mes économies à l'emplette de quelques présens, que je vous prie de faire passer à ma bonne Marthe. La montre est pour Antoine qui n'en a point; le reste, tout à cette femme qui a été ma mère et qui l'est encore, j'en suis certain, par les sentimens d'affection qu'elle me conserve. Combien j'aurais aimé lui écrire! Mais elle est trop près de Louise, et je dois croire que cela même m'est interdit; surtout, je craindrais que, comme l'autre fois, sa tendresse pour moi ne l'engageât dans quelque démarche qui, plus tard, lui causerait du chagrin. Faites, je vous en prie, ce que je ne puis faire; dites à ma bonne Marthe que je la chéris toujours, que le souvenir de son affection et de ses tendres soins m'accompagne, que si je n'ose lui écrire, je puis encore moins l'oublier, et effacer de mon cœur le filial amour que je lui porterai jusqu'à mon dernier soupir. Je termine, mon cher maître, en vous exprimant encore mon sincère repentir, en vous recommandant avec instance ma prière, et en vous embrassant avec tendresse et respect.

CHARLES.

LETTRE LXXXV.

MONSIEUR PRÉVÈRE AU CHANTRE.

De la Cure.

Dans trois jours, au plus tard, je serai auprès de Louise, mon cher Monsieur Reybaz; et je m'arrange pour rester là-bas pendant ces deux semaines. Je serais parti sur l'heure, et j'en éprouvais un vif désir, sans la prédication de dimanche, pour laquelle il m'a été impossible jusqu'ici de me procurer un remplaçant.

Je vous remercie pour les détails que vous me donnez. Ils m'ont intéressé plus qu'ils ne m'ont réjoui; et une lettre de Louise, qui accompagnait la vôtre, n'a pas calmé mes inquiétudes. Il faut que je la voie. J'ai trop tardé. J'envoie en cet instant un exprès à M. Dervey ; il m'apportera une réponse ce soir, et, si elle est favorable, vous me verrez arriver demain même. Tenez-vous prêt à partir. Après que nous aurons causé ensemble de cette chère enfant, je désire me trouver seul auprès d'elle. Je veux sonder ces blessures, je veux savoir où est le mal, où est le remède, ce qu'il nous faut faire, et ce qu'il nous faut demander à Dieu.

Annoncez à Louise ma prochaine venue, en la fixant à une huitaine de jours d'ici ; et que, demain vers midi, ou à défaut lundi à la même heure, je ne risque pas de la rencontrer hors de la maison, où ma vue lui causerait un trouble d'autant plus fâcheux, qu'elle voudrait le comprimer.

Je m'étais flatté de l'espoir de vous revoir tous à la Cure cet hiver. C'était un grand bonheur : il n'y faut pas seulement songer. Arrangez donc tout en conséquence, et, pour ce qui est de votre remplaçant, ne vous en faites aucun souci : je cheminerai avec celui que vous m'avez procuré cet été, ou avec un autre. Comme je reviendrai à la Cure au bout de la quinzaine, laissez-moi vos ordres pour tout ce que vous n'auriez pas pu faire ou achever durant ce court espace de temps.

Je vous écris en hâte, et par le même exprès que j'envoie à M. Dervey. Adieu, mon bien cher ami. Ma pensée est déjà auprès de vous, je suis impatient de l'y suivre et de vous embrasser.

Prévère.

LETTRE LXXXVI.

M. ERNEST DE LA COUR A MONSIEUR PRÉVÈRE.

De Turin.

Monsieur,

Vous serez surpris de recevoir ces lignes d'un jeune homme qui n'a pas su, dans le temps que cela lui était facile, se concilier votre amitié ni votre estime, et qui vient aujourd'hui vous demander une grâce. Mais vous êtes la seule personne au monde à qui il puisse s'adresser dans la position où il se trouve, et votre indulgence excusera une importunité qu'il n'est pas en son pouvoir de vous épargner.

Ce n'est pas le jeune homme que vous avez connu qui vous écrit, Monsieur Prévère ; c'est un malheureux qui savoure les fruits amers de ses fautes passées, qu'une catastrophe a jeté dans les tourmens de la honte, et qu'une passion profonde a subjugué, quelque effort qu'il ait fait, et qu'il fasse encore, pour l'arracher de son cœur. Ce malheureux vient chercher auprès de vous le mot de sa destinée. C'est votre probité qu'il invoque, c'est la vérité qu'il réclame ; non votre aide, non votre concours dont il se sait peu digne. Quelques mots vous feront savoir comment il en est venu à n'avoir plus d'autre ressource, que celle de vous prier respectueusement de faire luire quelque lumière au sein des ténèbres où il se débat.

On ne croît pas à votre ombre sans s'embellir de grâces et de vertus, Monsieur. De bonne heure, mademoiselle Reybaz a uni, aux charmes de la figure, les charmes plus rares de l'esprit et du caractère. De bonne heure aussi, elle a fait impression sur mon cœur, et j'ai demandé sa main. Elle me fut refusée, et je sentis avec humiliation que ces avantages de fortune et de condition, sur lesquels j'avais compté avec cette présomption qu'encouragent le monde et ses exemples, ne suffisaient pas pour éblouir l'obscur chantre d'une paroisse de campagne. Mais si ce refus froissa mon amour-propre, il ne fit qu'irriter mon ardeur.

Déjà je n'aimais plus au monde que mademoiselle Louise, déjà j'avais réformé ma vie, et je m'attachais à devenir digne que le sort de cette jeune personne me fût confié, lorsque j'appris, avec le public, que M. Charles était l'époux que M. Reybaz donnait à sa fille. Pourquoi vous cacherais-je, Monsieur Prévère, que mon humiliation, cette fois, fut plus grande encore ; que mon dépit fut plus vif ; que ma passion elle-même fut attisée par l'insurmontable obstacle qui aurait dû y mettre un terme ? Il n'échappe pas à vos yeux clairvoyans, que ce furent ces secrets mouvemens qui, quelques mois plus tard, mirent la rage dans mon cœur, et l'outrage sur mes lèvres. Nous croisâmes le fer... vous savez le reste.

Après cet éclat, après cette fatale issue, honteux de ma triste victoire, je me déterminai à m'éloigner. Dans la situation d'âme où j'étais alors, peut-être eussé-je retiré de ce qui venait de se passer des leçons salutaires, et, faisant un effort suprême pour arracher de mon cœur l'image de celle que je venais d'offenser, j'aurais recouvré le calme, et rendu le repos à ma mère ; mais, le jour même du départ, Mlle Louise m'apparut, sous l'ombrage de l'avenue... Elle me croyait parti, elle venait consoler ma mère. J'osai lui parler..... elle me permit de l'accompagner, de l'introduire auprès de ma mère. Bientôt je dus m'arracher d'auprès d'elle, mais j'avais lu mon pardon dans son regard ; mon cœur était soulagé d'opprobre, embrasé d'amour, et sans défense contre lui-même !

Je partis. Ces récens souvenirs remplirent le vide des premiers jours ; mais vinrent bientôt les impossibles souhaits, les vœux sans espoir, tout ce supplice d'un mal immense et sans remède. Après avoir franchi les gorges du Grand Saint-Bernard, je m'arrêtai dans un petit hameau du Val-d'Aoste, et j'y vécus durant quelques semaines, ignoré des hommes, tout entier à ma peine. Je ne pouvais plus supporter rien de ce qui me distrayait de mes pensées ; et mes pensées, de plus en plus sombres, me conduisaient par degrés vers le projet d'une criminelle délivrance. Un moment, ces projets furent suspendus. Je venais d'apprendre que M. Reybaz avait retiré sa parole à M. Charles, et que sa fille était libre désormais ; mais je sentis aussitôt qu'elle n'en était que plus perdue pour moi, et je laissai de nouveau le désespoir fondre sur moi pour me dévorer. Mes préparatifs furent découverts, ma mère avertie, elle vola auprès de moi.

Vous prévoyez vous-même, Monsieur Prévère, tout ce qu'elle put me dire; combien sa tendresse et son effroi durent trouver d'ingénieuses paroles pour me leurrer par de vains discours, et pour faire renaître dans mon cœur quelques lueurs d'espérance. Je ne m'abusais point. Je ne feignais pas même de me laisser tromper par ces bruits flatteurs. Ils frappaient mon oreille, mais sans charmer ma souffrance; et si rien ne fût survenu depuis, et tout récemment, ma plume ne tracerait pas ces lignes.

Mais, grand Dieu! je n'ose y croire... A cette seule pensée, mon cœur se trouble, et s'abîme dans la joie.... Quoi! c'est aujourd'hui monsieur Reybaz, qui, devenu doux et craintif envers sa fille, qui, abjurant ses refus passés, consentirait à cette union, ma félicité et ma vie! C'est aujourd'hui monsieur Reybaz qui verrait dans cette alliance un port pour lui-même, le terme de ses traverses, et la sécurité de ses vieux jours! C'est Monsieur Reybaz qui en aurait donné l'annonce à ma mère, et qui, s'unissant avec elle dans un même vœu, verrait dans moi... dans moi... ô comble de bonheur! ô joie sans mesure! le futur appui de son enfant, le protecteur de sa Louise après lui!... Ah! mère imprudente! Si ces paroles sont vaines, si elles doivent m'être retirées, qu'avez-vous fait! Quel poison dans ce doux breuvage, et, après cette heure d'enivrement, quelle nuit funèbre!

Telles sont les assertions qui m'ont violemment rejeté, du sein du désespoir, dans les transports du bonheur. Je les ai repoussées comme trompeuses, je les ai niées comme impossibles; et, bien qu'aujourd'hui elles me soient présentées comme émanées de M. Reybaz lui-même, comme énoncées par sa propre bouche, en termes formels, je n'ose y croire, je les repousse encore, je les repousserai jusqu'à ce qu'elles m'aient été confirmées par votre témoignage. Répondez-moi donc, Monsieur Prévère. Si ces choses sont, elles vous ont été confiées ; si elles ne sont pas, vous le savez aussi. Répondez-moi. Rendez la vie, et bien plus que la vie, à un infortuné qui se traîne douloureusement sous le faix d'une misère infinie, ou bien, donnez-lui la mort, et que sa destinée s'achève !

Tel est le service que j'ose attendre de votre bonté, cher et vénéré Monsieur, et puisse votre réponse être telle, qu'elle m'ouvre, avec l'espoir de recouvrer le bonheur, celui de rentrer en grâce auprès de vous, de reconquérir votre estime et votre amitié ! Tout au moins, veuillez dès aujourd'hui me considérer comme meilleur que je n'étais, et comme plus digne de votre intérêt. Cette même passion, qui, changée en désespoir, m'a rassasié de combats et de tortures, a en même temps épuré mon âme, réformé mes pensées, mes vœux et ma vie. J'aime mademoiselle Louise, non pas comme on aime une mortelle, mais comme on adore en la vénérant une créature céleste ; je l'aime de toute l'admiration que je porte à ses angéliques qualités ; je l'aime de tout le mépris que je porte à mes erreurs passées, aux écarts de ma jeunesse, à ces futiles dissipations où j'ai dépensé les jours qui m'étaient donnés pour m'approcher d'elle et pour lui plaire. Un insatiable désir me dévore, bien moins de la posséder, que d'être jugé digne d'elle ; bien moins d'être son appui, que de la servir, que de lui apporter en hommage tout ce que j'ai de tendresse, tout ce que je veux avoir de vertus !... Mais, en même temps, Monsieur Prévère, une morne conviction me demeure : c'est que, sans Louise, tout est pour moi dans l'univers vide, silence, ténèbres ; les cieux se voilent, et cette terre n'est plus mon séjour !

Nous resterons à Turin pendant toute la durée de ce mois. Veuillez, Monsieur Prévère, m'y adresser votre lettre, poste restante, et agréer l'expression du profond respect avec lequel j'ai l'honneur d'être votre reconnaissant et affectionné,

Ernest de la Cour.

LETTRE LXXXVII.

MONSIEUR PRÉVÈRE AU MÉDECIN.

De Mornex.

Monsieur,

J'ai eu l'honneur de me présenter chez vous, samedi, en passant par la ville pour me rendre auprès de la fille de M. Reybaz. Vous veniez de sortir, et comme j'avais hâte de me trouver ici, je renonçai à vous attendre.

M. Reybaz m'a mis au fait de ce que vous lui dites lors de la première visite que vous avez faite à sa fille. Pensant que vous aviez peut-être cru devoir atténuer vos craintes devant ce malheureux père, je n'ai pu considérer vos discours comme l'exacte expression de votre pensée ; et c'est à cause de cela que j'ai recours à vous, pour que vous vouliez bien ne me rien cacher. Je suis l'ami de ces deux êtres si intéressans, si menacés ; je suis en part dans tous leurs chagrins : il importe que je sache si je puis encore les servir par mes conseils, et tenter un dernier effort ; ou s'il ne me reste plus qu'à préparer l'un et l'autre à supporter le coup d'une affreuse infortune. Dites-moi donc la vérité, toute la vérité, sur cette chère enfant ; associez-moi pleinement à vos craintes ou à vos espérances. Surtout, hâtez-vous, je vous en conjure, mon cher Monsieur; prenez en pitié mes vives, mes poignantes alarmes, non pour les ménager, mais pour qu'elles ne s'aggravent pas sans mesure, par l'idée que nous laissons peut-être se perdre les dernières heures qui nous sont accordées pour rendre cette angélique créature à la vie et au bonheur.

Vous savez son histoire, Monsieur. Vous savez d'où lui sont venus ces souffrances, ce déclin. Son père vous a sûrement dit qu'il y a d'insurmontables obstacles à ce que Louise épouse ce jeune homme. Que ce propos n'ait aucun poids auprès de vous. Parlez, parlez! Jugez-vous qu'il soit temps encore? Ah! Dieu le veuille! et alors, ces obstacles tomberont, se dissiperont comme une vaine poussière ; et un jour M. Reybaz vous bénira, ainsi que ces deux enfans, ainsi que moi... Parlez, Monsieur ; et si seulement vous pensez que cette démarche doive être tentée, ne tardez pas d'une minute à me le dire.

J'ai trouvé ma jeune amie bien changée ! Mon cœur est navré. Qu'y a-t-il donc à faire ? Pensez-vous que vous dussiez vous aider du concours et des lumières de quelques-uns de vos confrères ? Voyez, je vous en prie ; et appelez-les, et conjurez-les en mon nom, au nom du père de cet ange, de venir aussitôt avec vous. Plus d'une vie peut-être tient à celle-là. J'implore votre humanité.

C'est samedi passé que je suis arrivé. L'enfant ne m'attendait pas pour ce jour-là. Depuis trois mois bientôt, nous étions séparés. A ma vue, elle a défailli, et, revenue à elle, ses larmes ont ruisselé. C'était le soir : la nuit a été mauvaise, et, dimanche matin, elle n'a été plus tranquille, qu'à la condition de s'abstenir de me parler. Quand son père, qui se rend à la Cure, a été parti, je suis resté auprès d'elle ; et, sur ce motif qu'elle est ici privée de l'exercice de son culte, je lui ai fait une lecture religieuse et une prière. Seulement alors, elle est redevenue maîtresse de sa douleur, et nous nous sommes entretenus de son état et de sa situation. Je voulais éviter d'entendre des paroles tristes, je voulais combattre des présages funestes, ramener le calme de l'espoir, me prévaloir de l'amitié et de la confiance de cette jeune fille, pour la leurrer de discours paisibles et consolans.... J'ai rencontré des convictions sinistres, une enfant qui se croit mortellement atteinte, de déchirans retours, domptés à peine par une angélique résignation... et la mienne, Monsieur, la mienne, éprouvée pourtant par bien des malheurs, m'a abandonné! J'ai faibli, j'ai ployé sous le poids d'une mortelle affliction. Venu pour consoler, je n'ai pu que gémir!!...

Que Dieu nous soit en aide! qu'il nous guide, cher Monsieur; qu'il vous inspire, qu'il dirige nos efforts! Je suis sûr que votre cœur souffre avec nous. J'éprouve de la douceur à vous causer; je vous implore avec confiance.... Elle est changée, mais non pas altérée; maigrie, mais non pas maladive. Sa figure a toute son expression de jeunesse, de vie, de sensibilité. Ces retours vers le passé, ces combats pour ressaisir, cette lutte où je l'ai trouvée, ne sont-ce pas des signes de force, des motifs d'espoir? Ma venue n'a-t-elle pas été pour beaucoup, dans cette faiblesse et ce trouble qui m'ont épouvanté? Voici trois jours que je suis ici, et déjà il me semble que je la vois plus forte, plus calme, moins triste. Ce matin nous avons fait une courte promenade du côté d'Eseri; elle n'éprouvait point trop de fatigue, et des gens que nous avons rencontrés, ne l'ont point regardée curieusement, comme l'on fait ceux que l'on voit changés par le mal. Au retour, elle a dîné avec quelque appétit; et je viens de m'assurer auprès de la bonne femme qui la sert, qu'elle repose tranquillement.

Hâtez-vous, mon cher Monsieur, de m'écrire votre pensée tout entière. Que, dans tous les cas, et pour éviter tout retard, votre lettre vous précède. Je l'attends demain soir, par le retour de l'homme qui vous portera celle-ci. Je suis ici pour une quinzaine de jours. J'y serai pour un mois, pour tout l'hiver s'il le faut, si vous jugez que cette enfant en puisse retirer le moindre bien, le moindre adoucissement. Je vous quitte en vous exprimant mes désirs, ma reconnaissance, et mon affectueuse estime.

Prévère.

LETTRE LXXXVIII.

LE MÉDECIN A MONSIEUR PRÉVÈRE.

De Genève.

Je m'empresse de répondre à votre lettre, Monsieur. Vos questions sont pressantes, mes lumières, incertaines ; de plus, il y a dans cette jeune fille quelque chose de si attachant, dans cette affection qu'elle inspire, quelque chose de si peu commun, que je ne trace pas ces lignes sans une émotion qu'une longue pratique des souffrances et des catastrophes humaines m'a rendue peu familière. Je me recueille néanmoins, je fais appel à tout ce que je puis avoir d'expérience ; et, soutenu par le vif désir de vous éclairer, par la profonde envie de concourir au rétablissement de cette jeune fille si aimée, si digne de vivre, je vais répondre à vos questions aussi péremptoirement qu'il me sera possible.

Je vous fais grâce des termes techniques. D'ailleurs, ils ne seraient pas ici de grand usage. J'ai reconnu, tant par mon propre examen, que par les détails que j'ai recueillis de la bonne femme dont vous parlez, qu'il n'y a point encore de désordres graves dans la constitution de cette jeune demoiselle ; mais seulement des indices d'un dépérissement, occasionné, sans aucun doute, par la lutte et la souffrance auxquelles son cœur est en proie. J'ai vu bien fréquemment, dans des situations analogues, des indices semblables inquiéter passagèrement, et disparaître bientôt, avec le seul cours du temps ; mais il est vrai qu'ils ne se montraient pas chez des jeunes filles dont le caractère m'ait paru aussi formé, la sensibilité aussi développée, et la passion aussi vive. Dès le premier abord, j'ai été frappé à la fois, et de ce que l'aisance de cette jeune personne, sa bonne grâce, sa taille svelte, le facile mouvement de ses membres, marquaient de force et de santé ; et de ce que son visage, sous un air de mélancolie, marquait de feu profond, de peine sourde et amère. Dès le premier abord, j'ai vu que l'enveloppe est frêle pour cette âme ardente et orageuse, que les prescriptions de mon art seraient de peu de secours, et qu'avant d'oser toucher à ce corps fragile, et y porter quelque trouble salutaire, il fallait qu'auparavant la crise morale fût moins terrible, que le temps, l'amitié, et vos secours eussent étanché le sang qui coule de ces blessures invisibles, mais réelles et profondes. Je l'ai dit à son père, en l'invitant à recourir à vous, Monsieur, puisqu'il avait le bonheur de vous avoir pour ami.

Telle est l'impression qu'a fait naître en moi ce premier coup d'œil, que nous ne devons pas, dans notre art, consulter uniquement, mais qui renferme souvent quelque précieux élément de vérité. Tout ce que j'ai vu, ou appris ensuite, n'a fait que me convaincre de la justesse de cette impression première; en telle sorte que vous prévoyez déjà la réponse que j'ai à faire à votre question principale : à savoir s'il y a quelque chose à tenter, ou, en d'autres termes, s'il est à espérer que, les obstacles étant levés, et monsieur Charles étant rappelé auprès de Mlle Reybaz, celle-ci recouvrerait la santé avec le bonheur. Certes, je considère comme une chose nécessaire, indispensable même, que, plus tard, l'on renoue cet attachement qui demeure brisé, mais qui ne sera jamais rompu; et je vous engage de toutes mes forces à en ménager la possibilité auprès de M. Reybaz. Mais je ne pense pas que, dans le moment actuel, on puisse rien tenter auprès de sa fille, sans un extrême danger. Je crois, ou plutôt j'ai la conviction, que cette réaction véhémente, d'une profonde angoisse, vers une joie si forte, si inattendue ; que cette crise nouvelle, substituée, ou plutôt ajoutée à une crise qui a déjà reçu du temps et de l'habitude quelque tempérament, et qui est sur son déclin de violence sinon d'amertume, serait un ébranlement funeste, décisif peut-être, pour ce corps fragile et déjà fracassé. S'il y avait des degrés dans une tentative de cette nature, je serais d'avis qu'il faut faire quelque chose, que l'on peut encourager des lueurs d'espérance, et adoucir ainsi la peine, en attendant qu'on puisse la soulager tout à fait. Mais il n'y en a pas ; au premier mot, cette jeune demoiselle aura tout saisi, tout découvert ; elle sera livrée à l'assaut de mille sentimens forts et turbulens ; cette réaction, que j'estime dangereuse dans ce moment, aura été produite. Ajoutez à cela, les émotions qui suivront, lorsqu'elle recevra les lettres de M. Charles, lorsqu'elle devra le revoir après de si cruelles traverses ; ajoutez aussi la tristesse, l'amertume peut-être, au sein même de la joie, lorsqu'elle se reprochera, injustement à la vérité, mais selon toute apparence, d'avoir reconquis ce que son père lui avait ôté, d'avoir froissé ses scrupules, et contraint sa conscience ou sa tendresse. Attendons, Monsieur, et quoi qu'il advienne, soyez bien certain, que, dans l'état où est mademoiselle Reybaz, il est trop tard, ou il est trop tôt, pour tenter le moyen au sujet duquel vous demandez mon avis. C'est là mon dernier mot. Agissez, préparez les voies auprès de M. Reybaz, afin que son assentiment soit prêt lorsqu'il en sera besoin ; mais, quant à sa fille, bornez-vous, pour l'heure, à tempérer sa souffrance, à fortifier son courage, à appuyer sa faiblesse sur le doux étai de l'amitié et de la religion ; et ne risquons pas de brusques mouvemens, sur un terrain qui craque et chancelle.

Une chose, Monsieur, ajoute à mes yeux de la force aux motifs que je presse ci-dessus : c'est que la femme de M. Reybaz est morte à la fleur de l'âge, à la suite de ses premières couches. Elle était faible, peut-être malade déjà, alors qu'elle portait dans son sein cette jeune fille. De ce que m'en a dit M. Reybaz, j'ai conclu que c'était une femme supérieure à sa condition par le tour élevé de ses sentimens, mais délicate aussi de santé, comme le sont si souvent ces êtres distingués et précoces. Cette circonstance doit nous imposer une extrême prudence. J'aurais voulu recueillir quelques renseignemens précis et détaillés sur la maladie de cette dame ; malheureusement, le médecin qui la soigna dans les dernières années de sa vie est mort depuis longtemps: peut-être vos souvenirs m'apporteront-ils quelque lumière sur ce sujet. Veuillez les recueillir; vous m'en ferez part lors de la visite que je me propose de vous faire au premier jour.

Je suis honoré, Monsieur, par vos paroles de confiance et d'affectueuse estime, je suis pénétré de l'inquiétude et de l'affliction que vous ressentez, et que je partage de tout mon cœur; aussi, comptez bien que nul sentiment d'amour-propre ne me dicte ce qui me reste à dire en réponse à l'une de vos questions. Je serai toujours prêt, et aujourd'hui même, si vous en manifestez encore le désir, à m'associer quelques-uns de mes collègues, pour unir leur expérience à la mienne ; cependant je me permets de vous soumettre deux observations, qui vous porteront peut-être à ajourner cette mesure. L'une, c'est qu'il ne s'agit pas ici d'un mal compliqué et d'un danger imminent, seuls cas où ces sortes de consultations sont d'usage ; l'autre, c'est qu'il faudrait que mes confrères pussent voir Mlle Reybaz en même temps que moi, et il me paraît que cette entrevue lui serait assez pénible, et assez fâcheuse peut-être, pour qu'on doive la lui épargner, si elle est superflue. Veuillez y réfléchir, tout en étant persuadé que, pour ce qui me concerne, j'inclinerais plutôt en faveur d'une mesure qui me soulagerait en partie d'une responsabilité dont je sens profondément l'étendue et la gravité. Au surplus, je vais ne pas tarder à vous voir, et nous pourrons nous entretenir sur ce point comme sur les autres.

Agréez, Monsieur le Pasteur, l'expression de mon dévouement le plus sincère et le plus affectueux.

MAIGRAT.

LETTRE LXXXIX.

LOUISE A SON PÈRE.

De Mornex.

Vous m'avez fait promettre, mon cher père, de ne pas vous écrire, parce que vous redoutiez pour moi toute fatigue. Me pardonnerez-vous si je vous désobéis? J'en suis certaine; car votre bonté veut que je satisfasse toutes mes envies, et c'en est une grande et chère, que de m'entretenir avec vous.

Vous m'avez laissée bien triste et bien troublée : je me suis fait des reproches de n'avoir pas supporté avec plus de courage la vue de M. Prévère, et de vous avoir laissé emporter de moi une image si désolée. Mais, bon père, ces momens ont été courts, je vous l'assure ; et aujourd'hui, je suis dans un état qui ne vous causerait aucune alarme, si vous pouviez me voir. Aussitôt après votre départ, M. Prévère revint auprès de moi ; il me lut un sermon, il fit une prière : ses discours, sa piété, sa tendresse, me furent comme un baume dont la douceur endormit mon trouble, et me rendit à ce calme où je suis maintenant. Ainsi, mon cher père, que votre front ne s'assombrisse pas de ces nuages qui me causent tant de chagrin ; que votre sommeil soit tranquille, et propre à vous rendre cette force de santé que vous aviez. Vous êtes toujours inquiet pour votre Louise ; songez aussi qu'elle a bien le droit et le motif de n'être pas en sécurité sur vous, et soyez serein pour lui faire plaisir.

Les jours suivans, nous avons arrangé notre vie d'une façon bien douce, et bien propre à me faire profiter de la présence salutaire de M. Prévère, qui a la bonté de se prêter à toutes mes fantaisies, et à toutes les habitudes de notre petit ménage. Je suis paresseuse, vous le savez, aussi on a mis le déjeuner à neuf heures, et encore, s'il m'arrive d'être endormie à cette heure tardive, on ne me réveille pas ; si bien, cher père, qu'avant-hier, votre Louise dormait encore de tout son cœur à onze heures. Ainsi voyez si vous devez vous faire scrupule de prendre du bon repos, tout autant que la nuit peut vous en donner. Après le déjeuner, nous allons nous asseoir sur la galerie, où monsieur Prévère s'entretient avec moi de choses pieuses, et s'attache à faire du bien à mon âme, qui était si malade et si oublieuse de tous ses devoirs. En effet, je crains, cher père, que moi surtout, mais vous aussi, nous ne nous comportions quelquefois, dans nos craintes et nos alarmes mutuelles, comme si notre confiance en Dieu n'était pas entière, véritable; mais comme si elle variait avec le bien qu'il nous fait, ou les maux qu'il nous envoie : c'est là une offense envers lui, et un malheur pour nous, le plus grand qui puisse nous atteindre. Je me figure, bon père, que si je venais à vous perdre, la douleur me posséderait comme si j'étais une créature abandonnée, quand il me resterait pourtant Dieu et ses promesses; je me figure que, faute de lui être assez soumise et attachée, j'outragerais sa bonté, sa justice, sa puissance, par ma faiblesse et mon désespoir; j'outragerais votre mémoire, en ne sachant pas me comporter ainsi que votre tendresse m'eût demandé de le faire, et en ne parvenant pas à me vaincre, à me soutenir, pour l'amour de vous. Vous voyez, puisque je vous prêche ainsi, que j'ai le cœur tranquille, et le corps exempt de maladie; mais si plus tard, si une fois, Dieu voulait que je ne dusse pas vous survivre, s'il me retirait à lui avant vous, une seule chose, je vous l'assure, m'empêcherait de regarder sa dispensation comme un bienfait : ce serait de ne vous savoir pas assez ferme dans votre confiance en lui, pour supporter ce coup sans fléchir. Nous ne savons pas ses desseins : je suis plus frêle que vous, vous avez plus d'ans que moi.... Bon père! pendant que le calme règne, pendant que nos cœurs s'entendent, pendant qu'ayant plus de tranquillité, ils jugent avec plus de justesse, pénétrons-nous de résignation et de courage, engageons-nous ensemble à être appuyés sur ce roc de la confiance en Dieu pour l'heure de la séparation; à n'outrager, à n'affliger jamais la mémoire l'un de l'autre; à faire que, de nous deux, celui qui ira le premier rejoindre ma mère, n'emporte pas dans les cieux cette affreuse idée, qu'il délaisse son compagnon dans le désespoir de l'abandon, dans le péril du murmure, dans l'angoisse et la nuit du monde; au lieu de le laisser dans la résignation et l'espoir, qui sont les bienfaits et les signes de la confiance, comme ils sont les arrhes des cieux, et les prémices de la réunion!

Quelle prêcheuse, allez-vous dire, que cette enfant qui en remontre ainsi à son père!... C'est bien vrai que j'éprouve un peu de honte, mais moins que si vous ne m'aviez pas laissé prendre toute sorte de manières qu'une fille moins gâtée par votre tendresse n'aurait pas. Vous m'avez fait la reine de votre maison, la princesse de votre ménage; et, comme les puissans, je prends des tons, et je me mêle de vous dire mes idées. Heureusement encore qu'elles ne sont pas celles de ma pauvre tête; mais je les tire de mon cœur, où les a mises mon maître, M. Prévère, celui contre qui nous ne voudrions contester, ni vous, ni moi; tant nous savons que ce qu'il dit est appuyé sur l'Evangile, éclairé par ses lumières, et prouvé par sa vie. Je ne suis donc qu'une enfant, mais une enfant qui redit des choses que son père lui-même peut écouter, qu'elle peut le conjurer d'accueillir, et de graver comme elle au plus profond de son cœur.

J'oublie que je voulais vous décrire notre vie. Après ces entretiens, nous allons, quand le temps est beau, faire une promenade aux environs. Lundi, nous dirigeâmes nos pas du côté d'Eseri; M. Prévère m'entretenait de moi, de vous, et aussi des objets que nous rencontrions. Il a voulu voir le château qui, de loin, a l'air vaste et con-

sidérable, et qui, de près, est ruiné et agreste.
Les bonnes gens qui l'habitent ont apporté un
banc, et nous nous sommes assis sur la terrasse,
d'où la vue est si paisible et si magnifique. Pendant que nous étions à contempler, le curé s'est
approché de nous, et M. Prévère lui ayant
adressé quelques questions, il a raconté des choses intéressantes sur le château d'Eseri, et sur
celui de la Roche, que l'on découvrait à l'horizon,
au pied des Bornes. Après cet entretien, nous
sommes revenus au travers des bois, jusqu'au
torrent, qu'on passe près d'Essert, sur le pont du
Loup. Il y a, de ce côté, des chemins charmans,
que je compte explorer si nous sommes encore
ici au printemps. Au retour de ces excursions,
on dîne, et M. Prévère a voulu que ma bonne
Marthe continuât de manger avec nous, quand,
par respect, elle avait retranché son couvert.
Après dîner, comme la soirée dans cette saison
est bientôt là, je fais faire un peu de feu dans la
chambre de M. Prévère ; et tantôt il m'entretient,
tantôt il me fait quelque lecture, jusqu'à l'heure
du coucher. Alors il dit à Marthe de monter ; et,
après quelques momens pour se recueillir, il fait
la prière du soir, toute pleine de ferveur, bon
père, toute belle de vérité, d'onction, de foi,
de confiance ; de cette force douce et puissante

qui appartient à M. Prévère, et qui, durant qu'il parle, se répand dans le cœur pour le remplir et le restaurer. Il demande le rétablissement de votre enfant ; et il n'oublie pas de demander la patience, la tranquillité, la résignation pour mon père. Après cette prière, nous nous séparons pour nous coucher aussitôt : c'est une règle que M. Prévère a établie pour tous.

Vous voyez, bon père, que ces journées ne sont point ingrates ni stériles ; et, je vous le répète, mes nuits sont meilleures. Si j'avais le bonheur de vous embrasser chaque jour, il ne me manquerait rien de ce que, dans les circonstances où nous sommes, je puis raisonnablement attendre. Mais si je songe que vous aviez affaire à la Cure, que vous êtes bien aise de vous y retrouver, et qu'on est bien heureux de vous y revoir, cette privation passagère m'est plus légère, et je jouis avec reconnaissance de ce que vous vous êtes fait remplacer par M. Prévère, que je n'avais pas vu depuis si longtemps. Soyez donc sans crainte ; défaites-vous des alarmes que vous avez emportées, et vaquez en liberté d'esprit à tant de choses pour lesquelles il faut profiter de votre séjour à la Cure. Faites mes tendres amitiés aux amis que j'y ai laissés, et quelques petits plaisirs en mon nom aux enfans, surtout à ma chère orpheline. Je ne vous donne pas d'autre recommandation, puisque M. Prévère a tout mis en ordre pour les pauvres qui s'attendent à moi. Il vous prie de m'envoyer mon rouet, et je vous promets que j'essaierai de m'y remettre. En repassant par Genève, n'oubliez point de m'acheter une robe chaude, dont je veux faire présent à Marthe, à l'approche du nouvel an. Voilà bien des commissions, cher père, et comment toujours j'abuse de votre bonté. Recevez les amitiés de Marthe et de M. Prévère, avec le tendre embrassement de votre fille.

Louise.

LETTRE XC.

LE CHANTRE A MONSIEUR PRÉVÈRE.

De la Cure.

Me voici à la Cure depuis tout à l'heure quinze jours, mon cher Monsieur, et j'y ai plus à faire, à partir d'aujourd'hui, pour terminer maintes choses, qu'en arrivant, pour les entreprendre. Ma faute, c'est d'avoir mis à l'œuvre des maçons, lesquels sont gens à faire traîner l'ouvrage d'un jour, un mois durant, tant pour laisser sécher le mortier de chaque assise, que pour s'humecter le gosier en prenant des quarts d'heure sur leurs jointes. Toutefois, il n'y avait pas à attendre, sous peine de voir, après quelque gel de cet hiver (l'almanach qui vient de paraître annonce des rigueurs, à cause du 9 qui est dans le millésime), le mur de la Cure, au midi, descendre dans le jardin, emmenant la toiture et mes fagots qui sont en dessous; sans compter qué, dans ces désastres, un pan de muraille en tire un autre après lui, et que le clocher, qui date des anciens temps, venant à manquer d'appui, pourrait menacer l'église, quand déjà la cloche charge de ce côté. A cette occasion, j'y suis monté pour voir un peu. Va bien pour la cloche et son batail, mais tout le reste ne tient que d'habitude et pour avoir tenu. En maint endroit, la pluie a détaché le ciment à l'extérieur, laissant à nu la molasse qui s'en va par écailles ou en lente poussière; tandis qu'à l'intérieur, outre les lézardes anciennes qui n'ont pas été recouvertes en divers temps, j'en ai compté deux nouvelles, où entrerait bien le revers de la main. Ces deux sont de l'an passé, puisque l'année d'avant je ne les y ai pas vues, et qu'en outre la cassure y est plus fraîche, et non encombrée comme les autres d'insectes et de débris. J'estime que, l'an prochain, il y faut poser une clé d'une face à l'autre, quand c'est déjà arrêter le mal que de réparer le mur du midi, où j'ai fait reprendre tout le bas. Pour la toiture du clocher, n'ayant que vingt ans, elle est comme neuve, et ainsi que dit François le sonneur : « C'est un chapeau de conscrit, sur la tête d'un vétéran. » J'y ai trouvé une chouette, encore ai-je eu du mal pour la prendre. Ils s'en amusent par le village.

Ceci, mon cher Monsieur, m'a fait penser que ce terme de quinze jours, que je vous avais donné comme long de reste, se va trouver trop court d'une quinzaine. A la vérité, vous pourriez revenir, et suivre à l'achèvement de cet ouvrage; mais il y en a d'autres que j'aurais à cœur de poursuivre, étant des travaux d'intérieur qui demandent l'œil du maître, tant pour l'économie, qu'à cause de la sûreté des objets domestiques; et pour que ces gens ne massacrent pas d'une part, tandis qu'ils réparent de l'autre. Toutefois, ma raison principale, c'est une lettre de la petite, où j'ai vu, au travers de propos tristes qui s'y trouvent, qu'elle éprouve du mieux de votre venue, et que vos discours la tempèrent, ainsi que j'avais préjugé. Depuis longtemps, mon cher Monsieur, je n'avais eu à écouter d'elle des paroles si paisibles, notamment qu'elle me décrit votre vie là-bas, et ce curé d'Eseri qui vous a fait des histoires, sur la terrasse d'un château. Il y a, dans sa lettre, de ces mots plus prochains du sourire que des pleurs : entre autres qu'elle arguë de ce qu'elle dort mieux, pour m'engager à faire de mes sommes d'autrefois; si bien que ces simples lueurs m'ont frappé comme une vive lumière, et qu'inclinant à l'espoir, j'ai vu, dans ses propos sinistres, des restes de la tempête passée, plutôt que des augures d'orage à venir. La lettre me fut apportée jeudi, comme j'étais seul dans mon pré d'en haut; et, après qu'elle m'a eu pleinement remué dans cette solitude, en regardant au loin la campagne, j'y ai trouvé des ressemblances à mon impression d'alors : en ce que, au travers des brumes du soir, ci et là luisaient quelques rayons de soleil, pâles à la vérité, mais réjouissans pour l'arrière-saison, et indices de temps serein.

J'avais grand besoin que ces lignes vinssent me trouver, et chasser de ma mémoire ce que j'avais emporté de Mornex, tant du samedi que vous y parûtes, que du dimanche matin où je vous y laissai, n'ayant encore pu ouïr un mot de cette bouche, close d'amertume; ni une parole caressante de ce cœur toujours ouvert pour vous, et, ce jour-là, muet de gonflement. Quand je vous eus quittés, me trouvant seul et immobile dans ce chariot couvert, je sentis la tristesse m'étreindre; de façon que je fis arrêter pour descendre à pied la montagne, et me sentir au moins la compagnie des rochers, du grand air et du ciel, qui me figure toujours l'habitation de Dieu, bien que je le sache partout, et que son regard est autant dans le fond des cavernes que sur la crête nue des monts. Après Etrembières, craignant de me rembrunir dans cette boîte à quatre roues, j'y fis monter le conducteur ; et prenant le fouet et les rênes, je m'assis sur le siége, d'où j'eus la distraction des campagnes, et celle de gouverner la bête, qui serait rétive et prompte à s'effaroucher (notamment d'un tonneau de vendange laissé sur la route), si ce n'était l'âge qui lui a tempéré le sang. Mais la bouche est dure.

A ce propos, Monsieur Prévère, je vous dirai qu'ayant fait la revue de nos bêtes de la Cure, j'ai trouvé que la cavale approche d'avoir fini son temps ; non qu'elle n'aille encore, et ne fasse du service de quoi, mais c'est le râtelier qui est usé jusqu'à la racine, à force d'avoir servi ; en telle sorte que la pauvre bête, mangeant avec peine, y emploie son temps de sommeil : ce qui s'aperçoit à ses côtes, visibles comme des tuyaux d'orgue, et à son œil qui saillit faute de chair autour. Ce serait chose d'humanité que de la faire abattre, de crainte qu'après vingt-cinq ans de bons services, elle ne périsse de faim, en face de sa crèche. Quant à l'âne, je l'ai trouvé gaillard et vivace, fesant son œuvre, ou plutôt la laissant faire sur lui, sans se soucier, ni manquer un chardon. Trouvant que les travaux ne le réclament plus, et que voici le temps des mauvais chemins, où son dos ferait plaisir à Louise pour la porter dans ces endroits qu'elle dit, je me suis décidé à le lui envoyer. Demain, dès l'aube, le petit Legrand partira monté dessus, vous portant cette lettre. Vous lui direz s'il est possible que vous demeuriez là-bas une quinzaine encore, M. Dervey étant d'accord qu'il vous remplacera autant que vous voudrez, jusqu'à l'approche des fêtes de Pâques.

Bien qu'ayant lu sur cette montagne chaque dimanche un sermon, j'avais grand'hâte et envie de me retrouver à l'église. J'y fus dimanche, sans avoir voulu tenir le chant, afin de juger comment s'en tire Brelaz. J'ai été, à vrai dire, peu satisfait, bien qu'il fît effort en ma présence pour s'abstenir de ritournelles dans l'entre-deux des reprises. Mais son chant est peu révérencieux ; et si je le compare à un homme qui guide son cheval, je dirai qu'à une bête ayant la bouche capricieuse, il tient les rênes libres : de façon qu'elle recule ou qu'elle anticipe, au lieu de garder une allure réglée. Il oublie que, pour un chantre, c'est l'œil qui tient lieu de fouet ; et qu'aux enfans qui faussent la note, ou aux vieillards qui la prolongent, il faut qu'un regard les redresse, ou qu'un froncement les aligne. Il oublie encore que, s'il ne s'aligne lui-même sur l'orgue, c'est deux maîtres qui commandent à la fois, et qu'on ne sait auquel entendre. Heureusement que, me trouvant là, j'ai donné de la voix aux endroits périlleux, de façon que les paysans s'y ralliant sans paraître, M. Dervey n'a eu à se chagriner de rien. Au sortir de l'Eglise, j'ai prévenu Brelaz que, pour dimanche prochain, je tiendrai le chant, et que, sans chanter lui-même, il m'écoute gouverner.

Pour ce qui est de M. Dervey, il a fait à nos paysans un sermon de ville qu'ils ont trouvé bien beau, sans que je sois certain qu'ils l'aient saisi plus que moi, ni qu'ils se soient trouvés pris au collet, ainsi qu'il arrive quand l'idée est vraie, le langage fort, et que la parole devient comme une pointe aiguë, qui perce les enveloppes que Satan a faites autour de la conscience. Son discours portait plus de fleurs que de fruits, et encore, pour les cueillir, on s'y fatiguait les bras, étant trop au-dessus de nos têtes. Pour sermoner les paysans, il faut les connaître; et pour les remuer, il faut secouer brusquement. Ils ont leurs vertus, toujours menacées par le cabaret; et ils ont leurs défauts, pas tant sujets à grossir, que lourds et tenaces. Aux unes, il faut des étais qui ne soient pas fragiles; aux autres, il faut des coups vigoureux et bien ajustés, sinon, c'est du bruit, et autant en emporte le vent. Aussi me disais-je bien, ces gens de ville, ainsi qu'ils n'ont pas la peau calleuse comme nous autres, de même ils n'ont pas comme nous autres la conscience calleuse, si tant est que ces fleurs sans épines suffisent à l'égratigner.

Du reste, j'ai bien eu du plaisir en revoyant la Cure, gens et endroit; mais pas sans mélange. Déjà une heure avant d'arriver, par delà Vernier, et du côté des Bois, j'avais le cœur remué, quand j'ai trouvé sur la route les Besson, qui, ayant su quelque chose, se promenaient à ma rencontre. On s'est touché la main avec tous, et embrassé avec la femme, qui est ma commère pour le troisième des Redard. Ne pouvant les avoir avec moi dans mon char, je suis descendu pour cheminer avec eux; mais voici qu'au contour du chemin de Choully, je trouve assis sur le rebord du fossé, tous les Duruz qui m'attendaient, et notamment le grand-père, chargé de ses quatre-vingt-deux, à cause de qui ils s'étaient arrêtés; plus loin, ce sont les Redard, avec mon filleul, y compris la pauvre Brachoz qui s'était jointe à eux, et la Crozat à qui j'ai fait un accueil à elle, en regard de ce qu'elle s'est réconciliée avec le bon Dieu; enfin, vers la fontaine, c'étaient les Frozet, les Durand, Jaqueline la borgne, François le sonneur, Elise Roset, la petite Combat, et l'orpheline de Louise. A tous et à chacun c'était à recommencer pour les nouvelles de Mornex, que je leur donnais de bonne grâce, bien qu'en ces momens d'allègre revoyance, ce fût me contraindre à mélanger le triste avec le jovial. Toutefois, je m'étais maintenu, lorsque, du bas du pré de la Cure, apercevant la fenêtre de la petite, et tout alentour les arbres, les clédals, les vergers, dont chacun me ramenait en mémoire des spectacles d'agrestes amusemens, et de joies journalières, j'ai eu le cœur gonflé, et leur disant de me laisser seul, j'ai passé derrière la haie, où, m'étant assis pour n'être plus sous le regard, j'ai donné issue à des larmes abondantes bien qu'amères. C'est Dourak, qui, étant survenu, m'a fait honte par le tumulte de ses caresses, en sorte que j'ai surmonté cette faiblesse, et cheminé vers la Cure. Voulant brusquer ces impressions qui me restaient à endurer, j'ai été droit à la chambre de Louise, où, ayant ouvert les contrevents, la lumière du soir est entrée, et m'a fait voir deux de ses vases dont la plante s'est desséchée. Cette vue m'a été cruelle.

M. Dervey venait de repartir, après avoir fait le catéchisme de l'après-midi. Antoine m'est venu saluer, et le journalier, et les gens de la vendange, qui est finie. Le vin sera dur, et encore pas si abondant qu'on avait cru avant cette grêle de septembre. Hormis ce qu'il en faut pour votre usage, diminué d'un tiers du nôtre, j'ai tout vendu à huit sous le pot, et comptant : ce qui me fait de l'argent pour régler là-bas ; le reste sera à prendre sur mes foins où il y a à gagner, l'eau n'ayant pas tari sur mes prés, tandis que la sécheresse a tué les regains partout alentour. Cette vente faite, j'aurai à régler pour mon tiers de ce que coûte ce malheureux, ainsi que je l'ai dit, et sans que j'estime que vous deviez m'en empêcher. Je ne vous dis rien des impressions lugubres que j'ai ressenties, à chacun des endroits où son souvenir s'attache, et où je vois comme une souillure provenant de l'infamie de ses pères. Ils ne m'ont rien demandé sur lui par le hameau, me causant en cela un soulagement véritable. Est-ce retenue à mon égard? Je le crois, d'autant plus que, ignorant ce qui était dessous le voile qu'a levé Champin, sans me blâmer, ils regrettent l'infortuné, de tout ce qu'ils plaignent Louise.

Dès le lendemain j'ai vaqué aux affaires, et

mis à part, de la récolte, ce qu'il nous en faut garder, pour vendre le surplus en son temps; et le jour suivant, qui était le mardi, j'ai fait une course à Genève, pour empletter des articles, à propos d'une idée que je vous dirai tout à l'heure. J'avais le projet de faire un tour chez Champin, à qui j'ai promis dans le temps; mais voici qu'arrivé à la ville, au contour de Coutance, du char où j'étais, je l'aperçois qui, fesant face à une jardinière, lui marchandait des navets, et qu'au lieu de descendre pour lui dire bonjour, j'ai crainte seulement qu'il ne se retourne, et ne m'aperçoive. Pourtant, voici tantôt sept ans qu'on ne s'est vus; mais c'est lui qui a levé ce voile et manié ces souillures, et l'aversion de la chose se participe à celui qui l'a découverte, bien qu'à bonne intention. Du reste, pour ce peu de temps que je l'ai entrevu, il m'a semblé vieilli : ayant bien toujours de l'aplomb dans le buste, et du superbe dans l'allure, mais le dos s'est voûté, l'enflure lui appesantit les jambes, et il lui faut, pour marcher, un bâton, ce troisième pied des vieillards et des infirmes.

Cette idée, la voici, Monsieur Prévère : c'est de remettre à neuf, et d'orner de parure cette chambre de Louise, qui n'a pas été rafraîchie ni retenue, depuis que Thérèse, ma défunte, l'y a enfantée. Elle m'est venue pendant que j'étais à considérer ces deux plantes desséchées, et les fleurs éparses sur un plancher si ancien, que les nœuds du bois, ayant mieux résisté à l'usure du marcher, y font saillie comme des têtes de pavé; tandis que la boiserie est rousse de vétusté, et la muraille recouverte de ce papier à fleurs, qui, pour avoir eu son beau temps, n'en paraît pas moins fané; d'autant plus qu'il a été rajeuni par places de pièces ayant leurs couleurs fraîches et vives. J'ai vu que, ces choses réparées, la fenêtre serait à refaire, et la porte aussi, dont le panneau d'en bas a sa fente, et dont le pourtour, trop petit pour la battue du cadre, clôt mal, et laisse passer l'air, sinon le jour. Mais, bien que sachant que, si on touche à une ruine, c'est une maison à rebâtir, je me suis laissé séduire à faire cette dépense, y trouvant du plaisir et du rassasiement, à raison même de ce qu'elle est extrême pour mes moyens. J'y ai trouvé un aliment pendant que je suis ici; et j'en emporterai, en provision pour cet hiver, l'attente d'installer au printemps mon enfant dans cette demeure que j'aurai parée pour la recevoir.

J'ai donc aussitôt mis à l'œuvre maçons et charpentiers, et le travail avance, chaque chose reprenant par degrés un air de jeunesse et de bonne façon qui s'assortit si bien à celui de la petite, que j'en suis à me demander comment j'ai pu la voir tant d'années dans ce réduit, sans y réfléchir autrement. Le plancher est refait, en sapin net et éprouvé, avec deux bandes en bois de noyer qui se croisent droit au milieu. Trouvant que la poutraison du dessus avait mauvaise grâce à recouvrir ce parquet clair et lustré, je l'ai fait masquer d'un plafond en plâtre, où ils sont à ajuster une moulure qui marque le pourtour, à trois pouces de la paroi. D'autre part, je fais faire sous mes yeux la fenêtre, qui aura six carreaux de bonne grandeur, et une espagnolette à bouton de laiton; plus la porte, en bois de chêne aussi, avec une serrure neuve, fermant en dehors et en dedans : le tout sera rendu jeudi qui vient, et posé le jour suivant. La chambre étant petite, une armoire aurait convenu, plutôt que cette grande garderobe en noyer; mais j'étais certain que Louise, ainsi que moi, ne reconnaîtrait plus sa chambre, là où ne serait pas ce meuble, qui est entré dans la maison par apport de sa mère : je l'y ai donc laissé, pour conserver à la nouvelle demeure le prix de l'ancienne. Pareillement, je n'ai rien changé au lit qui a été ma couche de garçon, et qui, d'ailleurs, pour la solidité et la durée, serait malaisé à remplacer.

Restait la table; la trouvant bonne, j'ai préféré faire les frais de garnir les trois chaises et le fauteuil, ayant le crin, et de plus, ce ramage en moiré que j'ai hérité intact de Thérèse, après le lui avoir donné. Modeste qu'elle était, le bleu et le rose qui s'y trouvent parsemés, sur un fond cannelle, lui en parurent trop lustrés pour sa condition, même aux jours de fête.

C'est pour le faire ajuster que j'ai mené mardi le crin et les chaises à la ville, chez un de ces tapissiers qui entendent la chose, et vous rendent votre étoffe dans son lustre, sinon toute; d'ailleurs, avant de livrer la mienne, j'en ai pris la mesure. Par la même occasion, j'ai été choisir un papier à mettre sur la muraille, et, au milieu des abondances qu'ils en ont fait passer sous mes yeux, j'en ai, d'instinct, choisi un qui veut plaire à Louise, ou bien je me suis mépris. C'est un fond de couleur claire, sur lequel se voient des verdures entrelacées, avec des oiseaux parmi, et, d'une branche à l'autre, des balançoires, avec une bergère dessus, dont vous diriez, à voir sa robe plissée par le vent, qu'elle flotte par les airs. Le marchand m'a assuré que les couleurs en sont fines, notamment le jaune et le vert, et que j'ai mis le doigt dessus un papier d'entre ses plus charmans. Chez le même, j'ai acheté un miroir de douze pouces sur sept, encadré de bois rouge, avec deux patères pour le soutenir en l'inclinant. Il est déjà en place, et c'est réjouissant que de voir la lumière qu'il attire en mirant le ciel et les tilleuls : vous diriez une fenêtre de plus. J'ai tout rapporté le soir même, hormis les chaises qui viendront samedi par le retour des Piozet, qui vont mener leur paille au marché. La paille est chère ; et c'est encore une raison pour se défaire de la cavale, si d'ailleurs elle en est à maigrir faute de dents.

Pour déménager la chambre, force m'a été de faire sauter le tiroir de la table, où se trouvait la clé de la garderobe qu'il a fallu dégarnir, afin de pouvoir la sortir de biais par la porte qui est étroite. Dans un recoin du tabla du milieu, j'ai trouvé des papiers dont la vue m'a été amère, Monsieur Prévère, si bien qu'ayant voulu les feuilleter, je les ai bien vite éloignés de ma vue : c'étaient les lettres de ce malheureux. J'ai délibéré si je les voulais détruire, et supporté à ce sujet un combat intérieur, où a prévalu le respect pour l'intention de ma fille, joint à ce que, ayant fait sauter le tiroir, et agissant dans le secret, un instinct m'a retenu. Mais je n'aurai pas de contentement que ces lignes, issues d'une source tarée, ne soient anéanties de ma maison, et ces pages, loin de l'attouchement de ma Louise. Pour l'heure, sans les lire, je les séquestre ; ne voulant pas qu'elles tachent cette demeure que j'ai reblanchie, et que je verrais sombre et noire, si je les y savais recélées. Combien faudra-t-il d'années encore, pour que s'efface tout vestige de cet infortuné !

J'ai aussi tenu son livre de comptes qui est, page par page, une liste d'aumônes, avec quelque harde ci et là, pour sa personne. Mais, de ces aumônes, une m'a soucié, qui est plus forte que les autres, et inscrite à chaque trois mois, du premier au trois, sans nom de personne. J'ai compté que la somme va à 250 florins par an, depuis quatre ans environ, ce qui ressemble plus, vu ce chiffre majeur, à une pension qu'à une aumône ; et, sur ce, je me suis creusé la tête pour deviner une chose si marquante et si secrète. Je ne vous cache pas, Monsieur Prévère, que des idées me sont venues au sujet de ce malheureux, et cruelles, en ce que la somme la dernière livrée, est de la semaine où nous sommes partis de la Cure ; d'où je pourrais inférer que Louise m'aurait manqué en cela. Toutefois, je n'y saurais croire à moins que je ne le voie, quand déjà le motif à cette aumône manquerait, puisque ce malheureux est défrayé de tout, entre vous et moi. Je reste donc en suspens sur ce point. J'ai aussi reçu une lettre pour elle, qui m'a soucié pareillement, en ce que sous l'enveloppe, timbrée de Genève, j'entrevois au travers du papier une autre adresse, comme d'une lettre venant d'ailleurs, et arrivant par ricochet à la personne. J'ai lié ce mystère avec l'autre, et j'ai grand'hâte d'en être éclairci; sans néanmoins ouvrir la lettre, ce qui serait faire outrage à mon enfant, jusqu'ici droit et sans reproche. Et encore, le tort en serait-il à elle, si c'était de Lausanne, que, sans sa participation, ni sa demande, on eût osé lui écrire?

Mais je chasse ces pensées, qui, venant à me dominer, m'ôteraient ce peu de repos dont je jouis, et l'entrain de poursuivre ces préparatifs. J'aime mieux croire que ma volonté a été vénérée par ma fille, et ma confiance en elle jamais abusée; seulement, si vous saviez quelque chose, M. Prévère, je m'en remets à vous pour me l'apprendre, afin que nous y portions remède ensemble; et plutôt vous que moi, qui, froissé, pourrais froisser à mon tour cette enfant. Embrassez-la pour moi, sans lui cacher, de cette lettre, les choses qu'elle en peut savoir, et qui la pourront distraire; et dites-lui que j'entrevois d'ici le jour de la revoir pour ne la plus quitter.

Avec respect, votre affectionné,

REYBAZ.

LETTRE XCI.

MONSIEUR PRÉVÈRE AU CHANTRE.

De Mornex.

Je me hâte de vous répondre, mon cher M. Reybaz, afin de détruire vos soupçons, et de prévenir toute imprudence de votre part. Mais ce n'est pas là l'objet principal de cette lettre. Je viens attaquer de front vos plus légitimes préventions, et frapper à la porte de votre cœur un coup suprême. Je ne doute point que, cette fois, je ne réussisse; aussi, ce que je demande à Dieu, c'est qu'après avoir obtenu de vous un immense sacrifice, nous obtenions de lui un immense bienfait.

Mais auparavant, mon cher Reybaz, chassez

toute défiance au sujet de Charles ; je vous réponds de lui, comme de moi-même. Pas un instant, il n'a songé ni ne songera, à violer ses promesses, et à tromper votre confiance et la mienne. Au moment où vous me communiquez vos soupçons, il n'ose pas écrire à Marthe, parce que, dit-il, elle est trop près de Louise, et qu'il pense que cela même lui est interdit. Au moment où vous pouvez penser qu'il accepterait de votre fille de secrètes largesses, sa prière auprès de moi, c'est que je lui permette de se suffire à lui-même. Au moment, enfin, où vous vous figurez ce jeune homme comme capable de désobéissance et de tromperie, il déploie les plus hautes qualités et les plus difficiles vertus : du sein du désespoir, et au travers de mille dégoûts, il s'engage dans la carrière que je lui ai choisie, il s'apprête à consacrer au service de Dieu et des hommes une vie dépouillée de bonheur, et un cœur brisé par toutes les sortes d'infortune. Voilà ce que fait Charles, Monsieur Reybaz ; ainsi n'ayez de lui aucune défiance. S'il y a quelque mystère dans cette lettre, dans ces aumônes, soyez certain qu'il recouvre quelque action belle et chrétienne ; gardez-vous d'en douter, comme de vouloir lever les voiles où s'enveloppe la charité de Louise.

J'en viens maintenant à l'objet dont je suis plein. J'ai vu Louise : toutes mes craintes, toutes mes prévisions étaient fondées ; elle dépérit, elle s'en va!.... Ces mots sont affreux à entendre, mon cher Reybaz, ils déchirent votre oreille, ils percent votre cœur, mais il faut que vous les ayez entendus ; ou bien, vous risqueriez de méconnaître la toute-puissante force des motifs qui doivent sur-le-champ fléchir votre volonté, annuler les déclarations que vous avez faites au sujet de Charles, et me délier, moi, des engagemens que j'ai pris auprès de vous. Il faut que vous consentiez à ce que Charles soit rendu à Louise : non pas que j'ose affirmer que cette tardive résolution la sauvera, non pas même qu'il soit possible de lui en donner l'annonce aujourd'hui, ni de longtemps peut-être ; mais afin que nous soyons tout prêts à faire luire l'espoir dans cette âme désolée, aussitôt que son corps aura repris quelque force, ou à tenter une dernière ressource, si sa santé et ses forces continuent à décliner. J'attends donc votre réponse avec impatience, car Louise est plus paisible, mes entretiens ont agi sur elle, je suis parvenu à tempérer son chagrin, à relever un peu son courage, et, à chaque instant, il se peut que je trouve l'heureuse occasion d'ajouter à ce calme renaissant, la douceur restauratrice d'une première lueur d'espoir. Je ne le ferai pas que je n'en aie obtenu de vous l'autorisation. Mais les jours, mais les momens sont précieux. Ne contestez point, gardez-vous de refuser.... C'est du bord de la tombe de votre enfant, que je vous parle, que je vous adjure..... Si vous repoussez ma prière, il ne me reste plus qu'à la préparer à y descendre.

A ces motifs si impérieux, et que je presse au nom du digne médecin qui a vu Louise, en ajouterai-je d'autres? Je le ferai, bien qu'à la hâte; je le ferai, pour n'avoir pas à m'adresser, en aucun temps, de tardifs et cuisans reproches. Vous avez trop écouté, Monsieur Reybaz, des répugnances instinctives, que votre devoir de chrétien serait de vaincre, quand même votre intérêt, votre tendresse de père, ne vous crieraient pas d'étouffer leur sourde et dangereuse voix. Vous vous accusez devant Dieu d'avoir des rancunes, des antipathies, d'être lent à aimer... Mais, devant Dieu aussi, vous abandonnez à ces sentimens l'empire de votre cœur, quand il dépend de vous de les en chasser, quand tout vous en fait une nécessité et un devoir. Mon bon ami, à l'œuvre cette fois! Sondez ces instincts, assurez-vous que ces lourdeurs, que ces poids dont vous me parlez, ne sont pas le levain de l'orgueil, cet ennemi de Dieu et de l'homme, cet hôte du cœur, qui aveugle, qui perd, qui écrase ; et si vous le reconnaissez, écrasez-le vous-même sous les étreintes de la charité. Souvenez-vous de ce jour où vous entendîtes son appel à l'église, et où, pour y avoir fait droit dans la sincérité de votre cœur, vous recouvrâtes la paix avec vous et avec Dieu. Une heure avant cet appel, vous raisonniez ainsi que vous faites aujourd'hui : vous vous approuviez sans être pour cela content ; vous vous justifiiez sans pouvoir vous absoudre.... Une heure après, vous versiez des larmes, et cependant vous étiez soulagé ; vous aviez fait un sacrifice, et pourtant vous trouviez avoir gagné ; vous aviez fait violence à tous vos instincts, à toutes vos antipathies, et, chose admirable ! vous étiez paisible, satisfait, heureux, comme si vous n'eussiez fait que suivre le gré de vos désirs. Ce sont là les immortels, les indestructibles dons faits à la charité par notre Père céleste ; ce sont ceux qu'il vous assure à cette heure, comme autrefois, comme toujours, si vous écoutez sa voix, si vous accomplissez ses enseignemens.

Je devrais vous parler ainsi, mon cher Reybaz, quand même aucune raison tirée de l'état de

Louise ne m'y porterait. Mais si je considère Charles lui-même, pensez-vous que j'aie jamais pu acquiescer aux motifs qui vous portent à l'écarter, et que vous semblez envisager comme inébranlables, comme sacrés? pensez-vous que, devant Dieu, sa naissance, son opprobre, comme il vous plaît d'appeler l'infortune de ce jeune homme, pussent justifier une plus longue résistance de votre part?.... Mais, mon bon ami, en dehors de ce vulgaire et cruel préjugé, auquel vous obéissez, montrez-moi donc cette loi qui vous oblige à punir l'enfant pour le crime de ses pères. Montrez-moi, dans l'Evangile, celle qui, au contraire, dans les circonstances où vous êtes, lorsque Louise aime Charles, et qu'elle se l'est choisie pour époux, ne vous commande pas de tendre la main à cet infortuné, de le sauver en l'approchant de vous, de le blanchir en lui donnant votre fille. Ah! Monsieur Reybaz! vous que je connais si droit, si sincère, si pieux, relisez, relisez donc les commandemens du Sauveur; interrogez-vous ensuite, et dites si vous les accompliriez en vous roidissant contre des suggestions de simple humanité, en perdant peut-être votre enfant, pour n'accepter pas un opprobre imaginaire, et qui ne saurait l'atteindre, fût-il réel mille fois. Car il est secret encore, cet opprobre ; et il dépend de votre ami qu'il le soit toujours ; mais, vînt-il à être divulgué, où est la tache, je vous prie ; où est la honte ? Charles n'est-il pas mon élève, mon enfant bien-aimé ?... N'est-il pas honoré par-dessus mille autres par le choix et l'affection de Louise ?.... La tache qui lui reste, la seule, ne serait-elle point celle-là seulement que vous lui imprimez, en l'écartant de votre alliance?... Encore une fois, où est la tache ? où est la honte ? La honte, grand Dieu ! la honte ! elle est au cœur de ceux qui n'honoreraient pas votre charitable conduite ; elle est au front de ceux qui oseraient en médire ; elle est à ce monde, trop petit, trop jaloux, trop vain peut-être, pour vous approuver hautement, mais trop bon aussi, trop intelligent de ce qui est beau, noble et désintéressé, pour ne pas vous honorer et vous bénir en secret !....

Mais j'ai honte moi-même, mon cher ami, d'insister si longtemps auprès de vous : c'est méconnaître, et votre cœur de père, et votre chrétienne soumission aux renseignemens de notre divin Maître. Répondez, hâtez-vous ; déliez-moi de cet engagement funeste que j'ai pris avec tant de regret, que j'ai tenu avec tant de douleur ; que je sois libre, si encore ce n'est pas trop tard, de réchauffer cette âme qui va se glaçant, de retenir à la terre cet ange près de prendre son vol vers les cieux!....

Restez à la Cure aussi longtemps qu'il le faudra. J'accepte les offres de mon ami M. Dervey. Il me serait impossible de quitter Louise dans ce moment. J'ai vu le médecin hier : dans tout ce que je vous demande, il est d'accord avec moi. Hâtez-vous! Que nulle considération ne vous arrête, et qu'avant demain, avant peu d'heures, je tienne votre lettre.

Votre affectionné,

Prévère.

LETTRE XCII.

LE CHANTRE A MONSIEUR PRÉVÈRE.

De la Cure.

C'est minuit qui vient de frapper, Monsieur Prévère. Je tiens la plume depuis quelque couple d'heures, mais sans que la véhémence du tumulte que vous avez soulevé chez un père déjà rempli de misère, m'ait laissé libre de la guider. Je compte néanmoins que, vers le jour, je pourrai clore, et faire partir ce papier qui vous portera ma volonté bien réfléchie, et non moins fixe.

Je me croyais en repos, et suffisamment défendu de ce côté où vous avez frappé votre coup suprême, Monsieur Prévère ; et, à vrai dire, je l'aurais redouté de quiconque, avant que de le craindre de vous. Quand, il y a quelques mois, ces affreuses choses furent révélées, deux fois j'avais pardonné à ce bourreau de ma vie; deux fois j'avais donné ma Louise, la fille de Thérèse, le fruit de ses entrailles, et l'unique de mon cœur, à cet enfant relevé dans la boue, et que je n'ai jamais aimé, n'osant le haïr! Je m'estimais donc en règle avec le Créateur, ayant tranché dans le vif de mon orgueil, et labouré, non sans sueur, ma part du champ de la charité. Voici que je n'ai rien fait encore, si je n'amène dans ma famille la tache qui ne se lave pas! si je ne mets dans la couche de ma fille le rejeton d'une chair adultère! si je ne lui donne pour mère, en remplacement de ma Thérèse, la créature chargée de méfaits, vivante encore, et tout infâme de la senteur des cachots!! Arrière alors la charité! Je ne ferai pas ces choses. Dieu est puissant pour contraindre; mais à moins qu'il ne brise ma volonté, ce n'est pas moi qui m'aiderai à la ployer. Je n'ai pas lu dans sa Loi qu'on n'eût au monde qu'une fille, rien que pour la tremper dans la fange, et j'attends qu'il donne ce commandement nouveau, plus nouveau que l'autre. Qu'il parle donc, qu'il frappe, qu'il tonne!.... Alors, je la livre; mais pour que je me porte à ce qui me semble crime, infamie, la voix d'un mortel ne suffit pas, non pas même la vôtre, Monsieur Prévère, bien qu'accoutumé à y accéder, parce que je la respecte....

Et combien elle vous est peu familière, cette cruauté que vous commettez avec moi, en me disant que, pour sauver ma Louise, il faut absolument que je passe sur ce pont d'opprobre, que je la précipite moi-même dans ces boues, que Dieu le veut, que c'est mon devoir, et qu'il dépend de moi de l'accomplir !..... en me présentant durement ce choix épouvantable, ou de salir le front sans tache de celle que vous appelez un ange, ou d'en être le parricide meurtrier !.... Non ! non ! je suis accablé de souffrance, ma vie est plus misérable que n'est la mort et ses angoisses; mais je n'en suis pas à cette torture d'enfer, que d'avoir à choisir entre cette double horreur.... Non !. non ! la colère de Dieu a des bornes; son bras s'impose de ne pas frapper de toute sa force; il n'a pas jeté sur ce monde de pareilles plaies.... Il peut me retirer ma fille, mais il ne peut pas vouloir me la faire acheter au prix de l'infamie... Il me l'ôtera? dites-vous; c'est que ce sera sa volonté, mais non pas ma faute.

Monsieur Prévère! vous accusez mes instincts,

mes répugnances ; néanmoins, jusqu'à cette barrière d'opprobre, que, dès l'entrée, je vous ai déclaré ne pas vouloir franchir, je les ai accusés avec vous, j'ai tâché de les étouffer, et deux fois je les ai étouffés... A mon tour j'accuse, moi, votre charité ! J'ai toujours repoussé ce malheureux ; mais toujours vous me l'avez ramené... Vous l'avez élevé auprès de ma fille.... Vous n'avez pas cherché à connaître, quand vous pouviez, quand c'était votre devoir, quand ce coup suprême nous eût sauvés tous. Voilà ce qu'a fait votre charité ! Pourtant, quand est venue la catastrophe, je l'ai respectée, et, je puis le dire, ménagée.... Vous me rendez mal la pareille aujourd'hui, et, pour bon chrétien que je vous sais, et que vous êtes, vous me posez dessus un poids trop fort, quand je suis déjà fracassé sous celui que je porte ; un poids dont il faut vous charger autant que moi ; ou plutôt, car je vous demande pardon, si le trouble où je suis me pousse à vous manquer, un poids qui est celui de l'infortune, et non du péché, et que nous devons porter en commun, en nous aidant, en nous serrant l'un contre l'autre pour l'alléger, non en nous le renvoyant pour nous en accabler....

Retirez donc votre funeste demande, Monsieur Prévère, et hâtez-vous de me délier de cette chaîne d'angoisse dont le nœud m'étreint et me blesse, tant que vous ne l'avez pas défait; hâtez-vous, sans quoi, moi résistant, vous attaquant, où serait la concorde? En d'autres temps, je me suis rendu captif à vos raisons; qu'en ceci ce soit vous qui ployiez, puisque, pour ce qui est de moi, en le voulant tenter seulement, je m'y briserais. Je vous le répète, je vous le crie : cette coupe, je ne la boirai pas! ce malheureux, je le servirai, je l'aimerai s'il le faut, mais je ne l'approcherai pas de moi! et si ma volonté a quelque empire par delà ma mort, jamais, jamais ma fille ne portera son nom! Je vous le dis ici, Monsieur Prévère, afin que votre loyauté s'en souvienne, afin que ma mémoire ne soit pas outragée, afin qu'au moins je descende en paix au sépulcre.....

Vous avez les pièces, vous pouvez les lire; car je me prends à croire que vous ne l'avez pas fait, puisque vous me proposez de semblables choses, pour celle que vous aimez en commun avec moi, et dont avec moi vous devez chérir la blanche renommée. Pour moi, je ne les veux pas voir : bien en deçà je m'arrête; à peine pus-je achever de lire le récit de Champin, tant il me semblait, à chaque ligne, que ma Louise se trouvât souillée, pour avoir, durant tant d'années, mangé, parlé, vécu dans la familiarité de ce malheureux! A peine pus-je contraindre ma plume à vous signifier furtivement ce qu'était votre protégé, trouvant que c'était effrayant de s'y appesantir, et peu charitable d'y appuyer devant vous. Mais lisez, lisez ces pièces! Vous y verrez toutes les impuretés de la chair : cet enfant issu du commerce maudit de deux malfaiteurs sauvages ;... lisez encore! vous verrez la vie vagabonde, la mendicité, puis le vol, puis le brigandage, puis la justice saisie enfin de tant de crimes, et envoyant père, mère, pourrir dans l'ombre souterraine des cachots! Et que je donne ma fille à leur bâtard! que j'assemble ce lis des champs, à cette ronce des déserts! Et c'est Monsieur Prévère qui me le propose, ou qui, pour mieux dire, me l'enjoint, de toute cette autorité de pasteur et d'ami que je n'ai jamais traitée sans respect!... Non, lisez, lisez, vous qui aimez Louise et son père; lisez, et que votre cœur retourne à l'équité et à la justice! Je vous renvoie aux pièces, et je ne surajoute rien; ma volonté est inébranlable comme le roc des montagnes.

Mais vous ne me rendrez pas ce calme temporaire que j'étais à goûter, quand m'a atteint votre coup suprême. Ces travaux me semblent un songe..... Cette chambre, où s'était suspendue mon affliction, comme pour s'y reposer sur une branche fleurie, cette chambre, je n'y prends plus de plaisir,.... cette parure me navre,.... ce moiré, ces blanches boiseries me serrent le cœur..... Un nouvel abîme s'est entr'ouvert, et non refermé en entier; des crevasses demeurent, où je ne tomberai pas, mais qui s'ouvrent à ma vue, et qui me troublent par ressouvenir... Même une lointaine idée, qui avait sa douceur, s'est comme décrochée de mon esprit, pour se submerger dans ce bouleversement..... Il y a quelque temps, je reçus une lettre suppliante de Mme de la Cour, pour que, Dieu et les années aidant, nous cherchassions l'un et l'autre un terme à nos traverses, dans l'union de nos enfans.... Je lui répondis, qu'à moi aussi, bien que n'aimant pas son fils, cette pensée m'était venue, mais que, sans rien faire contre, j'étais impuissant à rien faire pour; puis, voyant Louise plus paisible, la crise marchant à son terme, ce malheureux éloigné de nous, je m'attachais de jour en jour à ce projet, comme à une ressource lointaine, mais du moins possible et sans poison, comme à une sécurité pour mon vivant, ou pour après moi..... Mais, sans votre concours, sous votre menace, surpris où je me croyais gardé, troublé là où je goûtais la sécurité, je sens la vanité de tout répit, de tout espoir; la méfiance de tout appui où je me repose, de tout cordage où je me soutiens; et le vide morne, le néant ténébreux, fait de moi sa proie!

Voici le jour. J'ai hâte que ces lignes vous parviennent, mon cher Monsieur.

Votre affligé,

REYBAZ.

LETTRE XCIII.

MONSIEUR PRÉVÈRE A CHARLES.

De Mornex.

Je profite, mon cher enfant, d'un moment de loisir pour répondre quelques mots à votre lettre. S'il n'y avait pas un sujet dont tous les deux nous sommes préoccupés, et sur lequel je ne dois m'entretenir avec vous qu'avec une grande réserve, je vous écrirais plus souvent; car j'en éprouve le besoin, et tous les jours mieux je sens que votre affection est mon bien le plus cher, le seul qui me reste encore pur et entier.

Votre lettre, mon bon ami, m'a fait verser des larmes de joie; non point qu'elle m'ait surpris, mais, au contraire, parce qu'elle a répondu à ce que j'attendais de vous. Votre repentir m'a touché, vos résolutions m'ont rempli d'espérance ; j'ai vu qu'en vous accordant toute mon estime, je ne m'étais pas trompé ; et qu'en comptant sur votre piété et sur votre courage, je n'avais pas trop présumé de vous. Douce conviction, Charles, qui m'a fait goûter le bonheur, au sein même de l'affliction! Signe précieux de l'empire que vous savez prendre sur vous-même, et de ce que je puis attendre de vous, si, à cette épreuve, Dieu en fait succéder d'autres. Il nous les épargnera, je l'espère, mais, s'il en était autrement, que je n'aie plus à vous tendre la main; que bien plutôt je puisse, à mon tour, m'appuyer sur vous. Vous êtes devenu homme, mon enfant; ce que les années vous apportent de vigueur, elles me l'ôtent ; je ressens tristement que je n'ai plus, pour souffrir, la même force qu'autrefois; et que si mon courage ne m'a pas abandonné, ce sont mes reins qui ploient sous le faix.

J'approuve entièrement, mon bon ami, votre projet de vous suffire à vous-même, afin de vous imposer le joug salutaire des devoirs et de la nécessité. Comme vous, je ne saurais imaginer un moyen plus efficace de faire diversion à vos chagrins, et de redonner du ressort à votre âme. Pareillement, j'approuve le mode de vivre que vous avez choisi, et cette société que vous allez former avec ce jeune homme qui élève un de ses frères. Vous trouverez dans cette nouvelle situation, des charges et des difficultés qui seront des douceurs pour vous ; et dans ce commerce d'une humble amitié, un charme assuré. Il me suffit, à moi, d'être certain que vous regardez au besoin comme vôtre, tout ce que j'ai ; et que vous comptez sur moi comme sur un tendre père : car je le suis, mon bon ami, et je suis fier de l'être ! Parlez de moi à votre ami ; dites-lui avec combien de plaisir je ferai un jour sa connaissance, et que, dès aujourd'hui, je ne saurais être étranger de cœur à quiconque partage avec moi l'amitié de mon Charles.

Vous m'instruirez plus en détail de tout ce qui concerne votre nouveau genre de vie, lorsque vous vous y serez établi. Je désire aussi savoir quelles leçons vous donnez, et à qui vous les donnez. Selon l'esprit que vous apporterez à cette occupation, qui est réputée ingrate et ennuyeuse, vous y trouverez, j'ose vous l'assurer, de l'intérêt et du plaisir. Vous la commencez dans le but de vous être utile à vous-même, et je vous en loue ; car, dans l'état où vous êtes, c'est vertu. Mais que bientôt vous ajoutiez à ces motifs celui d'être sincèrement utile à vos jeunes écoliers, et vous verrez votre travail s'animer, les heures s'enfuir plus légères, et les obligations qui vous fatiguent, devenir comme un attachant délassement. Enfin, mon bon ami, même dans cette mince profession, dans cet obscur métier, tout en vous rendant utile et agréable au monde, rendez-vous indépendant du monde, en rattachant tout à Dieu dans le secret de votre cœur : c'est, vous vous le rappelez, ce que je vous ai toujours enseigné, en vous montrant qu'en lui seulement est le terme où s'attachent nos vertus, où se reposent nos désirs, où se réalisent nos espérances, et qu'il n'en est pas d'autre... Je vous l'ai toujours enseigné, vous l'avez compris ; mais voici l'heure de mettre ces choses en pratique, sans dédaigner d'appliquer de magnifiques vérités à d'humbles devoirs. Les humbles devoirs, mon enfant, sont les vrais, sont les purs, sont les aimables devant Dieu ; parce qu'ils sont les seuls qui soient dépouillés de cet alliage mondain de gloire, de célébrité, d'éclat, où la vanité entre en partage avec la conscience.

Je vais maintenant vous parler de Louise. Je suis auprès d'elle : c'est de Mornex que je vous écris. Si je n'avais à vous entretenir que du courage de cette chère amie, de sa résignation, de la façon simple et pieuse avec laquelle elle supporte de douloureux pensers et une cruelle séparation; je pourrais encore, mon enfant, réjouir votre cœur, et vous présenter, dans cette jeune fille, le plus bel exemple que vous puissiez vous proposer de suivre ; je pourrais vous dire, moi qui lis dans son âme, moi qui connais la profondeur de ses affections et la grandeur de ses sacrifices, que je n'ai pas encore rencontré, sur le chemin de ma vie, une créature aussi digne d'admiration et de respect; je pourrais, en commençant par vous avouer, Charles, que je me réchauffe à sa piété, et que je me sanctifie à ses vertus, je pourrais vous déclarer que nul n'a été digne qu'elle l'aimât, que nul ne sera digne qu'elle l'ait aimé et préféré, que celui qui est et qui sera lui-même distingué par une haute piété, par de vraies et fortes vertus.... Et voilà pourquoi, mon bon ami, votre avant-dernière lettre m'a tant affligé; voilà pourquoi, aussi, votre dernière m'a rendu la sécurité, le bonheur, en me rendant ma confiance en vous, mon estime pour vous, en y ajoutant encore; car, je le sais, il est plus difficile de se relever de la chute, qu'il ne l'est de ne jamais choir. Si donc vous voulez désormais ne pas descendre du rang où vous a mis, avec justice et discernement, cette jeune fille angélique, en vous donnant son cœur, et en vous choisissant pour époux alors qu'elle en était libre,... persévérez ! prenez votre essor vers les régions élevées de la résignation sans abattement, du courage sans transport et sans violence, de la patiente douceur, de l'abnégation de soi, du renoncement efficace : c'est-à-dire, du renoncement sans égoïsme, sans solitude, sans désertion des devoirs, des affections sociales, des vertus pratiques et journalières.... Persévérez ! vous dis-je ; car ces sublimes et chrétiennes vertus, elle en est le modèle et le martyr ; car elle se serait trompée, elle aurait mis sur une tête vulgaire la couronne magnifique de sa tendresse et de son estime, si vous ne les aviez pas vous-même, ou si vous étiez incapable de les conquérir.

Si vous avez compris ces paroles, Charles, que maintenant je vous traite en homme, et en homme digne de Louise ! Vous voulez que je vous donne l'assurance qu'elle supporte l'épreuve, et que son état ne m'inspire aucune crainte ; je ne le puis, mon bon ami, sans manquer de sincérité. Sa santé s'est flétrie, ses forces ont décliné ; je remarque en elle les lents progrès d'un dépérissement funeste, et je ne compte plus que sur le secours de Dieu, que j'implore à chaque moment du jour. Un habile médecin, que nous avons consulté, assure que c'est ici une crise dont le terme heureux est peut-être prochain; mais, en même temps, il croit que Louise ne pourrait, sans danger, quitter cette retraite, où l'hiver est plus doux que dans la plaine, et il redoute pour elle toute secousse, tout ébranlement. Ces prescriptions ne m'ont pas rassuré. Je suis venu prendre auprès d'elle la place de M. Reybaz, que ses affaires appelaient à faire un séjour à la Cure; et, en revoyant Louise après trois mois d'absence, j'ai été navré de chagrin. Toutefois, les premiers jours passés, j'ai repris quelque espoir : il m'a semblé que ma présence lui faisait du bien, que mes entretiens ramenaient en elle un peu de calme, tout au moins un peu de cette mélancolie où l'âme se ravive au sortir de la douleur. Elle est peu changée : son air n'est pas altéré, sa grâce est la même. Tous les jours nous faisons ensemble une promenade ; et si son appétit est encore bien faible, ses nuits sont meilleures. Voilà, mon bon ami, la vérité tout entière. Elle vous navrera, comme moi; mais elle ne vous abattra pas plus que moi. Vous saurez gémir sans vous abandonner au désespoir; vous saurez aussi mettre la confiance à la place du murmure, et la prière à la place du transport. C'est parce que j'y compte, que je vous ai dévoilé mes alarmes. Si j'étais déçu, mon dernier bien me serait enlevé : vous seriez mon protégé, toujours ; mais non plus mon espoir, ma gloire, l'appui et le trésor de ma vieillesse !

Il faut que je vous quitte. J'ai remis la montre à Antoine, et vos présens à Marthe ; tous les deux m'ont marqué leur contentement et leur reconnaissance. Je me réjouis de ce que vous avez senti vous-même que vous ne deviez pas écrire à Marthe, et je vois, dans les sentimens que vous exprimez à son égard, une preuve de la droiture de votre cœur. Oui, cette femme a été votre tendre et bonne mère ; elle l'a été, elle l'est tous les jours pour Louise : l'un et l'autre vous êtes justes, en vouant un filial amour à cette pauvre servante, si excellente dans sa simplicité, si humble dans son dévouement.

Je serai ici pour quelque temps encore, mais continuez de m'adresser vos lettres à la Cure, d'où elle me parviendront. Adieu, mon cher enfant, aimez-moi comme je vous aime, et que nos communs chagrins s'adoucissent par notre commune résignation aux décrets d'en haut. Je vous embrasse.

Prévère.

LETTRE XCIV.

CHARLES A MONSIEUR PRÉVÈRE.

De Lausanne.

Non, mon maître, non, mon bien-aimé maître, non! je ne tromperai pas votre attente.... Mais, grand Dieu!.... jusqu'où la plainte m'est-elle permise?... Le sanglot me suffoque!.... Ne craignez point.... je dompterai.... Mais qu'à ce premier moment les larmes ruissellent ; que le cri d'une affreuse douleur, puisse s'échapper de ma poitrine oppressée !

Louise dépérit? Bon Dieu! bon Dieu! prenez ma vie.... et sauvez-nous! Louise dépérit? elle se glace, elle va s'éteindre?... Monsieur Prévère! il faut que je puisse voler auprès d'elle ! Il faut que je la voie !... Je la réchaufferai de mes caresses, je la ranimerai de mes étreintes, de mon souffle.... Suis-je donc un monstre dont l'approche souille?.... dont l'attouchement puisse salir?.... Parlez à son père, Monsieur Prévère; dites-lui que, moi seul, je sais le secret de réjouir sa Louise, de toucher à ses blessures sans les irriter, à ses douleurs pour les endormir!... Dites-lui que je ne veux pas sa main, que j'y renonce à tout jamais; mais que, son cœur, c'est moi qui sais y pénétrer, pour y faire luire la joie, pour y faire renaître le calme, pour y ranimer la chaleur, la vie!... Dites-le-lui, conjurez-le, qu'il se hâte, qu'il m'appelle! J'en ai le pressentiment, je lui sauverai sa fille, et, après l'avoir sauvée, je m'éloignerai....

Bon Dieu! quoi! est-ce vrai?... le déclin, des alarmes!.... Entendez-vous donc un danger?.... la mort!!... Ah! malheur inouï! coup épouvantable!.... doute qui glace de terreur!!... Qui est donc ce monsieur Reybaz qui tue son enfant.... qui la retient dans ses serres.... qui ne lâche pas, quand elle crie merci?... Je vous offense, Monsieur Prévère, mais je dis la vérité. Comment comprendrais-je, comment pourrais-je concevoir cette impitoyable volonté.... Je suis enfant trouvé, mais pas infâme!..... et plutôt que de me rendre sa fille, il va la perdre, il va nous perdre tous, et lui avec nous!.... Mystère impénétrable!.... Ignoré-je quelque chose que les autres connaissent?.... Suis-je souillé sans le savoir?... Ah! dites, dites, mon maître..... Que m'importe à moi? et je saurai du moins pourquoi ce père est barbare; et au lieu de détester sa cruauté, je l'excuserai, je la justifierai, je ne maudirai que moi-même....

Angélique Louise! céleste fille! créature adorable et adorée!... Non! non! je ne descendrai point de ce rang où vous m'avez mis, en fixant sur moi votre amour et votre choix!... Modèle et martyr de toutes les vertus, et de toutes les affections, non! vous n'aurez point à rougir de m'avoir estimé..... Non! je suivrai vos traces, je me nourrirai, je me rassasierai de vos exemples!... Votre seule image m'exalte, me transporte, me remplit d'une force invincible.... et cette couronne ne me sera point ôtée! Je le jure entre vos mains, mon digne maître, je le jure solennellement. Je veux persévérer. Je veux monter, et non pas descendre. Je veux me rendre digne, égal, et non pas demeurer inférieur. Je veux m'apprêter au combat, triompher dans ces luttes, conquérir ces sublimes et chrétiennes vertus..... Je suis l'ami de Louise, l'époux de son cœur! je suis l'espoir de M. Prévère, et le trésor de sa vieillesse!...

Comptez donc sur moi, mon bien-aimé maître; cette mer de douleurs ne me submergera pas. Grâce à vous, je me sens dans la voie; j'ai compris vos paroles, vous ne serez pas déçu. Mon cœur est transpercé de mille traits aigus, mais je gouverne ses bonds; et c'est sans délire, sans transport, que je vous presse de nouveau, et avec instance, d'implorer M. Reybaz pour qu'il m'appelle, pour qu'il s'en fie à ma tendresse pour sa fille, du soin de la fortifier sans secousse, et d'ajouter à cette mélancolie le levain de l'espoir, du contentement. Mon malheur est pour beaucoup dans la peine de cet ange compatissant: qu'elle m'ait donc vu satisfait, courageux! Ma fougue est pour beaucoup dans ses appréhensions: qu'elle m'ait donc vu changé, ferme, préparé à tout! C'est une montagne de pitié, d'angoisse, que j'aurai ôtée de dessus son cœur, et alors..... alors, cette crise sera finie, le rongement sera détruit, le ver ôté..... sur l'aile de la paix, la force et la santé reviendront.... L'idée m'est venue de partir sur l'heure, d'aller me jeter aux pieds de M. Reybaz; il est seul à la Cure, je ne pouvais troubler que lui, irriter que lui..... J'ai craint de vous déplaire.

J'attends quelques lignes, un mot de vous, mon bien-aimé maître; vous ne me laisserez pas dans cette mortelle angoisse!

Votre affectionné,
Charles.

LETTRE XCV.

MONSIEUR PRÉVÈRE A CHARLES.

De Mornex.

Gardez-vous de bouger, de vous montrer, mon bon ami. Ce que vous m'avez demandé de faire, je l'avais déjà tenté ; mais sans succès. Oui,... c'est votre naissance. Il est des choses que vous ignorez, qui m'attachent à vous, qui effraient M. Reybaz, qui sont inconnues de Louise. Ces choses, vous les apprendrez de moi, mon enfant ; car il n'est plus temps de les taire, et vous êtes mûr pour les connaître. Mais sachez attendre. Dans ce moment, je suis à Louise tout entier, et le calme me manque, ainsi que le loisir, pour vous faire ces révélations, qui n'ôteront rien à ce que vous êtes, qui ne changeront rien à votre carrière, qui ne seront pas même une épreuve digne du courage et de l'élévation qui respirent dans votre lettre. J'ai reçu votre solennel serment; je le porte dans mon cœur, comme un présent que vous m'avez fait, et qui me paie avec usure des soins que je vous ai donnés, et des larmes que vous m'avez coûtées. Que Dieu soit béni, qui a béni mon ouvrage!

A l'avenir, je vous entretiendrai de Louise. Je n'ai rien à ajouter à ce que je vous ai mandé à son sujet, il y a si peu de jours. Adieu, mon cher enfant; je vous embrasse avec tendresse.

Prévère

LETTRE XCVI.

LE CHANTRE A LOUISE.

De la Cure.

J'ai retiré un grand bien de votre lettre, mon enfant; et, n'étaient ces maçons qui refont le mur, et cinquante affaires qui m'assaillent pour profiter de ce que je suis là, bien sûr que je vous aurais répondu plus tôt. Aujourd'hui, je ne le ferai qu'à moitié, tant à cause de ce que le loisir me manque, qu'à cause de ce que je vais vous revoir tout à l'heure.

J'ai fait toutes vos commissions, et, notamment, j'ai donné de votre part, à votre orpheline, une paire de sabots, toute ressemblante à des souliers forts, en ce que le cuir en est vernissé, et la tranche du bois dissimulée le long de la semelle. Ils assurent que c'est bon et solide. A tout événement, j'ai fait entendre à la petite que ce sera sa parure du dimanche, et quand les chemins seront secs. Elle a eu bien du plaisir de cette largesse, et ne s'est pas mise en peine de le cacher. Seulement ai-je soupçon qu'elle n'a pu attendre au dimanche ; car, vendredi, je la vis de loin, qui allait en champs, et il me sembla voir reluire quelque chose à ses pieds ; quand d'ailleurs, au lieu d'accourir comme de coutume pour me saluer, elle se prit à chasser ses chèvres, et à disparaître derrière la haie des Olivet. La toilette est l'instinct des femmes ; et, à partir d'Eve, plus d'une a répondu à la tentation.

Je vous porterai (outre une lettre qui est arrivée ici pour vous) le rouet et le meilleur de mon chanvre, tant en nature, pour que vous teilliez, qu'en filasse pour que vous nous fassiez du fil ; de cette façon, l'ouvrage sera plus varié. Du chanvre à la chemise, il y a loin ; c'est pourquoi, ayant visité les miennes, j'ai trouvé que, l'an qui vient, plusieurs auront besoin d'être remplacées ; et j'ai parlé au tisserand, qui s'engage à me rendre une pièce en septembre, moyennant qu'il ait le fil à Pâques, ou à Pentecôte au plus tard. Voici donc de la besogne, mon enfant ; voici les veillées et le feu au foyer. Si je vous vois la quenouille en main, il me semblera que nous avons r'avancé d'un bon bout vers la tranquillité d'autrefois. Soyez certaine qu'il y a, dans cette roue qui tourne, dans cette cadence du pied, dans ce murmure de la mécanique, une sorte de chanson domestique, qui est pour le trouble intérieur, comme sont, à l'enfant qui crie dans son berceau, les vieilles chansons du temps passé. Je vous porte, en sus, l'almanach de cette année, qui est fertile en histoires, les unes pour la surprise, les autres pour le rire; et une image figurée du grand tremblement de terre, qui est arrivé en Italie, par rapport au Vésuve. M'étant aperçu, déjà au psaume, où la lettre est grosse, que l'âge m'alonge la vue, et voulant toutefois vous faire cette lecture moi-même, j'ai acheté à Genève une paire de besicles, qui rapprochent que c'est plaisir. Ils disent que c'est le second numéro.

J'écoute bien tous vos conseils, mon enfant, et encore mieux en ces matières pieuses, où Jésus notre Seigneur a dit, que les enfans les entendent à l'égal des savans, si ce n'est mieux. Je ne suis ni un savant ni un enfant, tout au plus un simple, qui peut recevoir la sagesse de quiconque; mais surtout de vous, Louise, parce que votre vie est pure, votre nature pieuse, et votre discours parfumé de l'amour que je vous porte. J'ai confiance en Dieu; ou bien que deviendrais-je? Je m'appuie sur lui, ou bien sur qui m'appuierais-je? Et pensez-vous que l'exemple de la pauvre Crozat, qui, plus d'un an durant, lui a retiré sa confiance pour y revenir après, soit une trace que je voulusse suivre? Heureuse encore que, pendant ce séjour qu'elle a fait sur la montagne, Satan ne l'ait pas tentée comme il fit notre Seigneur, et envahie à ses ténèbres! Mais c'était une femme victime plutôt de son trop de foi, que de son incrédulité; et Dieu qui est bon s'est tenu avec elle, ainsi qu'un chien fidèle fait la garde autour de son ivrogne, étendu sur le grand chemin.

Ce pour quoi je vous écris, mon enfant, c'est pour vous prier d'une commission auprès de M. Prévère. Il vous reviendra; mais, pour dimanche, il faut qu'il soit à la Cure : c'est à cause d'un accès de goutte qui retient chez lui M. Dervey, ainsi que sa femme m'en a fait prévenir tout à l'heure. S'il veut donc partir après-demain, vendredi, nous nous croiserons en route; puisque je quitterai la Cure, ce jour-là, vers dix heures, pour ne m'arrêter qu'à Genève, où j'achèterai cette robe de Marthe. Ainsi, ces deux jours écoulés, j'aurai la joie de vous retrouver, mon enfant, et de vous serrer dans mes bras.

Votre affectionné père.
Reybaz.

LETTRE XCVII.

MONSIEUR PRÉVÈRE AU CHANTRE.

De Mornex.

Je ne serai à la Cure que samedi, mon chèr Monsieur Reybaz, afin de rester un jour de plus auprès de Louise, et aussi, afin de passer quelques momens avec vous. Mon amitié pour vous est inaltérable, et j'espère que la vôtre est à l'épreuve des déplaisirs que je puis vous causer à bonne intention.

Ce départ, dans ce moment, me contrarie vivement. Tout au moins je compte revenir au plus tôt, si cette attaque de goutte ne se prolonge pas. Pour le corps, Louise ne va pas mieux, tant s'en faut : certains symptômes de fièvre se sont déclarés, et le médecin nous a fait visite ces deux jours de suite. Au moral, il y a moins d'angoisse, des momens d'un calme entier. Avant-hier, elle fit une petite excursion, portée sur l'âne; mais hier et aujourd'hui elle n'est pas sortie. Vous la trouverez, ou elle vous paraîtra, un peu changée; veuillez surveiller votre émotion, et ne provoquer aucun ébranlement. Tâchez d'arriver entre deux ou trois heures, j'irai seul à votre rencontre.

Adieu, mon bien cher Reybaz, recevez mes tendres amitiés.

Prévère.

LETTRE XCVIII.

LE CHANTRE A MONSIEUR PRÉVÈRE.

De Mornex.

J'ai voulu, Monsieur Prévère, laisser passer ces quelques jours avant de vous donner des nouvelles de la petite : aussi bien, quand vous veniez de la quitter, que vous aurais-je appris ? Je ferais mieux d'attendre à demain, que le médecin viendra, pour savoir vous dire si elle a de la fièvre ; mais j'en ai peu la patience, et, à la voir tranquille comme elle est, et vaquant à divers soins, j'aime mieux vous faire partager mon contentement, et l'idée où je suis que la fièvre a passé outre, sans attendre le docteur.

Le vrai docteur, c'est vous, mon bien cher

Monsieur. Venu à temps, vous avez tempéré, adouci, et ramené cette habitude paisible, où, depuis cette catastrophe, je n'avais plus revu ma Louise. Cette tristesse douce où je la trouve, c'est contentement, c'est joie, en comparaison de cette douleur comprimée où elle se consumait. En même temps que la contrainte s'est dissipée, ses caresses auprès de moi sont redevenues plus aisées, et son parler plus tendre. En outre, au lieu de cette nonchalance de l'affliction, d'où elle ne sortait que pour me complaire ou pour me leurrer, elle vaque librement à des choses diverses, et s'est refait un emploi des heures. Elle lit dans les livres que vous lui avez apportés, elle a repris ses habitudes d'écrire, et jusqu'à son rouet, que, ces deux soirs, j'ai vu tourner, avec un contentement qui me serait malaisé à dire avec des mots. C'est seulement quand j'ai voulu, comme autrefois, lire des histoires dans l'Almanach, que je lui ai trouvé le cœur gonflé par-dessous sa contrainte : soit que l'histoire ne lui allât pas (c'était celle d'un père de famille retiré d'un puits), soit qu'encore trop liée à sa peine, ces choses du monde la blessent, en l'en distrayant. Bien vite, j'ai abrégé l'histoire, sans avoir l'air, et refermé le livre comme s'il m'était importun à moi-même. Ce n'était qu'un nuage, ainsi elle s'est remise bientôt. Tout ceci m'a comblé d'aise à son sujet, et de reconnaissance envers vous, Monsieur Prévère; en sorte que, si ce n'était prématuré, et qu'il ne faut pas se glorifier du raisin avant que la grappe soit cueillie, je dirais que, par la bonté de Dieu, nous touchons au terme de cette crise cruelle, après laquelle ceci déjà me semble le paradis dès ce monde!

Je lui ai remis cette lettre que j'ai apportée de la Cure, sans lui rien demander, mais sans en rien apprendre, contre son ordinaire, qui est de m'indiquer la chose en deux mots. Et si j'avais eu le soupçon tourné de ce côté, je n'aurais pas été emprunté de savoir où le diriger; car c'est de ce moment qu'elle s'est mise aux écritures, où elle passe trois heures de matinée. En d'autres temps, peut-être m'en soucierais-je, mais je suis devenu jaloux des heures de répit que Dieu m'accorde, et je n'ai garde d'en aller rompre l'équilibre par quelque faux mouvement. D'ailleurs, j'ai confiance en ma Louise, et, pour ce qui est de la curiosité, là où les meurtrissures saignent, elle ne démange guère.

J'ai trouvé Marthe quasiment plus changée que Louise, pour ce peu de temps que j'ai été loin d'elles. La pauvre femme est cassée, et comme engourdie de ses membres, sans que je puisse dire que ce soit la fatigue du service, lequel est bien plus léger qu'à la Cure. Pareillement, son regard est terne, et son visage si sombre, que j'en suis à craindre que Louise ne s'y attriste. J'ai voulu savoir : elle s'est tenue secrète. J'ai voulu la réjouir de ce mieux qui est en Louise : sans contredire, elle a coupé court. J'ai pensé alors, que ses regrets pour ce malheureux (dont elle ignore l'opprobre), ravivés par ce présent qu'il lui a fait, lui ont remué le cœur; et, voyant ses yeux se gonfler de larmes, j'ai abrégé l'entretien

La messagère attendant ce papier, force est de le clore, quand j'aurais encore plus d'une chose à vous dire. La plus urgente, c'est de vous presser de revenir, en tant que ce vous sera possible, pour achever votre œuvre; et, une fois nos quartiers d'hiver bien établis, nous vous laisserons à vos ouailles. A l'heure qu'il est, vous avez vu la chambre de Louise, et je serai aise d'en avoir votre avis. Le mur doit tirer sur sa fin; il faudrait du beau pour sécher.

Votre respectueux et affectionné,
REYBAZ.

LETTRE XCIX.

M. PRÉVÈRE A M. ERNEST DE LA COUR.

De la Cure.

Monsieur,

Si quelques semaines se sont écoulées depuis que j'ai reçu votre étrange lettre, c'est que j'avais d'abord formé le projet de n'y pas répondre. En la relisant aujourd'hui avec plus de sang-froid, je reviens sur ma détermination, et je prends la plume.

En effet, Monsieur, vous me paraissez être dans une situation d'âme qui mérite compassion. Je vous plains sincèrement, je viens vous offrir mes conseils ; mon amitié vous appartient, comme à tous les malheureux qui peuvent y trouver quelque soulagement ou quelque secours. Quant à mon estime, il ne tient qu'à vous de l'obtenir; mais ce ne sera qu'au prix du courage, du sacrifice, et de l'accomplissement de devoirs dont vous me semblez méconnaître la sainteté.

Comment! Monsieur, vous me parlez d'estime, vous me parlez de changement dans vos principes ou dans votre cœur, lorsque, en même temps, vous vous présentez à moi comme un homme qui s'est laissé devenir le jouet de sa passion, comme un fils qui fait le tourment et l'effroi de sa mère ; qui, chose impie! après avoir, une fois déjà, tenté de s'ôter la vie, semble n'avoir pas renoncé à ses criminels projets, mais se faire du suicide une ressource, une menace, et qui oublie, dans son brutal égoïsme, et la loi de Dieu, et les pleurs de sa mère! De l'estime? Monsieur. Non! non! du mépris sur vous, du mépris sur votre mémoire, si jamais vous pouviez accomplir ces lâches desseins. Et vous parlez de vos erreurs passées!... Elles ne sont rien au prix de vos égaremens présens! de votre admiration pour Mlle Reybaz, de votre culte pour ses vertus, de votre insatiable désir d'être jugé digne d'elle!... Ah! Monsieur, vous vous méprenez ; et si, du même cœur, vous croyez pouvoir caresser le crime et adorer la vertu, offenser Dieu et mériter l'estime, c'est ailleurs qu'il faut adresser vos vœux, vos hommages ; ici, ils ne seraient ni agréés, ni même compris.

Revenez à vous, Monsieur Ernest, revenez à vous. Vous dites que votre âme s'est épurée : voici l'heure de le montrer ; car il est digne de louange, digne d'admiration, de se relever de la chute, et les plus belles palmes ne sont pas pour ceux qui ne faillirent jamais, mais pour ceux qui, du fond de l'abîme, reprennent, par un effort sublime, leur essor vers les hauteurs. Vous êtes malade, vous êtes à plaindre, vous m'inspirez une vraie pitié ; mais rien n'est perdu, la miséricorde de Dieu est bien plus grande que vos péchés, de vous dépend la victoire. Voulez-vous mon aide? je vous l'offre ; mes secours journaliers? venez à moi ; venez, pauvre âme, venez, mes entrailles sont émues pour vous ; venez, je vous accueillerai, comme ce père accueillit l'enfant prodigue ; venez, je panserai vos blessures, et bientôt convalescent, bientôt plus fort, bientôt vainqueur, vous jouirez de la paix de Dieu, du contentement d'esprit, des joies de votre mère, de l'estime assurée de celui qui vous parle à cette heure !

Je découvre, mon cher Monsieur, dans votre lettre, tous les sophismes de la passion, tous les détours de la faiblesse, toutes les ruses du désir. Votre âme est sans gouvernail, elle flotte au gré du vent orageux qui ne la pousse pas même vers les rives où elle s'imagine tendre. Aussi, je ne m'étonne point qu'elle ait failli se briser contre les écueils; mais je m'étonnerais que vous ne fissiez rien pour la sortir de cet état dangereux. Voulez-vous que je vous dise, Monsieur Ernest, à quelle époque elle commença à devenir ainsi le jouet des vents? C'est quand le plaisir, quand la dissipation, les compagnies légères, les propos railleurs, en eurent chassé les derniers restes de religieuse candeur, de pieux principes. Alors elle se trouva libre, mais pour se retrouver plus tard honteusement asservie aux passions, qui sont des maîtres rudes, ingrats, brutaux, n'est-ce pas? Monsieur Ernest; des maîtres qui frappent comme Dieu, et plus fort que Dieu, mais qui abrutissent, au lieu qu'il sanctifie, qui dérèglent, au lieu qu'il réforme, et qu'il sauve. Revenez donc à ce Maître, mon bon ami, rebroussez dans vos sentiers jusqu'au point où vous l'avez quitté, et demandez-lui humblement son pardon et son aide! Alors vous retrouverez, et un gouvernail, et une boussole; vous connaîtrez où vous êtes, vous dominerez l'orage, et vous éviterez les écueils! L'expérience précoce que vous avez faite des plaisirs du monde et de toutes les doctrines, de tous les principes, de toutes les voluptés auxquels on peut enrôler son corps ou son âme, doit prêter à vos yeux de la force aux vérités que je proclame ici; car le pécheur en sait plus sur la vanité de ces choses, que le juste, et vous n'avez pas promené votre jeunesse, de ténèbres en ténèbres, sans connaître aujourd'hui ce que vaut la lumière.

Après ces exhortations, que vous ne trouverez pas déplacées, Monsieur, dans la bouche de votre pasteur, et que vous imputerez à l'intérêt sincère qu'il vous porte, j'en viens à ce qui fait l'objet de votre lettre. Je ne suis pas au fait des choses sur lesquelles vous me demandez de vous éclairer. Seulement, j'ai lieu de croire, d'après quelques mots que m'en a écrits M. Reybaz, que les assertions de madame votre mère sont fondées sur des ouvertures qui ont effectivement eu lieu entre elle et lui. Mais si j'ignore la nature précise de ces démarches, je sais malheureusement assez d'autres choses qui me mettent à même de vous répondre, et c'est ce que je vais faire avec la plus entière franchise.

Mademoiselle Reybaz, Monsieur, est aujourd'hui dans un état de langueur qui inspire les plus vives alarmes ; je la considère, moi, comme mourante ! Après ce duel dont vous parlez, M. Reybaz retira sa parole à M. Charles, et il lui ôta sa fille. C'est à partir de ce jour que celle-ci a été en proie à un dépérissement qui suit son cours, et qui approche de son terme. Ainsi, Monsieur, dès ici, chassez tout espoir, et prenez le deuil, non pas de vos vœux seulement, mais aussi de la plus angélique créature qui ait jamais visité la terre. Mais, il y a plus ; mademoiselle Reybaz aurait vécu, elle serait destinée à vivre, qu'encore faudrait-il vous désister de toute prétention à obtenir sa main. Son cœur s'était donné à Charles, et elle lui a déclaré, à lui-même, qu'il ne se sera donné qu'une fois. Elle meurt pour avoir été arrachée à l'ami de son choix ; certes elle n'aurait pas vécu pour s'unir à un autre.... à vous, Monsieur, qui avez provoqué Charles, et qui, involontairement, je veux le croire, mais avec une coupable imprévoyance, avez été le premier auteur du coup sous lequel il gémit, et sous lequel elle succombe !

A vrai dire, Monsieur, je me suis étonné de la légèreté avec laquelle vous passez sur ce duel funeste, et encore plus, que vous n'ayez pas compris la situation dans laquelle il vous plaçait vis-à-vis de mademoiselle Reybaz, situation dont l'honneur seul, votre honneur mondain, à défaut de motifs plus élevés, vous faisait une obligation de ne pas sortir. Comment donc? Est-ce sur la ruine d'un enfant, qui n'avait rien au monde que ce que vous lui avez ôté, par les conséquences de votre injuste provocation, que vous auriez dû vouloir établir votre triomphe? Est-ce tout que de croiser le fer? et cela suffit-il pour anéantir le passé, pour blanchir l'avenir? Avez-vous pu croire?... Mais, Monsieur, l'égoïsme de la passion vous aveugle entièrement! Au lieu de gémir sur vous-même, gémissez donc sur cet infortuné dont vous avez dépouillé la destinée, perdu le bonheur sans retour! Voyez les maux dont vous avez été la cause; et si vous voulez vous corriger et revenir à la vertu, commencez par vous guérir de l'affreux mal de n'aimer que soi-même! Reconnaissez enfin que mademoiselle Reybaz, revînt-elle à la vie, vous acceptât-elle pour époux, c'est vous, vous, Monsieur, qui devriez refuser l'honneur de lui appartenir!

Au surplus, Monsieur, il est des circonstances que vous ignorez peut-être, et qui, dans ce cas-là, seraient à votre décharge. Je ne puis ici vous parler qu'avec une extrême réserve. Il y a des secrets à garder, des ménagemens à avoir. Après que, à l'occasion de votre duel, M. Reybaz eut une première fois retiré la main de sa fille à mon protégé, M. Charles, il vit bientôt qu'elle ne supporterait pas ce coup porté à sa plus chère affection, et il se résolut par degrés à pardonner. C'était l'époque où l'on apprit votre criminelle tentative sur vous-même, et le départ précipité de madame votre mère.... c'était celle aussi où un homme, qui se dit l'ami de M. Reybaz, et qui sûrement connaît bien les préjugés et les faiblesses de cet homme respectable, commença à ourdir contre mon Charles une infernale trame. M. Reybaz, alors à Mornex, avait pardonné; il m'avait écrit de rappeler Charles. Son billet fut retenu par l'officieux ami,.... et trois jours après, ce misérable faisait passer à M. Reybaz des révélations sur la naissance de mon protégé. Ces révélations posèrent, aux yeux de mon ami Reybaz, d'infranchissables barrières entre Charles et Louise. C'est donc, de ce jour, et non plus à partir du duel, que date la ruine de ces deux enfans. Jugez maintenant vous-même si, dans aucun cas, vous auriez pu devoir la main de mademoiselle Reybaz au succès de ces ténébreuses et perverses machinations, dont je sais toute l'histoire et tout le résultat, mais dont la cause ou la source première est encore un mystère à mes yeux, à moins que je ne veuille la voir tout entière dans la méchanceté gratuite de cet homme, qui se nomme Champin.

Ce mystère, du reste, Dieu le connaît, et l'avenir le révèlera. L'on saura alors quelle main est allée rechercher dans les ténèbres, où la bonté de Dieu l'avait caché, ce trait empoisonné, qui, lancé si à propos, a frappé si juste, si avant.... trop avant! car le méchant fait une œuvre qui le trompe. On saura dans quel intérêt, pour quelle basse satisfaction, par quel ignoble mépris, je ne dis pas de toute charité, mais de l'humanité la plus vulgaire, a été entreprise, menée à bien, cette trame d'enfer ; et malheur! malheur alors, et dans le temps, et dans l'éternité, à ceux qui en auront été les instrumens ou les auteurs!... Malheur à eux! car ils ont immolé un ange ; ils ont dépouillé un noble jeune homme ; ils ont déjà porté le coup qui doit infailliblement abattre un digne père.... Malheur à eux! ou plutôt, veuille notre Père céleste, leur envoyer le remords, la pénitence, et les sauver par son fils notre Seigneur!

J'ai l'honneur d'être, Monsieur, avec une considération distinguée,

Votre dévoué,
Prévère.

LETTRE C.

LOUISE A MONSIEUR PRÉVÈRE.

De Mornex.

Il faut, mon cher maître, que je prenne la plume, pendant que j'ai encore assez de force pour la tenir. Je ne dispose plus que d'un petit nombre de jours, et, sur le point de vous quitter, j'ai tant de choses à vous dire! Déjà c'est un travail pour moi que de rassembler mes pensées, que de mettre quelque ordre dans ce que je vous écris, surtout que de me maintenir dans cette attitude de recueillement. Aussi, à chaque fois que je prends la plume, il me semble que ce doive être la dernière. Mais je laisserai des notes, afin que vous donniez suite aux intentions de votre

Louise, quand l'heure sera venue. Il s'agit de minces choses, mais auxquelles mon cœur attache du prix, et où, dès maintenant, il trouve la seule distraction qui lui convienne.

Avant d'en venir à l'objet qui me porte à vous écrire aujourd'hui, que je vous rende grâce, mon cher maître, pour les jours que vous m'avez consacrés. Je recueille les fruits de vos tendres soins : mon âme résignée se détache insensiblement de la terre, tous les cordages se détendent, je m'apprête à la séparation ; et cet état où je suis n'est pas sans douceur auprès de celui d'où je sors. Je ne sais si, destinée à vivre, j'eusse jamais retrouvé la paix, sans laquelle il n'est point de bonheur ; mais, aujourd'hui, si je ne puis dire que je sois heureuse, je suis du moins paisible : le calme n'est pas acheté par autant de contrainte, et le flot de mes douleurs, toujours amer, n'est pas orageux. Je trouve dans la prière, non plus seulement un exercice durant lequel l'auguste présence de Dieu impose silence à ma peine, mais comme un doux sommeil où se restaure mon âme. Je me rappelle vos entretiens, j'y cherche l'appui dont j'ai besoin pour ne pas chanceler ; et, certaine que j'approche du terme de ma vie, je franchis cet intervalle de jours qui m'en sépare, comme un chemin qui conduit hors d'une triste vallée. Oui, mon cher maître, je vous en donne l'assurance, je vois d'ici ma tombe, sans trop d'effroi : c'est la couche où je vais m'endormir dans le sein de Dieu, et dans le souvenir de mes amis. Après un peu de temps, ils m'y auront portée ; et, tandis que maintenant ils sont désunis à mon sujet, ils s'uniront alors à cause de moi, ils s'aimeront à cause de moi, ils m'appelleront au milieu d'eux, et j'y serai présente. Je le leur dis aujourd'hui que ma voix leur parle encore, pour qu'ils s'en souviennent quand ma voix ne leur parlera plus.

J'en viens, mon cher maître, à cet objet dont je ne veux pas confier le secret à des notes éparses, qui pourraient tomber sous d'autres regards que les vôtres. A son retour de la Cure, mon père m'a remis une lettre qui n'était pas destinée à passer par ses mains, et dont le mystère ne doit être pénétré ni par lui, ni par qui que ce soit, si ce n'est par vous, peut-être..... Je l'ai brûlée. Ce sont des choses qui ont rapport à la naissance de Charles. J'ai hésité à ensevelir ce secret avec moi ; mais, après y avoir réfléchi, je trouve qu'il y a quelque utilité à vous le révéler, à vous seul, quand d'ailleurs il me serait pénible de commencer aujourd'hui à vous cacher quelque chose.

Seulement, mon cher maître, je mettrai dans ces révélations la réserve dont je crois ne pas devoir me départir, même vis-à-vis de vous ; afin que d'indiscrètes confidences ne vous gênent pas dans la direction des destinées de cet ami. Ainsi, je ne vous dirai pas comment je me suis procurée dans le temps la connaissance de ces choses ; je ne vous dirai pas tout ce que je sais ; mais tout ce que je vous dirai, sera exactement vrai.

Dès l'âge le plus tendre, dès l'âge de neuf ans, je crois, je me suis préoccupée de la naissance de Charles, lorsque lui-même n'avait point encore songé à s'en soucier. Dans mes enfantines illusions d'alors, voyant cet enfant si aimable, si rempli de qualités généreuses et brillantes, je m'étais persuadée qu'il ne pouvait être que le fils de parens nobles et infortunés : je supposais que, par une suite de romanesques aventures, ils avaient été conduits à le placer sous la sauvegarde de M. Prévère, jusqu'à ce qu'ils vinssent le redemander ; et, cette confiance si bien placée, me portait à les aimer sans les connaître. Cependant, ils ne venaient point. J'en conçus du chagrin, et je me mis en tête de rechercher leur trace, afin de rendre à Charles un nom et une famille. Ces recherches, que je ne pus étendre bien loin, n'aboutirent à rien ; et j'avais renoncé à les continuer, lorsque, il y a quatre ans environ, une circonstance fortuite[1] vint me mettre sur le chemin de la vérité. Je la sus tout entière; elle était telle, que je dus en faire mon secret; mais j'en reçus une impression profonde, et le bouleversement de mon âme occasionna cette maladie que je fis alors. Néanmoins, la découverte que je venais de faire ne fit que m'attacher davantage à Charles, en même temps qu'à vous, mon cher maître. C'est alors que je m'avouai, pour la première fois, la pensée d'être un jour son épouse, et de lui revaloir les biens dont il était frustré; c'est alors aussi, que le sentiment de sœur avec lequel je l'avais aimé auparavant, se changea insensiblement en ce sentiment plus vif, plus grave, plus profond, dont je l'aime aujourd'hui, et que j'emporterai dans la tombe.

Mais, ce qu'il importe que vous sachiez, Monsieur Prévère, et que Charles puisse savoir dans un avenir prochain, c'est que les auteurs de ses jours ne sont plus. Son père est mort depuis douze ans; et, cette lettre que j'ai brûlée, contenait l'annonce que, depuis un mois, sa mère a cessé de vivre. C'est pour détruire à cet égard tout espoir, comme toute crainte, que je me suis

[1] Voir au commencement de ce livre, lettre LXIII, le billet du curé de Gex, transcrit dans une lettre de M. Prévère.

déterminée à parler: voulant, avant de mourir, clore cet abîme, puisque la Providence semble m'y avoir appelée. Ainsi donc, quand le temps sera venu, dites à Charles qu'il est orphelin, et dites à votre ami Reybaz qu'il traite comme son enfant, celui que sa Louise a aimé comme un frère, et bien plus qu'un frère; dites à Charles, que, si à la vérité son père, issu d'une bonne famille, ne sut pas honorer le nom qu'il portait, sa mère, sortie d'une condition commune, et jetée dans une carrière de désordres, sut ne s'y pas corrompre, mais qu'elle fut l'appui et la consolation de celui qui l'avait perdue. Dites-lui qu'il peut honorer sans crainte sa mémoire; dites-lui qu'elle n'a eu ni à souffrir, ni à se dégrader dans sa détresse; dites-lui, enfin, qu'il peut la chérir;... car l'infortunée a pleuré, jusqu'à son dernier soupir, l'enfant qui lui fut brutalement arraché, pour être exposé dans la cour de M. Prévère!

Vous devinerez assez, mon cher maître, que je n'ai pas porté ce secret, durant quatre années, sans inquiétudes et sans hésitations. Plus d'une fois j'ai été tentée de le révéler à Charles; plus d'une fois, à vous; en tout temps, il a troublé mon repos, par la crainte que, de quelque part, un mot, un signe, une lueur, n'attirât de ce côté le soupçon ou le regard de mon père. Mais ce que vous ne devinerez pas, c'est que c'est ce secret qui m'a perdue..... Ce jour[1] où je demandai grâce à mon père, et où il s'éloigna, renonçant à me contraindre,.... ce jour où Charles m'était rendu ; bien plus ! où il ne m'était pas ôté encore..... ce jour-là, je sentis qu'il est des secrets mortels à connaître ! Demeurée seule dans ma chambre, et maîtresse de mon sort, il me sembla que je venais d'abuser de la confiance d'un père, en acceptant ses sacrifices, sans lui dire la vérité..... Il me sembla qu'en surprenant sa bonne foi, je me préparais ses reproches et ses mépris..... Je me figurai sa malédiction, comme suspendue sur ma tête, comme prête à m'écraser, s'il venait à découvrir que je l'eusse trompé, et, selon ses idées, déshonoré..... Subjuguée alors, éperdue, je me livrai, je livrai ma vie,.... je la livrai contre votre conseil, malgré votre suppliante prière, malgré la prophétique tristesse de votre regard, mon cher maître.... Vous savez maintenant le motif d'une résistance qui dut vous affliger, mais que j'ai trop cruellement expiée, pour que j'aie besoin d'implorer votre pardon.

Voilà ce que j'avais à cœur de vous dire, Monsieur Prévère ; et combien de choses encore !....

[1] Voyez, au troisième livre, la lettre XVI.

mais je manque de courage pour poursuivre.....
Ce passé, dès que je m'en approche, me ressaisit à lui; et ce sont, pour m'en arracher, de nouveaux déchiremens..... Ces larmes, que j'avais cru taries, jaillissent et m'inondent.........

. . . .

Quel riant soleil enchantait de ses doux rayons ce futur hyménée!..... O mon maître! ma tristesse est mortelle : la douleur me voile les cieux!... Où est votre main qui me guidait au sépulcre?...

. . . .

Je voulais vous parler de mon père, mais la plume échappe de mes doigts. Vous trouverez, dans mes papiers, quelques directions que je vous prie de suivre à son égard, et une lettre pour lui, où je tâche d'amollir sa douleur. Y parviendrai-je? Je ne sais; mais je sais que, de mes mains, il passera dans les vôtres. Je ne vous le recommande pas, je vous le confie, à vous, Monsieur Prévère, et à Charles. Tous les deux vous connaissez de quel amour il m'aime, de quelle trempe est son âme; et tous les deux, mes tendres amis, vous connaissez avec quelle angoisse, avec quel effroi je le délaisse. Entretenez-le de moi, de sa Thérèse, de notre future réunion ; prévenez surtout, étouffez, dès qu'elle se montrera, cette voix de reproche qui, si elle vient à retentir dans son âme, y portera, dans le silence, le ravage et la mort, comme fait dans l'ombre de la nuit un fougueux orage. Redites-lui qu'il a usé de ses droits de père, comme il devait en user : selon ses lumières, sans autres guides que son inébranlable droiture, et sa tendresse infinie pour moi. Redites-lui, qu'un peu plus tard, il m'aurait perdue, parce que j'ai apporté peu de vie en venant au monde, parce que je suis née d'une mère faible et déjà malade quand elle m'enfanta; dites-lui, enfin, que je m'éteins avant le milieu de la vie, après en avoir savouré toutes les douceurs, et avant d'en avoir connu les souffrances; que je meurs, non pas comme Thérèse, ma mère, en quittant un époux et un enfant; mais libre, sans indissoluble attache, sans déchirure saignante; digne des regrets de ceux qui m'ont aimée, mais non pas digne d'être plainte, à moins que je ne dusse laisser après moi un père qui, abusé par sa propre tendresse, s'imputerait à reproche ce qui est une voie de Dieu, et peut-être une dispensation de sa bonté!

Quant à vous, Monsieur Prévère, que vous dirai-je? Ma voix est trop humble en tout temps, trop faible aujourd'hui..... Je suis votre créature, votre disciple; vous m'appelez votre amie : j'accepte, je chéris ce doux titre, mais non pas pour m'en prévaloir. J'ai vécu et je mourrai sous votre aile; vous aurez tout fait pour moi, sans qu'il m'ait été donné de rien faire pour vous ;... mais tel est, mon bien-aimé maître, l'abandon de votre Louise en votre céleste charité, qu'en vous laissant après elle une grande et difficile tâche, elle sait qu'elle vous laisse le seul héritage dont vous soyez jaloux, et le seul hommage dont vous soyez digne.

Votre tendrement affectionnée

LOUISE.

LETTRE CI.

JAQUES A SON PÈRE.

De Turin.

Vendredi dernier, je vas à la poste par l'ordre de not' maître, et en secret de Madame, pour quérir une lettre qu'il attendait de M. Prévère : c'était mon office de chaque jour, depuis deux mois durant. Ce jour-là, les gens du bureau me font signe qu'il y a quelque chose, et qu'on est à faire le triage. Bon, que je me dis, not' maître sera content, et moi aussi, que ce métier n'amuse guère. Pour lors, je me plante devant la porte à attendre. A ce moment, j'aperçois venir, du bout de la rue, la calèche, avec madame dedans, que je reconnais aux plumes blanches de son chapeau. Je m'enfonce dans l'allée : la calèche file devant la porte, comme un éclair; et, de ce mouvement, a dépendu la vie de not' maître, comme vous allez voir A cette heure, ils l'embaument, durant que nous autres nous fesons les paquets pour retourner au natal, où on l'enterrera, faute d'un coin ici, dans leur terre sainte qu'ils gardent pour eux, vous offrant la voirie.

La lettre reçue, je retourne à l'hôtel; et, bien avant d'y être, je rencontre not' monsieur qui me l'arrache des mains, fait sauter le cachet, et dévore le contenu. Comme je suivais, il se retourne disant : «Laisse-moi!» On était dans la rue du Pô. N'ayant où aller, je vas droit devant moi, jusqu'au pont, où je m'arrête à regarder un train de bois qui descend la rivière. Durant que je regarde, voici des dragons au grand galop, tout le monde s'espace, et puis la voiture du roi, et puis trois voitures de princes et de princesses, et puis encore des dragons, et puis la foule qui se referme derrière; d'où, brûlé de soleil et de poussière, j'entre dans un bouchon, où je me rafraîchis d'un demi-pot, et pas sans eau : car leurs vins, pour n'être pas chers, n'en vont que plus droit à la tête. En tout, j'avais bien employé une heure, quand je m'achemine vers l'hôtel. Voilà que, dès le bas de l'escalier, j'entends un tumulte ; je vois, sur une galerie d'en haut, le valet de chambre qui vaque effaré ; et, entré dans une salle, j'y trouve notre dame, qu'on entrepose sur une chaise longue. Elle était échevelée, les yeux fermés, du sang au bras et sur ses attifemens : le coup était fait. Not' monsieur, rentré à l'hôtel, avait forcé le secrétaire de madame, pour lire ses papiers ; après quoi, enfermé dans sa chambre, il s'est mis deux balles dans le cœur. Si donc, devant la poste, madame m'avait vu, aussi sûr comme j'écris, elle aurait voulu prendre la lettre elle-même ; et, retournée à l'hôtel, sa présence et son soupçon empêchaient ce malheur. J'en suis net : j'avais mes ordres.

Revenue à elle, madame a fait des plaintes et des sanglots, que c'était à fendre le cœur ; voulant qu'on la laissât auprès de son fils, et répétant toujours : « Misérable ! misérable ! » d'où j'étais scandalisé, croyant qu'elle traitait ainsi M. Prévère. Mais j'ai su ensuite que c'est un nommé *Champin,* de qui elle recevait, en secret de son fils, ces lettres qu'il a lues dans le secrétaire, et sur le vu desquelles il s'est détruit. Tant il y a que, dès le soir même, elle nous a fait venir dans sa chambre, moi et la femme de chambre qui sommes de la Cure, pour nous dire qu'on nous fera notre deuil et une gratification ; mais cette dernière, à condition seulement qu'on soit discrets, et qu'on n'écrive rien au pays de ce qui a eu lieu, mais seulement que son fils est mort d'une mauvaise fièvre, comme il n'en manque guère dans ce pays de soleil et de marécages, et pour les étrangers notamment. On lui a promis ; ce que je vous dis pour votre gouverne à tous, et surtout par rapport à la Cure, où, va-t'en le premier leur annoncer cette fièvre, tant à monsieur Prévère qu'à Reybaz, afin que madame sache qu'on a été discret, et qu'on puisse lui en fournir la preuve, en cas que, d'autre part, la chose se répande, comme c'est à croire.

Voici maintenant le fin de l'affaire, comme on le conte à l'office. Cette lettre de M. Prévère disait à not' maître que, quand bien même on a fait une manœuvre pour perdre M. Charles, en recherchant ses père et mère, qui se sont trouvés être des repris de justice, cette manœuvre ne lui profiterait pas à lui, M. Ernest, parce que mamselle Louise épouserait quiconque avant de l'épouser lui. Là-dessus, not' monsieur épouvanté force le secrétaire, et il y trouve la preuve de cette manœuvre faite par un nommé *Champin*, qui a reçu de madame cent louis pour la faire. Alors, se voyant tout ensemble déchu de son espoir, et perdu d'infamie, il s'ôte la vie, et, trois minutes après, la calèche arrive.

A vrai dire, depuis cette première de Verrèze, que l'hôte empêcha, notre maître n'avait fait que différer. Seulement, ces derniers temps, à partir d'une lettre qu'il écrivit à M. Prévère, et dans l'intervalle de la réponse, il avait repris un peu bonne humeur, hormis qu'à l'heure du courrier, quand j'arrivais les mains vides, il me fesait des fureurs à épouvanter une borne, comme si j'en pouvais mais. C'est depuis ce mieux que notre maîtresse se hasardait à le perdre de vue de temps en temps, et jamais plus d'une heure, dont bien mal lui en a pris, à la pauvre dame. Depuis le soir qu'elle nous a parlé, on ne l'a plus revue, si ce n'est la Rose qui pénètre dans sa chambre pour le service, et aussi le médecin pour prendre ses ordres, par rapport à l'embaumement, et un cercueil de plomb, où sera mis not' maître. Quant au jour du départ, on n'en sait rien encore; sinon que, ce matin, j'ai eu l'ordre d'aller à la police, pour retirer les passe-ports. Et bien aise que je suis d'en être revenu! Ils m'ont fait entrer dans un cabinet, où j'ai été questionné tant sur moi que sur mon maître, de façon que j'en tremblais de tous mes membres; sachant que, pour la politique, ils ne badinent pas, et que si on a seulement l'air, ils envoient maître et valet pourrir dans un cachot noir, à six cents lieues d'ici, au milieu d'une forêt, où l'on n'entend qu'un bruit de chaînes et de fantômes. J'ai dit que mon maître s'était tué par amourette ; et que, pour ce qui est de moi, je sers à table et je frotte les chambres, notamment que, l'autre jour encore, sur le pont du Pô, j'ai crié : Vive le roi ! avec les autres. Là-dessus, ils m'ont délivré, et je cours encore.

De tout ceci, reste à savoir ce qu'il adviendra : si je resterai au service, ou si madame me donnera la ferme, ou enfin quoi. En attendant, faites la guerre à l'œil, et saluez M. le Pasteur, à qui je donne raison, sachant qu'il n'est pas pour faire tort à personne ; et encore que si ça pouvait me nuire de lui avoir menti sur cette fièvre, je vous délie à son égard, et alors dites-lui tout, lui recommandant le secret, et que j'ai bien hâte de rentrer en pays chrétien, surtout étant de son bercail. Sur ce, bonjour à tous, et à la Jeannette, qui a bien fait de remoucher Paul Redard, sans quoi je la plantais là, et c'est pas lui qui l'aurait relevée.

Votre affectionné,

JAQUES.

PS. On s'en va par le Simplon, qui est une montagne creusée par Bonaparte, où il y a un grand trou dans le roc, s'ouvrant de ce côté-ci, et débouchant en Vallais. J'aimerais mieux le plein air, si ce n'est qu'il n'y a pas de route, et seulement des frimas, avec des brigands parmi, qui tirent sur tout ce qui a quatre sous. Que la Jeannette prie seulement bien, matin et soir, et vous tous. Une fois réchappé de ces repaires, faudra, pour que je m'y remette, qu'ils me viennent chercher.

LETTRE CII.

MARTHE A MONSIEUR PRÉVÈRE.

De Mornex.

Soyez ici ce soir, Monsieur le Pasteur ; je succombe à maintenir ce père. Que sa fille trouve au moins un abri pour s'éteindre !

Il y a quelques jours que ma chère maîtresse me parla de sa mort, qu'elle sait prochaine. C'était à propos de papiers, qu'elle veut vous faire tenir en cachette de son père. A diverses fois depuis, elle m'a pressée de couper ses cheveux, dont elle veut disposer elle-même, et je m'y étais toujours refusée, quand, hier au soir, voyant qu'elle s'apprêtait à s'y fatiguer, je pris de ses mains les ciseaux, et, aveuglée par les pleurs, je coupais ces chères dépouilles.... A ce moment, M. Reybaz, que nous avions cru couché, est entré !... Il voulait parler, mais sa voix s'est brisée en un gémissement, et, sans achever, il est sorti.... J'ai obtenu de ma maîtresse de demeurer, et de se mettre au lit, à condition que je ramènerais son père auprès d'elle... Je l'ai trouvé dans la salle d'en bas, debout, sans lumière, et en proie à cette angoisse muette qui est chez lui signe de véhémence.... Sans m'écouter, ni me répondre, il m'a suivie, pour demeurer distrait et fixe, durant que sa fille l'accablait de caresses et de propos du ciel.... Sorti de la chambre à minuit, il ne s'est pas couché; et, au petit jour, il a fait partir une lettre.

En ce moment, il se promène dans le jardin en regardant à la fenêtre de mamselle Louise, vers qui j'ai hâte de retourner, voulant, si je puis, la retenir au lit, et l'empêcher de descendre, avant que vous soyez arrivé... Elle sait que je vous écris.... J'envoie par le char de Chevalier, qui vous ramènera... Dans cinq heures, vous pouvez être ici. Ne tardez pas, par pitié pour votre servante,

MARTHE.

LETTRE CIII.

LE CHANTRE A CHARLES.

De Mornex.

Celui qui vous a été rude et contraire dès votre bas âge, tant par instinct que, plus tard, à cause de la tache que vous ignorez, revient à vous... Prenez sa Louise !

Je suis tardif à vous appeler.... Encore est-ce l'épouvante qui m'y dompte.... Déjà elle prenait congé de la terre.... J'ai vu sa chevelure ravie par elle au sépulcre, pour vous être conservée !... Venez donc, pour l'amour d'elle ; sauvez-la, et que mon cœur vous bénisse à meilleur droit qu'il ne vous maudissait durant cette noire tourmente !

Votre père et votre mère, Charles, ont vécu de crime, et péri dans les cachots! Vous êtes le fruit perdu de leur adultère!... Apprenez ces choses, maintenant que, cette tache livide, je l'accepte, que je veux l'effacer, et ma Louise la blanchir.

REYBAZ.

CINQUIÈME LIVRE.

LIVRE CINQUIÈME

ET DERNIER.

Dès que j'eus reçu la lettre que l'on vient de lire, je volai à Mornex. M. Prévère y était arrivé dès la veille. A partir de ce jour, nous demeurâmes réunis autour de Louise, et toute correspondance cessa entre nous.

Ainsi, cette lettre clôt cette histoire, dont il n'est que trop aisé de présager l'issue. Je pourrais m'arrêter ici, et j'en étais tenté, car le mystère convient à ces tristes jours, et d'ailleurs tout récit est froid auprès de ces lettres où chacun des personnages tour à tour se peint et répand son âme. Toutefois, je frustrerais à regret cette affectueuse curiosité que je me plais à supposer chez ceux qui ont poursuivi jusqu'ici la lecture de cet écrit ; c'est pour y satisfaire, que je vais ajouter quelques pages aux pages qui précèdent. Mon intention n'est plus de peindre, de faire revivre tant de sentimens et de passions qui s'agitent encore autour de Louise mourante ; mais j'essaierai, dans un simple et court récit, de conduire rapidement à leur terme, ceux des faits de cette histoire que le livre précédent laisse inachevés.

J'étais parti de Lausanne dans l'après-midi ; je traversai Genève à dix heures du soir, et, vers onze heures, je gravissais le côteau de Mornex, sans savoir vers quelle habitation diriger mes pas. Mais M. Prévère, instruit dès le matin de la démarche de M. Reybaz, avait calculé l'heure de mon arrivée, et prévenu mon embarras. Comme j'arrivais au sommet de cette montée qui s'élève en chaussée, au-dessus d'une carrière déserte, j'aperçus un homme assis. A mon approche, cet homme se leva : je reconnus le Chantre, et je volai vers lui. Il ne put rien me dire, mais, pendant que je le serrais dans mes bras, je sentais sa poitrine tressaillir avec violence. Avant de me guider vers la maison, il s'assit de nouveau, s'efforçant en silence de modérer sa douleur, et d'en faire disparaître les traces. C'est dans ce moment qu'un bruit de pas nous annonça l'approche de M. Prévère. Il avait voulu laisser libre cette première entrevue, et il se joignait ensuite à nous pour me presser dans ses bras, et pour tempérer l'affliction de M. Reybaz.

«Nous sommes, dit-il bientôt, trois infortunés que la main céleste frappe de toute sa rudesse... nous ne laisserons pas pour cela de la bénir. Charles est préparé... Monsieur Reybaz l'est moins, de qui les yeux se sont dessillés plus tard, parce qu'il vivait près de cet ange, dont la patience et la douceur sont un irrésistible leurre... Qu'il fasse donc un fervent appel à Dieu, qu'il s'appuie sur nous, que surtout il songe à sa fille envers qui il peut tant encore, soit que Dieu veuille nous la rendre, soit que........»
M. Prévère ne put poursuivre. Sa peine, ainsi que la mienne, devenait muette en face de celle du Chantre, et nous étions en proie à cette compassion énergique à la fois et stérile, qui fait bouillonner le cœur, et tarir la parole. Nous nous acheminâmes en silence vers la maison.

De tous les personnages de cette histoire, M. Reybaz est celui qui se peint le mieux dans ses lettres. Chacun a pu y voir de quelle trempe était son âme, droite, sensible, pieuse, digne d'une rare estime, mais tenace et obstinée. Au

fond de cette âme, un préjugé, ou, comme
M. Reybaz l'appelle mieux encore, un instinct,
qui, chez lui, tenait de l'honnêteté plus encore
que de l'orgueil, fut le ver qui devait la ronger,
pour la résoudre un jour en poussière. Il ne m'avait jamais aimé, jamais connu peut-être, et, à
l'exception de ce court intervalle, pendant lequel
il consentit à voir en moi le futur époux de sa
fille, durant vingt années de sa vie, dès mes plus
jeunes ans, il s'était roidi contre moi, roidi
contre mes vœux, contre mon approche; jusqu'à
ce moment fatal, où, ma naissance lui étant dévoilée, il frémit d'horreur, et posa cette barrière
qu'il ne voulait plus franchir. C'est seulement
alors que commença pour lui le vrai combat, et
que cette véhémence, dont il parle souvent dans
ses lettres, dut être employée tout entière à
maintenir son âme, entre l'effroi où le jetait le
déclin de sa fille, et l'effroi non moins grand
d'accepter la tache qui ne se lave point. Sans
doute il s'aveuglait par momens sur l'état de
Louise; d'autres fois il comptait sur ses prières,
sur la pitié de Dieu envers cette créature innocente; néanmoins, à partir de ce moment, son
calme ne cache plus que des tortures, et l'on
sent que son âme est près d'être précipitée
de ces hauteurs où elle se cramponne à tant

d'effort, lorsque, guidé par la tendresse, ou poussé par l'angoisse, il entre dans la chambre de Louise.... A la vue de cette chevelure coupée, seulement alors! il m'appelle. Pendant quelques momens, peut-être, ce sacrifice de ses longues rancunes et de ses légitimes instincts leurra-t-il sa douleur; mais, dès cette nuit même, ses yeux se dessillèrent : il vit comme à nu qu'il avait joué et perdu le bonheur et la vie de sa fille, et son cœur violemment brisé demeura sous le faix d'une souffrance sombre, amère, sans mesure. C'est cette souffrance dont le spectacle ôtait la parole à M. Prévère, si accoutumé pourtant à consoler les affligés ; et qui, chassant de mon cœur jusqu'au sentiment de mes propres maux, n'y laissait de place que pour plaindre avec une cuisante pitié celui-là même qui en était l'auteur.

Quand nous fûmes arrivés à la maison, monsieur Reybaz se retira dans sa chambre, et je demeurai seul avec M. Prévère, qui ignorait encore dans quelles dispositions j'étais arrivé. Je lui appris que la lettre du Chantre, au lieu de me remplir de joie, m'avait frappé d'épouvante ; et que, bien convaincu qu'elle ne lui avait été arrachée que par l'imminence du danger, j'étais accouru, certain déjà que les jours de Louise étaient comptés. M. Prévère se hâta de me confirmer dans cette affreuse certitude ; puis, détournant peu à peu ma pensée de dessus moi pour la porter sur le sort de Louise, si triste, et pourtant susceptible encore d'adoucissement, il m'entretint pendant longtemps avec un accent rempli de tendresse et de confiance, faisant tourner sa propre douleur, son estime, mes sentimens de piété, quelque noblesse d'âme dont j'étais capable, et surtout mon amour pour Louise, au profit de ce courage un peu exalté, mais sincère, sans lequel je n'eusse pas manqué de m'abandonner à tous les égaremens du désespoir. Pendant qu'il parlait, Marthe parut sur le seuil de la porte, et s'adressant à M. Prévère, sans presque remarquer ma présence : « Cette attente l'épuise, dit-elle... que M. le Pasteur fasse entrer M. Charles..... ce sera un soulagement et une joie pour ma pauvre maîtresse. » M. Prévère sortit aussitôt pour s'assurer que M. Reybaz était demeuré chez lui, puis, étant revenu, il me prit par la main, et, précédés de Marthe, nous montâmes dans la chambre de Louise. Dès qu'on ouvrit la porte, elle prononça mon nom, et j'étais dans ses bras.....

Louise, avertie dès la veille par M. Prévère, et avec d'infinis ménagemens, que j'aurais le bonheur de la revoir, et que c'était du consentement de son père, avait accueilli cette ouverture avec joie, et sans trop de trouble. Pressentant que je ne me ferais pas attendre, elle avait voulu, cette nuit-là, demeurer vêtue : je la trouvai assise sur sa couche. La rougeur de l'émotion colorait ses joues, ses yeux brillaient de joie, la tendresse ranimait ses forces, et réchauffait ses étreintes, elle ne me parut ni menacée, ni débile ;.... un moment, il me sembla que toutes ces alarmes passées fussent des songes, et je ressaisis, avec un transport d'incomparable joie, ce bonheur que j'avais cru envolé pour jamais. Elle s'en aperçut, et, comme effrayée de mes illusions, elle voulut tempérer cette ivresse, en laissant échapper quelques paroles de douce résignation. Alors seulement elle reprit sa pâleur, son regard perdit son feu, je la vis changée, et je fus rendu à moi-même. M. Prévère s'étant levé, engagea Louise à prendre quelque repos, et il m'entraîna hors de la chambre.

Au jour, je descendis dans le jardin, et je fis quelque chemin sur la route. Les paroles sinistres de M. Prévère, la douleur anticipée du Chantre, m'avaient frappé d'épouvante; et pourtant, Louise était à moi, je me trouvais auprès d'elle, mes vœux étaient comblés. Entre ces craintes puissantes, et ces joies sans douceur, mon cœur gardait un morne équilibre, et j'errais çà et là, en proie à une sorte de stupeur. On était aux derniers jours de décembre : la neige couvrait les hauteurs voisines, un jour sans soleil éclairait d'une lueur blafarde ces roches grisâtres et ces forêts dépouillées; en sorte que, ce même endroit que j'avais vu une seule fois auparavant, si riant et si animé, s'offrait à mes yeux confusément empreint de l'éclat des souvenirs, et de la tristesse de la réalité.

Bientôt M. Reybaz parut sur le seuil. Je me dirigeai vers lui, et, sans nous être parlé, nous nous éloignâmes ensemble de la maison. Il était plus tranquille, son air était affectueux, et, sans qu'il me témoignât plus d'amitié qu'autrefois, il semblait comme navré de m'avoir haï, comme honteux et surpris que ces instincts, jadis si tenaces, aujourd'hui disparus de son âme, le livrassent sans défense à l'assaut des reproches et du repentir. Quand nous eûmes cheminé quelque temps, je lui appris que j'avais revu Louise, et je lui contai les détails de cette entrevue : il m'écouta sans émotion. Mais quand je voulus parler de l'état rassurant dans lequel je l'avais trouvée, et de l'espoir qui restait encore, son cœur se gonfla, son front s'assombrit, et, sans dire une parole, du geste, il repoussa ces lueurs. Je me tus. Alors, touché peut-être de cette situation, où c'était le jeune homme innocent de ces choses, et dépouillé pour la vie, qui consolait un vieillard auteur de tant de misère, il saisit ma main pour l'étreindre, ses yeux se remplirent de larmes, et il me regarda avec tendresse pour la première fois de sa vie. Aussitôt mon cœur bondit de chaude affection, je me jetai à son cou, je l'accablai de mes vives caresses, et je fus son fils. Quand, ce jour même, je contai à M. Prévère les détails de cette entrevue : « Malheureux Reybaz ! dit-il, avec un accent de navrante tristesse, qui apprenez si tard, et à si haut prix, combien vite fond la haine, au premier souffle de la charité ! »

Vers le milieu du jour, comme nous étions rassemblés tous les trois dans l'appartement d'en bas, Louise y descendit, appuyée sur le bras de Marthe. Elle venait s'asseoir à table avec nous. Le sentiment de sa présence m'ôtait, à moi, toute tristesse, son regard m'inondait de plaisir, et, au son de sa voix que je n'avais pas entendue depuis si longtemps, j'éprouvais des tressaillemens d'allégresse. Il fallait la présence de M. Prévère, et surtout celle du Chantre, pour réprimer des transports auxquels, seul avec Louise, j'aurais donné un libre essor. Pour elle, préoccupée de la douleur de son père, elle arrangeait pour lui ses discours et son maintien, réprimant sa tristesse, sans oser feindre le contentement, et cachant même le plaisir que lui causait notre réunion si désirée, dans la crainte d'effleurer de trop près la pensée d'une séparation prochaine. Néanmoins son doux sourire, ses marques de tendresse, les signes de sa mélancolique joie, s'adressaient à tous, en s'appropriant à chacun de nous ; et, sous le charme de son angélique parole, le Chantre lui-même passait insensiblement, de ce calme contraint et tendu qu'il s'imposait devant sa fille, à une tristesse plus tempérée, mais dont le flot plus insinuant aussi, humectait malgré lui sa paupière, et donnait à sa voix le tremblement de l'émotion.

Louise n'avait point encore appris de moi comment j'avais été accueilli par son père, ni comment, dans cette étreinte du matin, s'étaient dissipées ses longues rancunes ; mais, du premier regard, elle eut tout deviné, et, à d'imperceptibles signes, je reconnus de quelle amertune se mélangeait pour elle la douceur de cette réconciliation tardive et stérile. Tout était prêt enfin pour ce banquet d'union et de félicité qui avait été le rêve de sa vie... elle seule allait manquer à l'appel. J'étais auprès d'elle ; vers la fin du repas, sa main chercha la mienne pour la presser, pour s'y appuyer, pour résister à l'assaut de mille pensers douloureux, de mille regrets désolés. Ses yeux brillaient d'angoisse, le frisson marbrait ses pâles joues, et ses derniers efforts retenaient à peine sur ses lèvres un sourire menteur. Je regardai M. Prévère, qui, s'étant levé de table, dit à M. Reybaz : « Laissons-les ensemble », et ils sortirent. Alors se versa le calice. Je jette un voile sur ces choses que les mots ne peuvent peindre, et qu'il n'est pas séant d'étaler aux regards. Seulement dirai-je que ce furent là les plus violens, mais les derniers tumultes, au sein desquels s'acheva ce déchirement sans lequel une jeune fille, tendre, adorée, et près de poser sur sa tête la couronne d'épouse, ne se sépare pas de cette terre.

Ainsi s'écoula cette première journée. Dès le lendemain, ces impétueux mouvemens qui signalent les époques solennelles de joie ou d'infortune, firent place à une sorte de calme, au milieu duquel les habitudes se créaient peu à peu, noyant les transports, les combats, la tristesse même, dans le cours de leur paisible uniformité. Celles de Louise, du reste, si l'on fait attention aux rigueurs de la saison, étaient peu changées.

Chaque jour, elle descendait dans l'appartement d'en bas, pour prendre son repas particulier, à la même table où nous prenions le nôtre. C'était le seul moment où nous nous trouvions réunis tous ensemble : le reste du jour, elle nous voyait chacun à part. M. Prévère entrait le matin dans sa chambre, pour s'y entretenir avec elle, jusqu'à ce que M. Reybaz vînt lui succéder ; tous les autres momens étaient à moi, jusqu'au soir. Vers sept heures, après que chacun de nous était venu pour lui donner un baiser d'adieu, M. Prévère faisait retirer Marthe, et demeurait encore quelques momens auprès d'elle.

J'étais arrivé à Mornex la nuit même de Noël. Jusque vers les derniers jours de février, les semaines s'écoulèrent d'un cours assez paisible; et, à cette époque, l'état de Louise, loin d'avoir empiré, parut au contraire avoir subi quelques changemens favorables. Depuis que j'étais réconcilié avec son père, sa tristesse avait perdu de son amertume ; ma présence auprès d'elle remplissait ses heures, et réalisait le dernier vœu qu'elle eût formé; enfin, les témoignages assidus de ma tendresse étaient pour elle une douceur journalière, au charme de laquelle son cœur, si longtemps comprimé, se livrait avec un abandon tantôt mélancolique et tendre, tantôt vif et passionné. Au milieu de ces habitudes nouvelles, ce déclin, dont le rapide progrès avait frappé d'épouvante M. Prévère, semblait avoir suspendu son cours; et, comme il arrive, lorsque les apparences même les plus trompeuses vont à la rencontre des désirs les plus chers, tandis que quelques lueurs d'espoir se faisaient jour dans l'esprit de M. Prévère, dans celui du Chantre lui-même, j'en étais à ne me souvenir pas même des alarmes passées, et à goûter un bonheur sans mélange. A mes yeux, Louise était convalescente, chaque jour je lui trouvais plus de forces, la saison seule s'opposait encore à son entier rétablissement : je vivais, le triomphe et l'allégresse dans le cœur. Seulement, par égard pour M. Prévère, pour M. Reybaz, pour Marthe elle-même, je comprimais en leur présence l'essor trop vif de ces sentimens, et c'était auprès de Louise, c'était en couvrant ses mains de baisers, en la pressant avec transport dans mes bras, que je laissais s'épandre ma puissante joie, et couler mes pleurs de reconnaissance et d'amour. Pour elle, ses lettres révèlent qu'elle n'avait pas cru vivre jusque-là; et si, à la vérité, en aucune occasion, depuis ces derniers déchiremens dont j'ai parlé, elle n'affecta de parler de sa fin prochaine, il n'est pas à croire non plus qu'elle ait jamais ressaisi l'espérance ; mais, prenant ces jours de répit, comme un don de la bonté de Dieu, elle s'attachait à n'en troubler pour personne le calme fragile. Ainsi, tandis que, chaque jour, dans ses entretiens avec M. Prévère, c'était au travers du sépulcre, que sa pensée avait à s'élever vers les cieux et l'éternité ; chaque jour aussi, sans me leurrer, sans me désabuser non plus, elle assistait à ma joie, elle accueillait, non pas sans pitié, non pas sans secrets soupirs, mais tendrement et avec des larmes de gratitude, mes caresses et mes transports. Ce fut néanmoins vers cette époque, qu'elle me parla de son désir de *revoir* la Cure. J'étais si aveuglé, que la tristesse même de cette expression dont elle se servit, ne dessilla pas mes yeux. Je souris à ce projet, j'en parlai à M. Prévère, à M. Reybaz : le médecin fut consulté ; et il fut convenu qu'aux premiers jours du printemps, nous retournerions tous à la Cure. Il fallait y faire quelques dispositions appropriées aux habitudes nouvelles, et à l'état de santé de Louise ; ce soin me fut confié, et, le 23 mars, je quittai Mornex pour m'y rendre.

La veille de ce jour, j'eus, avec M. Reybaz, un court entretien, dans lequel il me donna ses ordres particuliers. Il s'agissait de choses sans importance, et je m'étonnais de le voir s'y attacher, et m'en parler d'une voix émue, lorsque je compris que ces choses n'étaient qu'un détour pour arriver à l'objet dont la pensée le troublait : cet objet, c'était la chambre de Louise. Il voulait m'instruire des changemens qu'il y avait faits, et me fournir un tour pour en parler d'avance à Louise, dont il redoutait à présent la surprise, lorsqu'elle se verrait au milieu de ces apprêts de fête, et de cette demeure renouvelée. Mais je pus deviner, bien plus qu'écouter ces détails; car, malgré les détours par lesquels M. Reybaz s'était approché de ces souvenirs de récente espérance, un funèbre rapprochement se fit dans son âme, qui lui ôta la parole. J'essayai de lui faire partager mes illusions et ma joie, mais, comme l'autre fois, du geste, il repoussa mes paroles, et il me fit signe de m'éloigner.

Je m'étais promis de voir M. Dervey, en passant à Genève, pour le remercier de ses soins passés, et pour lui donner des nouvelles de Louise : il était absent quand je me présentai chez lui. Comme je redescendais l'escalier, je vis monter un vieillard, qui, au bruit de mes pas, leva la tête, et pâlit à ma vue. C'était M. Champin. J'étais moi-même embarrassé de savoir comment me comporter avec lui, lorsque, sondant mon regard, et enhardi par mon embarras même, il hasarda aussitôt auprès de moi le ton gaillard et familier qui lui était habituel. Après quelques propos : « Faites à ma loge, me dit-il, l'honneur d'un bout de visite... J'y vis reclus, sans rien savoir de tant de gens dont vous me donnerez des nouvelles. » Je le suivis dans sa loge, où je n'entrai pas sans répugnance, tant elle me rappelait d'odieux souvenirs ; mais j'ignorais entièrement alors les relations de M. Champin avec Mme de la Cour, et la part qu'il avait prise à la découverte du secret de ma naissance, en sorte que, lui pardonnant volontiers ses anciennes préventions, j'étais reconnaissant de son accueil, et tout prêt à oublier le passé, pour lui rendre mon amitié.

M. Champin est l'auteur de la mort de Louise, et de la ruine de ma destinée. Si, à la vérité, il serait injuste de mesurer la perversité de cet homme, à l'étendue des maux qu'il a faits, il serait peu sensé aussi de voir en lui un de ces êtres monstrueux, dont on ne trouve le type que dans l'imagination des romanciers. La cupidité, l'esprit d'intrigue, appartiennent à bien des hommes, et sont la cause de bien des actions basses et méchantes ; l'orgueil, le défaut de principes, cette démangeaison de la langue, qui porte tant d'oisifs à rechercher et à répandre le mal, plus aisément que le bien, ce qui est secret, avec plus de plaisir que ce qui est découvert, sont à la fois des traits communs à une foule d'hommes, et des sources fécondes de maux et de catastrophes. M. Champin, unissant à ces défauts, des qualités d'esprit et d'intelligence que n'ont pas tous ses pareils, ne fit guère que ce qu'ils feraient tous, s'ils venaient à se trouver dans une situation semblable à celle où il se trouva lui-même, sans l'avoir cherchée. Dès le principe, sa curiosité s'attacha à ce mystère, dont plus tard il devait déchirer le voile ; sa malice s'appliqua à dénaturer mes démarches, puis, s'autorisant de la bassesse même de ma naissance, elle s'aigrit de mes justes mécontentemens : sans être encore perverse, elle était déjà empoisonnée. Après le duel, un instinct cupide, et ce bas orgueil qui, en vertu d'une contradiction qui n'est qu'apparente, accable d'une part, tandis qu'il rampe de l'autre, l'approchèrent de M. Ernest de la Cour, dont il servit méchamment la cause, bien plus encore pour se venger de mes mépris, que pour aucun motif de générosité et d'attachement envers ce jeune homme, ou envers M. Reybaz. C'est jusque-là que, tout en étant le même qu'il fut depuis, il ne fut pourtant que ce que sont tant d'êtres de sa sorte, à qui le hasard seul épargne de plus coupables noirceurs. Mais lorsque, plus tard, l'orgueilleuse malice de ce pervers trouve un flatteur appel dans les instances de madame de la Cour, un prétexte dans son infortune, un appât dans son opulence, alors il caresse les préjugés, il attise les rancunes de son ami ; et quand ce malheureux, tremblant devant ce qu'il a fait, chancelle, se débat, et va s'échapper du rets où on l'enlace,... pour l'y retenir, l'audacieux portier descend au crime : il me perd, et, avec moi, tous ceux qu'il prétend sauver. Frappant exemple de ces maux que sèment dans l'ombre les basses passions, les sourdes manœuvres d'un misérable ; de ces crimes secrets, que la loi n'atteint pas, qui rongent et dévorent dans les ténèbres, et où trempent, à divers degrés, beaucoup d'hommes que ne règle, à défaut d'un cœur honnête, ni la crainte de Dieu, ni l'amour de leurs semblables!

Il a pu paraître étrange qu'un tel homme se trouvât être l'ami de M. Reybaz, et cependant, qui n'a pas observé combien les souvenirs d'enfance, l'égalité de condition, des goûts analogues, une instruction de même degré, ont de force pour rapprocher deux hommes différens de naturel, et plus différens encore de moralité? Mais d'ailleurs, ici, cette amitié était ancienne, plutôt que continuée; familière, bien plus qu'intime. Longtemps elle avait pu subsister, fondée sur des rapports de jeunesse et de plaisir; plus tard, elle se fût éteinte d'elle-même sans les circonstances qui vinrent la renouer d'une manière si funeste, alors que, depuis six ans déjà, M. Reybaz et M. Champin, l'un retiré à la Cure, l'autre retenu à la ville par sa profession, ne s'étaient plus rencontrés. C'est ce que marque la première lettre de M. Champin au Chantre. Au surplus M. Reybaz, exercé, à la vérité, dans la connaissance de la nature humaine, en vertu de cette consciencieuse droiture qui le portait sans cesse à s'approfondir lui-même, à sonder ses motifs et ses intentions, était d'ailleurs peu connaisseur en hommes, et malhabile à démêler la nature et la valeur particulière des individus. En ceci, il apportait des instincts plus que de la réflexion; il partait de ses répugnances et de ses sympathies, bien plus qu'il ne raisonnait les unes ou les autres : et c'est ce qui explique comment il était si indulgent pour son ami, et si sévère pour moi; comment aussi, ferme et obstiné dans ses propres idées, il se rencontrait avec M. Champin, bien plus qu'il n'était mené par lui, et finit par être la victime, et non pas la dupe de ce fourbe. Enfin, il y avait telles menées, telles sortes d'actions, dont son âme honnête ne concevait pas même la pensée; et s'il comprenait que son ami, pour le sauver d'un opprobre éventuel, allât jusqu'à rechercher les parens de Charles, il ne soupçonna jamais un seul instant que l'on pût être guidé, dans une action semblable, par la cupidité, ou même par l'orgueil.

M. Champin fait allusion dans ses lettres aux troubles de notre révolution. Il n'y avait joué aucun rôle qui pût le faire remarquer; mais, avec d'autres de sa condition, il y était arrivé au partage du pouvoir, et il avait assisté avec satisfaction à l'abaissement des familles aristocratiques. C'est durant cette époque qu'il s'était imbu, à l'égard de la religion et de ses ministres, de ces idées à la fois hostiles et moqueuses; qu'il avait contracté l'audace de la pensée, et la haine rebelle des supériorités. Le cours des événemens l'avait ensuite remis à sa place; mais, tandis que, par ses opinions et par ses antécédens, il était demeuré le jaloux ennemi des classes riches et puissantes, le sentiment de son abjection et de ses besoins, ou les conseils de sa cupidité, le rendaient souple, rampant, à l'égard des individus haut placés, dont l'approchaient les circonstances ou ses intérêts. Par une autre inconséquence, assez ordinaire aux vieillards qui ont traversé cette époque, quand il semble qu'il aurait dû être favorable à toutes les nouveautés issues des progrès dus à la révolution, en particulier à l'affranchissement de l'industrie, enchaînée autrefois par les maîtrises et les jurandes; il avait au contraire le mépris des produits modernes, le regret et l'estime des choses du temps passé; de cette montre du Chantre, par exemple, qui lui donne occasion, dans l'une de ses lettres, de s'irriter contre l'horlogerie du siècle. Cette génération d'hommes, produit des révolutions qui affranchissent les masses populaires des sentimens de respect, d'ordre, de bienveillance et de religion, pour les déchaîner contre ceux qui les oppriment, et, pendant longtemps aussi, contre ceux qui les gouvernent, tend à se perdre, mais pour renaître à chaque fois que les mêmes orages renaîtront, et pour montrer à quel haut prix les sociétés achètent des avantages souvent incertains; pour montrer surtout quels maux préparent à l'humanité, ceux qui, hommes ou classes d'hommes, oppresseurs ou fauteurs de troubles, rendent inévitables ces secousses violentes, d'où le peuple ressort plus libre et moins bon; affranchi, mais déréglé, et lent à reprendre les vertus de sa condition.

J'étais entré dans la loge de M. Champin. Le rusé vieillard, tout en ne paraissant que m'interroger sur les personnes de la Cure, eut bientôt reconnu que je n'étais au fait d'aucune de ses menées; et un sentiment de joie se mêla à l'inquiète curiosité dont son visage laissait percer les signes. Il me parla avec respect de M. Prévère, avec intérêt et décence de Louise, en amenant, à propos, des exemples de jeunes filles que des contrariétés de cœur avaient rendues malades, et que l'accomplissement, même tardif, de leurs vœux, avait rendues à la santé. Puis, profitant de ce que j'ignorais entièrement la destinée de M. Ernest, pour toucher ce point délicat : « Ce sont, dit-il, comme incidemment, les fièvres du pays qui l'ont emporté. Il s'y est joint un mauvais traitement, une saignée hors de propos, qui sait?... Il ne manque pas de langues qui assurent qu'il s'est aidé à laisser couler la saignée, sinon à la faire. » J'écoutais ces paroles, le cœur troublé, songeant avec compassion au triste sort de ce jeune homme enlevé à sa mère, et avec effroi, à ces mystérieux discours dont sa mort était l'objet. C'est sous cette impression que je me levai pour sortir, pendant que M. Champin cherchait à me retenir, tout en multipliant les propos gais et affectueux, afin de dissiper ma tristesse, et d'endormir ma curiosité. J'insistai pour partir. Alors il descendit avec moi l'escalier, il m'accompagna jusque dans la rue, où il eut l'art de me retenir quelques momens encore, comme pour rendre les passans et les voisins témoins de notre entrevue; et, après m'avoir dit adieu, il demeura sur le seuil, en me suivant du regard, jusqu'à ce que j'eusse tourné l'angle de la rue.

C'est là le dernier entretien que j'ai eu avec M. Champin, bien que, parvenu à une extrême vieillesse, il ait survécu à la plupart des personnages qui figurent dans cette histoire. M. Prévère l'avait pénétré et jugé, quand toute une partie de sa trame était encore enveloppée dans le plus profond secret, et que madame de la Cour, qui seule venait d'en entrevoir l'odieuse perversité, reculait d'épouvante. Moi-même, je ne devais pas tarder à connaître cette trame; cependant M. Champin est mort, il y a un an seulement, sans avoir rencontré sur cette terre la punition de ses œuvres, ni même le mépris et la haine qu'il méritait de la part des hommes. Nul d'entre nous ne songea jamais à tirer une inutile vengeance de ce vieillard, en divulguant ses menées; et la personne qui aurait pu être directement intéressée à le faire, madame de la Cour, en perdit jusqu'à la pensée, aussitôt qu'elle eut rencontré chez M. Prévère, au lieu du blâme et du soupçon, l'estime, la pitié, et d'affectueuses consolations. Un seul homme, à la Cure, dont cette révélation aurait profondément bouleversé l'âme et aggravé l'infortune, en lui montrant de quel misérable il s'était, à son insu, fait le complice, s'est éteint sans connaître la trame de M. Champin : c'est le Chantre ; et sa noble et droite conscience s'est moins reproché sans doute une fatale obstination, et le sacrifice trop tardif de ses instincts et de ses rancunes, qu'elle ne se fût épouvantée d'avoir fait triompher le ténébreux complot d'un scélérat. Ainsi M. Champin a pu se traîner de longues années encore, sans voir éclater cet orage toujours suspendu sur sa tête ; il a pu, du fond de sa loge, contempler en paix ces tombes ouvertes par lui, et engloutissant l'une après l'autre ses victimes. Nul bruit du dehors, à peine un sourd murmure, est venu l'inquiéter dans cet antre, où bientôt le retinrent ses infirmités, et où, vers la fin de sa carrière, il a vécu des secours de son gendre, devenu veuf, et des aumônes de M. Dervey. Il n'y a que peu de mois que j'ai appris à ce pasteur, sur quel misérable étaient tombés ses bienfaits ; et, en l'interrogeant à mon tour, je me suis confirmé dans la pensée que M. Champin, durant ces années de solitude et de réflexion, a végété dans les langueurs d'une égoïste et fausse paix, sans connaître les remords d'un cœur honnête, ni le repentir consolateur d'une âme religieuse.

Je m'étais acheminé vers la Cure, ému de ce que je venais d'apprendre au sujet de M. Ernest; mais, à mesure que j'approchais, ma pensée changeait d'objet. Dès que je fus entré dans le hameau, je me vis entouré des paysans qui accouraient à ma vue, s'appelant les uns les autres, et sortant de leurs maisons pour m'accueillir avec mille témoignages d'amitié, et en m'accablant de questions sur M. Reybaz et sur sa fille. Aucun d'eux ne se doutait que la vie de Louise fût en péril, et, leur sécurité se communiquant insensiblement à moi, je leur donnais des nouvelles de plus en plus rassurantes, non sans être arrêté à chaque pas par les survenans, à chacun desquels je devais redire les mêmes choses. La plupart m'accompagnèrent jusqu'à la Cure. Ce séjour aimé de mon enfance, embelli en été de toute la parure des hêtres, des herbes, des fleurs, et de ces plantes qui masquent de touffes verdissantes la vétusté des antiques murailles, était alors nu, grisâtre comme le ciel, et froid comme l'air. Dès que j'y fus entré, j'allai droit à la chambre de Louise, et, surmontant les émotions qui m'y attendaient, je m'occupai aussitôt des dispositions pour lesquelles j'étais venu. Elles consistaient principalement en précautions à prendre contre les rigueurs de cette fin d'hiver. Je fis aérer toutes les pièces de l'habitation, pour chasser l'humidité qu'auraient pu y laisser les réparations de maçonnerie faites l'automne précédent, et je priai la pauvre Crozat de venir habiter, jusqu'à notre arrivée, cette demeure longtemps déserte, afin d'y entretenir du feu, et d'y ramener la chaleur. Lorsque ces préparatifs et d'autres furent achevés, j'allais repartir pour Mornex, lorsqu'un incident me força de coucher encore une nuit à la Cure.

Dès mon arrivée, les paysans m'avaient mis au fait des bruits qui couraient sur la mort de M. de la Cour. Pensant que j'obtiendrais quelques lumières sur ce sujet des parens de Jaques, j'allai chez eux; mais, se voyant déjà compromis par leurs précédentes indiscrétions, ils prétendirent auprès de moi, ne savoir rien autre chose que ces bruits vagues qui circulaient dans le hameau, sans qu'on sût, à les entendre, d'où ils étaient venus. J'en étais donc demeuré au point où m'avait laissé M. Champin, lorsque, le lendemain, vers deux heures de l'après-midi, on vit arriver au village deux voitures, traînées par des chevaux de poste. Du siége de l'une d'elles, Jaques sauta à terre, qui courut dire bonjour aux siens. Il était en deuil. On apprit de lui que Mme de la Cour était dans la première voiture, et que, dans la seconde, était le cercueil de M. Ernest, mort à Turin, d'une fièvre du pays. Sans s'arrêter plus longtemps, Jaques se mit à courir pour rejoindre les voitures, qui, dans ce moment, montaient lentement le coteau de la Cure, et qui, bientôt après, entrées dans l'avenue, allèrent s'arrêter devant la maison de Mme de la Cour.

Mme de la Cour avait choisi, pour arriver, le moment où les habitans de la Cure étant encore tous réunis à Mornex, elle se trouverait affranchie de diverses démarches que les convenances exigeaient, et que sa situation actuelle à leur égard aurait rendues pénibles ou impossibles. Mais pendant que les voitures montaient le coteau, elle vit avec étonnement les volets ouverts à la Cure, et la fumée qui sortait des cheminées; en sorte que, ayant questionné Jaques, elle apprit de lui le prochain retour de Louise, et ma présence au hameau. Cette nouvelle la jeta dans le trouble. A peine descendue de voiture, elle m'envoya un domestique, pour me prier de sa part de passer auprès d'elle, avant de repartir pour Mornex. Je répondis que je m'y rendrais dans une heure ; mais, avant que ce terme fût écoulé, je m'acheminai vers le château. En traversant le vestibule, j'aperçus le cercueil déposé dans une chambre basse, où un homme en deuil veillait auprès. Cette vue me fit une impression profonde, et j'arrivai pâle et tremblant dans la chambre de Mme de la Cour, où je fus introduit.

En me voyant, cette dame me tendit la main, avec une expression de visage où se peignaient à la fois la compassion et un inquiet effroi : « Parlez-moi, me dit-elle, en sondant mon regard, de Mlle Reybaz?... Pourquoi cette longue absence de M. Prévère? Pourquoi ces lettres sinistres?... » Sans bien comprendre tout le sens de cette question, j'y répondis en lui peignant l'état de Louise, ainsi que je me le représentais à moi-même. Quand j'eus terminé : « Que Dieu vous entende! » reprit Mme de la Cour; puis, saisissant ma main, qu'elle serra avec effusion : « Ah! Charles! Charles! quand vous saurez tout, au lieu de me détester, vous me plaindrez... Ne suis-je pas la première victime de ce monstre! » Je ne compris rien à ces paroles. Mme de la Cour s'en aperçut, et donnant essor à une agitation qu'elle ne pouvait plus surmonter : « Eh bien! s'écria-t-elle en se levant, sachez tout.... Aussi bien, ce poids est trop lourd sur mon cœur. »

En disant ces mots, madame de la Cour, passant sous l'empire de sentimens qui faisaient taire sa douleur, s'approcha d'une table sur laquelle était déposée une petite cassette, d'où elle sortit une liasse de papiers, puis elle vint reprendre sa place. C'est alors que, pour la première fois, je fus mis au fait de la trame dont le lecteur a suivi le fil dans cette correspondance de Champin, que madame de la Cour tenait alors dans ses mains, et que je connus de quelles menées j'avais été la victime. Quand elle eut achevé ce récit, où la douleur, le ressentiment, le regret, tantôt humectaient ses yeux, tantôt enflammaient ses paroles, elle ouvrit la liasse, elle y choisit, parmi les lettres de M. Champin, pour m'en faire lecture, celles qui mettaient le plus en évidence l'astuce et la méchanceté de cet homme ; elle me fit connaître celle que lui avait écrite M. Reybaz ; enfin, elle mit sous mes yeux ces pages de M. Prévère, qui, en retirant à son fils tout espoir, et en le mettant sur la trace des manœuvres entreprises pour me perdre, avaient provoqué son désespoir, porté sa honte au comble, et armé son bras contre lui-même. Je conçus, de toutes ces lectures, bien plus de douleur que de ressentiment, attentif que j'étais à tant de combats, de craintes, de sinistres prophéties, dont Louise était l'objet dans toutes ces lettres, et surtout dans la dernière. Sous l'empire de cette impression, je sentais se dissiper les illusions qui me restaient encore ; plus rien que de funeste ne se trouvait dans mes souvenirs, et, tandis que madame de la Còur, effrayée de ma tristesse et de mes larmes, me pressait d'instantes questions, je détruisais une à une, en y répondant, les espérances que je lui avais données quelques instans auparavant ; jusqu'à ce qu'enfin elle s'écria avec désespoir : « Elle est perdue !... et M. Prévère ne s'est pas trompé ! » A ce cri, je demeurai frappé de stupeur, mes larmes tarirent ; et pendant que madame de la Cour, affaissée d'angoisse, semblait avoir oublié ma présence, j'éprouvais la pressante envie de m'éloigner. C'est que notre infortune n'avait plus rien de commun, si ce n'est de se rapporter à un même objet : mon cœur saignait de douleur, le sien était assailli par le reproche, et glacé d'épouvante. Je pris tristement congé, sans qu'elle parlât ni de me retenir, ni de nous revoir, et je regagnai la Cure. Au sortir de l'avenue, je rencontrai Antoine qui m'apportait un billet arrivé pendant ma visite au château. Je transcris ce billet.

CHARLES,

Revenez vers votre Louise, revenez mon bien-aimé, et retournons ensemble vers ces lieux que j'aimerais revoir.

La volonté de mon père chancelle : il est près de renoncer à ce voyage. Pour l'y déterminer, et lui épargner cette lutte, arrivez à Mornex avec deux voitures.

LOUISE.

Je partis le lendemain avant le jour, afin d'entrer à Genève aussitôt que les portes de la ville s'ouvriraient. J'y louai deux voitures, et, vers dix heures du matin, je me trouvais à Mornex. Mais quelle que fût mon impatience de revoir Louise, on ne me laissa entrer dans sa chambre que dans la soirée, lorsque tomba la fièvre, qui ne la quittait plus que durant de courts intervalles. Elle me combla de tendres caresses, qu'elle entremêlait de paroles résignées ; puis, levant par degrés les derniers voiles, elle me parla de sa fin prochaine. Je sus, ici, maîtriser ma douleur et adoucir la sienne. Dans un long entretien, je lui dis mes résolutions, mes projets, mes sermens ; je reçus le dépôt sacré de ses vœux, de ses intentions dernières, de ses espérances, de cette tendresse enfin, de cette patiente et chrétienne douceur, dont il semblait que, près de quitter la terre, elle voulût laisser au milieu des siens le charme consolateur.

Ce soir même, avec Marthe et M. Prévère, nous disposâmes tout pour le départ, après y avoir fait consentir M. Reybaz, qui semblait comme enchaîné par une sorte de stupeur, à attendre son sort sur ce rocher de Mornex. Le lendemain, quand on chargea les effets sur un char, il voulut un moment aider aux préparatifs; mais à la vue du rouet, et d'autres objets qui appartenaient à Louise, l'émotion le saisit, et il s'éloigna. Ce char s'achemina le premier. Quand tout fut prêt, Marthe et moi, nous montâmes dans la voiture où nous attendait Louise, à demi couchée ; tandis que M. Prévère et le Chantre, montés dans l'autre voiture, venaient de prendre les devans.

Durant ce triste voyage, Louise nous entretint, Marthe et moi, avec calme ; mêlant à ses discours mille témoignages d'affection et de reconnaissance, et s'attachant à tempérer à l'avance nos futurs regrets, par les derniers souvenirs qu'elle nous aurait laissés. Lorsqu'on approcha de Genève, elle jeta les yeux sur ces remparts, sur ces maisons, sur ces antiques tours de Saint-Pierre, comme pour faire un adieu à sa patrie; mais quand nous eûmes traversé la ville, et que nous approchâmes de la Cure, elle redevint silencieuse, et ses yeux se mouillèrent de larmes dont elle cherchait à nous dérober la vue. M. Prévère avait fait recommander aux paysans de ne pas entourer la voiture, de n'avoir pas l'air de s'en occuper, ni d'y reconnaître quelqu'un. Mais, pour mieux faire, ces bonnes gens se tenaient dans leurs maisons, regardant de derrière les vitres, et laissant ressentir à Louise le sentiment de cette sinistre curiosité dont elle était l'objet. Au milieu de ce hameau désert, une jeune enfant seule, cette orpheline dont il a été question, du seuil d'une étable, d'où elle reconnut Louise, accourut en poussant des cris de joie. Louise fit arrêter; l'enfant monta sur le marchepied de la voiture, pour s'élever jusqu'à la croisée de la portière, et, remarquant peu, dans sa joie, la pâleur de sa bienfaitrice, elle lui fit des amitiés naïves, auxquelles celle-ci s'abandonna sans tristesse. La voiture se remit en route, et, après avoir gravi la montée, elle tourna près de la mare, pour venir s'arrêter devant la porte de la Cure. M. Prévère nous attendait sur le seuil; en l'y voyant seul, Louise demanda aussitôt où était son père.—« Un peu plus tard, » répondit M. Prévère. Ces mots contristèrent Louise, qui, sans insister, descendit de voiture, et entra lentement dans la maison. Arrivée au milieu du corridor, elle fut obligée de s'arrêter quelques instants. Je la soutins dans mes bras, et quand elle eut repris courage, je lui aidai à monter le petit escalier qui conduisait à sa chambre, où elle entra. A la vue des changemens qui y avaient été faits, de cette parure de fête, de ces témoignages d'affection et d'espérance, elle fut pénétrée d'un amer attendrissement, et, s'étant assise sur une chaise qui était à côté de la porte, elle y demeura, cherchant un appui contre moi, et serrant en silence mes mains que mouillaient ses pleurs. J'étais, pour la consoler et la soutenir, rempli de force et de calme. Dès que je lui eus fait quelque bien par mes discours et par mes caresses, elle témoigna le désir que j'allasse auprès de son père, et je sortis, aussitôt que Marthe fut venue pour lui aider à se mettre au lit.

Je ne trouvai dans la maison ni M. Prévère, ni M. Reybaz. M. Reybaz, habitué au grand air et au repos des campagnes, n'imaginait pas de chercher la solitude dans une chambre; et s'il était dominé par quelque angoisse, il sortait, comme pour respirer plus seul et plus à l'aise. A peine descendu de voiture, il s'était réfugié dans cette place solitaire, où, autrefois, il avait coutume de chercher le sommeil durant la chaleur du jour. C'est là que je le retrouvai avec M. Prévère, qui ne l'avait quitté un instant, que pour se trouver sur le seuil au moment de l'arrivée de Louise. M. Reybaz, peu attentif aux exhortations de son ami, tantôt se levait, tantôt demeurait assis, s'adressant à lui-même des paroles entrecoupées. J'allai droit à lui, et je le conjurai de se posséder. Je lui dis, que je serais son fils, son appui, uni pour toujours avec lui par le même amour, par la même vénération pour sa Louise; mais qu'avant toute chose, nous devions adoucir l'amertume de ses derniers jours, et qu'en ce moment même elle souffrait de ne l'avoir pas encore revu. A ces derniers mots, son agitation parut cesser, et se levant : «Allons la voir,» dit-il. Nous nous rendîmes ensemble dans la chambre de Louise.

Marthe s'y trouvait, qui voulut se retirer. M. Reybaz, regardant cette pauvre femme du même œil dont il aurait accueilli sa Thérèse : «Reste, Marthe, lui dit-il, restez tous... j'ai plus d'amis que je ne suis digne!» S'approchant ensuite de Louise, il l'embrassa, et s'assit auprès du lit. « Mon enfant, reprit-il, je n'ai pas oublié les conseils de votre dernière lettre.... Cette chambre, je l'avais renouvelée pour vous.... Si Dieu ne veut pas.... n'ayez crainte que je murmure... Qu'elle vous soit alors un plus digne vestibule à ces demeures où il vous appelle, et où vous attend votre mère...» Le Chantre continua de discourir, pendant que nos cœurs s'ouvraient à la consolation. Pour la première fois, en effet, on osait parler en commun de la commune peine, et l'affliction, dépouillée de contrainte et mise sous la protection de Dieu, était pénétrante sans être aussi amère. Marthe fondait en larmes. M. Prévère écoutait d'un air grave, et comme touché du religieux effort de son ami; et Louise, attendrie, mais soulagée, prodiguait à son père les plus tendres et les plus faciles caresses. Elle voulut nous exprimer la douceur qu'elle goûtait à nous voir autour d'elle, unis et résignés, et elle dit, ce jour-là, tout ce qu'elle désirait nous dire de commun à tous.

Les jours suivans, son déclin fut rapide, mais son calme croissant. On était aux premiers jours d'avril: les arbres commençaient à bourgeonner, et le soleil à dorer plus souvent les campagnes; deux ou trois fois Louise exprima le désir d'être assise auprès de sa fenêtre: nous fûmes obligés de l'y porter sur nos bras. Durant tous les momens que lui laissaient de libre l'angoisse ou la fièvre, nous demeurions réunis auprès d'elle, l'entrètenant tantôt de discours pieux, tantôt des choses et des gens du hameau, ou des petites commissions dont elle nous avait chargés pour eux. A mesure que le moment fatal approchait, il y avait chez tous, et chez le Chantre aussi, plus de calme : l'admiration pour Louise nous inspirait en sa présence une sorte d'exaltation, son courage se communiquait à nous, les soins se multipliaient; en sorte qu'au milieu d'émotions si variées, et de journées si remplies, la douleur demeurait comme suspendue. Le vingt-cinq avril, se sentant quelque force, elle fit appeler son orpheline, la veuve Crozat, et quelques femmes qu'elle aimait à cause de l'affection qu'elles m'avaient toujours témoignée, elle leur dit quelques paroles d'amitié et d'adieu; et, le vingt-six, comme nous étions tous réunis autour d'elle, son regard se ternit, la parole expira sur ses lèvres, ses mains seules, en cherchant les nôtres, parlèrent pour elle, et, au coucher du soleil, elle entra dans le sein de Dieu.

Je me tiens en dehors de ce récit. Simple spectateur, je contemple cette jeune fille qui s'éteint,.... et mon âme est remuée jusque dans ses profondeurs. Où sont les mots qui rendent ce spectacle, les images qui le peignent? C'est ici plus que le lis tranché par la faux, plus que la jeunesse et la grâce qui disparaissent, frappées par une impitoyable main!.... C'est la vertu, la pureté, la filiale tendresse, qui périssent victimes d'elles-mêmes! Spectacle bien digne, ou d'un affreux et éternel murmure, où d'une éclatante et immortelle espérance; d'un impie désespoir, ou d'une soumission pleine de confiance, de respect et d'amour!

Le bruit de cette mort sema le deuil et le regret dans ce petit hameau dont Louise avait été l'ornement et la providence : de touchans témoignages accueillirent la triste nouvelle, et ces pauvres paysans sentirent qu'ils venaient de perdre un bien qui ne leur serait pas rendu. D'eux-mêmes, ils s'abstinrent de tout bruit autour de la Cure ; ils se rendaient silencieux à leurs travaux, et, suspendant les jeux du soir, ils se tenaient rassemblés sous le porche de leurs maisons, s'entretenant des afflictions de la Cure, et de cette jeune demoiselle sortie de leurs rangs, pour demeurer l'amie de tous, et la protectrice de leurs enfans. Dès le lendemain, monsieur Prévère, sensible à ces marques d'un décent et affectueux regret, et jaloux d'y attacher, en s'y associant, quelque utile direction, descendit au hameau, et vint s'asseoir au milieu de ses paroissiens. Il les entretint de Louise, de sa fin, de la place qu'ils avaient tous eue dans son cœur. Il admira devant eux cette piété vraie et simple, qui avait donné à une frêle enfant un courage d'homme fort; cette bienfaisance si ancienne, et tant d'intelligence à secourir et à consoler. Les femmes, plus faciles à émouvoir, et avec qui Louise, initiée à leurs soucis domestiques, avait eu de plus intimes rapports, fondaient en larmes; et les hommes, tout rudes qu'ils sont au village, graves et remués, écoutaient avec respect. Pendant qu'il parlait, M. Prévère avait approché de lui l'orpheline de Louise, lui rappelant les marques d'affection de sa protectrice, et lui faisant des caresses où sa propre douleur trouvait un adoucissement. Quand il se leva pour se retirer, les paysans se découvrirent; l'un d'eux demanda, au nom de tous, quand aurait lieu l'enterrement, « afin d'y accommoder les ouvrages, et que chacun pût faire son devoir à l'entour de cette respectée demoiselle. » M. Prévère leur annonça que ce serait pour le lendemain, à dix heures, et il les quitta, accompagné de deux des anciens, qui le reconduisirent jusqu'à la Cure.

Pendant son absence, Mme de la Cour l'y avait fait demander. Il s'y rendit, me laissant auprès du Chantre. Le désespoir de cette malheureuse dame, lorsqu'elle apprit la mort de Louise, avait éclaté en cris de douleur et de remords; et, tandis que le véritable auteur de tant de maux vivait tranquille derrière l'abri de ses ruses et de ses mensonges, elle s'accusait hautement d'indignité et de crime. C'est à ces transports, que M. Prévère la trouva livrée. Il avait toujours eu le soupçon que M. Champin avait été mis en œuvre de ce côté-là, et les bruits qui s'étaient répandus sur la mort de M. Ernest, l'y avaient confirmé. Cependant, avec ce tact d'un homme à la fois rempli d'indulgence et de discernement, il n'avait jamais douté que la part vraiment criminelle de l'œuvre n'appartînt tout entière à Champin. Quant à Mme de la Cour, qu'il connaissait bonne de cœur, honnête et généreuse de sentimens, il n'avait garde de lui attribuer d'autres torts que ceux de la faiblesse et de l'imprudence, et de lui imputer autre chose que des démarches inconsidérées, où le lâche abattement de son fils l'avait entraînée malgré elle. Ce fut, animé de cet esprit, qu'il se présenta à Mme de la Cour, « certain, lui disait-il, qu'elle s'accusait injustement, et que son âme honnête tournait en reproches, de justes regrets. » Il l'écouta, il la plaignit, il lui parla avec cette autorité de caractère et de charité, qui lui soumettait les cœurs ; et, après l'avoir calmée, il lui dit qu'il entendait demeurer son ami, et que ce lui serait une douceur nécessaire que de parler souvent de Louise, avec ceux qui l'auraient connue et regrettée. Dès lors, il a tenu sa promesse. Ses entretiens ont sauvé cette pauvre dame du désespoir ; et, bien qu'elle ne se soit jamais consolée d'avoir été involontairement la cause de la perte de Louise, bien qu'elle l'ait pleurée plus douloureusement encore qu'elle n'a fait son propre fils, l'amitié et les soins de M. Prévère, ceux que j'ai eu la douceur de lui rendre, ont contribué à tranquilliser sa conscience, et à lui rendre le repos dont elle a joui durant les quinze années qu'elle a survécu à Louise.

Le lendemain, dès neuf heures du matin, tous les hommes du hameau et des habitations éparses alentour dans les champs, étaient rassemblés sous les tilleuls de la Cure, du côté opposé à celui où se faisaient les préparatifs du convoi. Au loin, dans les vergers, derrière les haies, les mères, les filles, contemplaient ces tristes apprêts. Bientôt la bière fut descendue, et parut devant le seuil de la maison. On voyait dessus la couronne de blanches fleurs, qui, dans nos usages, pare le cercueil de celles qui meurent vierges. Derrière, s'avançait le Chantre, ayant à ses côtés le fiancé de sa fille ; après eux, M. Prévère, et un paysan parent de Thérèse ; ensuite, deux anciens du hameau, appelés à défaut de parens du côté de M. Reybaz. Ce triste cortége se mit en marche, et, au contour du portail de l'église, tous les hommes s'y ajoutèrent deux à deux, dans le plus profond silence. Arrivée au cimetière, la tête du convoi s'arrêta devant une fosse peu distante de celle qui, trois semaines auparavant, s'était refermée sur M. de la Cour. Pendant que l'on y descendait le cercueil, monsieur Prévère voulut s'approcher du Chantre, et le distraire de ce spectacle ; mais le Chantre l'écarta du bras, et demeura l'œil sec et attaché sur l'œuvre des fossoyeurs. Quand ce fut fini, il leur donna lui-même l'obole funèbre, et, s'appuyant sur moi, il demeura quelques secondes immobile ; puis, s'étant retourné, il reprit le chemin de la Cure. Là, les six personnes du convoi se placèrent devant le seuil, et tous les paysans ayant passé devant elles, la tête découverte, se dispersèrent dans le hameau, pendant que nous rentrions dans la maison.

Quand Marthe nous vit rentrer, cette humble et compatissante femme, qui, depuis tant de temps, occupée jour et nuit autour de Louise, lui avait souri jusqu'à son dernier moment, s'abandonna aux transports de la plus douloureuse affliction. Elle pleurait jusqu'à cette dépouille mortelle, aux côtés de laquelle elle venait de veiller avec tendresse et consolation. M. Reybaz s'approcha d'elle, il l'embrassa, et, d'un ton plein d'affection : « Marthe, lui dit-il, il n'a pas tenu à vous que Louise vécût, et il a tenu à moi qu'elle ne pérît pas..... *Vous avez choisi la bonne part, et elle ne vous sera point ôtée.* »

Dès le soir même de ce jour, M. Prévère s'entretint avec moi, et il me fit part de l'intention où il était, que je restasse à la Cure durant cet été, et que je ne reprisse le cours de mes études que l'hiver prochain. Il le désirait pour lui-même, mais surtout pour M. Reybaz, à qui mon affection, mes soins, ma présence, allaient devenir de jour en jour plus nécessaires. M. Prévère me dit, qu'il comptait désormais sur la résignation et le courage de son malheureux ami, mais qu'il n'était pas sans inquiétude, au sujet des ravages que ce coup terrible avait déjà faits dans sa constitution, ou de ceux qu'il pourrait y faire encore. « Notre unique consolation, mon cher enfant, ajouta-t-il en s'attendrissant, c'est d'accomplir religieusement les vœux de Louise..... » Il s'arrêta, et nous pleurâmes ensemble.

En effet, ce malheureux père avait été frappé au cœur, et l'altération de ses traits, dès cette époque, ne justifiait que trop les sinistres prévisions de M. Prévère. M. Reybaz n'avait pas une de ces physionomies qui s'effacent du souvenir, en s'y confondant avec celles que l'on a remarquées chez le commun des hommes. Sa taille était nerveuse plutôt que forte, sa démarche grave, ses manières empreintes de dignité, et sa mise de campagnard toujours attrayante, par l'air dont il portait sa bure, autant que par une sorte d'agreste et fraîche propreté. Mais ce qui parait cet homme, c'était la droiture de son âme, visiblement empreinte sur sa figure rude et hâlée. La véhémence et le souci y avaient leurs signes ; mais aussi cette chaste austérité, cette fine et naïve façon de sentir, et cette habitude de pensée, qui s'alliait en lui au défaut d'instruction ou de lumières. Accessible à mille sentimens forts ou délicats, et aussi inhabile à les dissimuler, qu'enclin, par une sorte de retenue naturelle, à en comprimer l'essor, son visage en était le miroir muet, mais fidèle ; et tous ces mouvemens du cœur, dont son langage était sobre, son œil les révélait avec une vive et franche simplesse. Jusqu'à l'époque où je quittai la Cure, et cette dernière fois qu'il vint à la ville avec Louise et M. Prévère, il avait encore, à côté des mâles dehors de l'âge mûr, les riches fleurs de la jeunesse, et ses cheveux courts et fournis, en conservaient la brillante noirceur; mais quand je le revis alors, ils avaient passé, dans l'espace de quelques mois, à une blancheur prématurée. Les rides s'étaient accumulées sur son front, le tourment avait creusé ses joues, brisé sa vigueur; et il semblait que ce ne fût plus que l'ombre de cet homme dont la robuste verdeur rappelait jadis involontairement ces chênes noueux, dont la sève est puissante, et l'âge difficile à dire.

Aussi, malgré son religieux effort de résignation, bien que docile à tous nos conseils, et sensible à nos moindres soins, M. Reybaz s'acheminait visiblement vers sa Louise. Dès les premiers jours, il se remit aux occupations que nécessitaient les désordres apportés dans son petit bien, par les temps d'absence, et par les dépenses de maladie; il s'occupa des travaux de campagne, et, au bout d'un mois, il voulut reprendre ses fonctions de chantre; mais il n'était déjà plus de cette terre : ces efforts mêmes tournaient contre lui, et ces vains mouvemens lui servaient à peine à fuir des loisirs odieux, ou à échapper aux atteintes d'une affliction chaque jour plus profonde.

Lui-même se sentait intérieurement détruire, et, sans oser se réjouir dans ce sentiment, il y puisait une secrète consolation, et le courage de supporter le fardeau d'une vie qu'il ne porterait pas bien loin. Hormis les momens où il était occupé, nous ne le laissions, M. Prévère ou moi, jamais seul, et je couchais dans sa chambre. Il accueillait nos soins avec une humble reconnaissance, il écoutait nos discours, il acquiesçait à nos avis; mais, tandis qu'il nous soumettait cette volonté que, par le souvenir de sa fatale obstination, il semblait avoir abdiquée, au fond de son âme vivaient sourds et tenaces, un chagrin rongeur, des regrets dévorans, et une inconsolable douleur. Déjà vers la fin de l'été, il fallut qu'il renonçât à remplir ses fonctions de chantre, et sa santé devint si chancelante, qu'au mois de novembre, à l'époque où, selon nos projets, je devais reprendre le cours de mes études, M. Prévère jugea à propos de ne pas m'éloigner de la Cure. J'y demeurai donc, pour assister au rapide déclin du Chantre, qui s'éteignit dans nos bras, le dix-neuf février, dix mois et sept jours après le décès de sa fille, auprès de laquelle il a été enseveli. Je ne livre plus au lecteur, sur cet homme si respectable, si intéressant et si à plaindre, que cette dernière pièce, que nous trouvâmes après sa mort dans l'endroit qu'il nous avait lui-même indiqué. Elle achève de le peindre, et clôt dignement son histoire.

Moi, Pierre Reybaz, jouissant de mon sens, assez pour dire mon remords et mes intentions dernières, j'écris cette pièce, qui est mon testament.

Depuis le jour où Charles a été mis sur le pavé de la cour, c'est M. Prévère qui a suivi la droite ligne de l'Evangile, et c'est moi qui m'en suis écarté.

Sans être des pires de ce monde, j'ai causé de grands maux. Mon âme s'est nettoyée tard du levain d'orgueil, et, quand mes yeux se sont dessillés, la main de l'Eternel s'était abattue sur ma fille. J'implore son pardon, j'adore le fouet de sa colère, et je meurs, comptant sur ses miséricordes.

Je lègue, sur mon bien, cinq cents florins aux pauvres de la paroisse, et trois cents, à la veuve Crozat.

Je lègue à Champin deux couverts d'argent marqués à mon nom, et, comme il n'est pas moyenné, en sus, un présent de deux cents flofins, mis à part dans le tiroir de gauche, avec son nom dessus. Je n'ai pas à lui pardonner, puisqu'il a cru me servir ; mais, s'il a dévié avec moi, qu'avec moi il s'amende.

Parmi les effets de Louise, M. Prévère et Charles se partageront entre eux ce qui sera à la convenance de leurs ressouvenirs; moyennant que ces effets demeurent, en totalité, au dernier survivant, qui pourvoira à ce qu'ils soient détruits, plutôt encore qu'aliénés.

Le surplus de mon bien, y compris ce que j'ai hérité de Thérèse (dont le détail ci-joint), je le laisse à Charles, en don gratuit d'affection. Je me confie en son pardon, et j'implore sur lui la bénédiction de Dieu, jusqu'à ce qu'il nous rejoigne.

PIERRE REYBAZ.

FIN.

www.ingramcontent.com/pod-product-compliance
Lightning Source LLC
Chambersburg PA
CBHW060402230426
43663CB00008B/1358